1997 年秋，我和孩子们在公园玩“老鹰捉小鸡”（上）
1998 年 9 月，我和孩子们在公园嬉戏（右一是邹冰，中间小男孩是安超）（下）

1998 年春天的郊外，孩子们在我头上“种花”（上）
1998 年春天，我和孩子们在原野上斗鸡（下）

2005 年春天，我把语文课搬到了油菜花地里（上）
2010 年 10 月，我给学生讲《一碗清汤荞麦面》（下）

2014 年 12 月，我和学生在校园（上）
1998 年 3 月，我和学生徒步春游（下）

教育的100种可能

（下）

李镇西/著

JIAOYU DE 100 ZHONG KENENG（XIA）

漓江出版社

·桂林·

图书在版编目（CIP）数据

教育的 100 种可能 . 下 / 李镇西著 . —桂林：漓江出版社，2020. 9（2021.4 重印）
ISBN 978-7-5407-8905-3

Ⅰ . ①教…　Ⅱ . ①李…　Ⅲ . ①教学研究　Ⅳ . ① G420

中国版本图书馆 CIP 数据核字（2020）第 149621 号

教育的 100 种可能（下）

作　　者　李镇西

出 版 人　刘迪才
策划组稿　文龙玉
责任编辑　章勤璐
助理编辑　孙静静　周冬辉
封面设计　石绍康
责任监印　黄菲菲

出版发行　漓江出版社有限公司
社　　址　广西桂林市南环路 22 号
邮　　编　541002
发行电话　010-65699511　0773-2583322
传　　真　010-85891290　0773-2582200
邮购热线　0773-2582200
网　　址　www.lijiangbooks.com
微信公众号　lijiangpress

印　　制　北京中科印刷有限公司
开　　本　710 mm × 960 mm　1/16
印　　张　18
字　　数　270 千字
版　　次　2020 年 9 月第 1 版
印　　次　2021 年 4 月第 3 次印刷
书　　号　ISBN 978-7-5407-8905-3
定　　价　39.80 元

目录

Contents

001 / 陈峥：真正的优等生是这样炼成的

001 / 一直明白自己的目标是什么

006 / "点燃思想，熏陶人格"

008 / 高考的冲锋号响了，"我们的战舰乘风破浪"

012 / 恰同学少年

014 / 陈峥之所以让我骄傲，是因为她一直在思考

017 / "您给我的财富将使我受用终身"

021 / "高中阶段对形成我人生的一些特质有重要作用"

027 / "希望孩子们某一天也会遇到他们的李老师"

030 / 胡小鸥：给《平凡的世界》插上音乐的翅膀

030 / 荣获国际作曲大奖的中国青年作曲家

032 / 这部作品的音乐确实太棒啦

033 / "我找到了自己的方向"

036 / "我将牢记你的教诲，写出好的作品报答祖国"

046 / 宋怡然：梦想造就惊艳人生

046 / 平衡功能欠缺却坚韧的女孩

050 / 为足球痴狂

052 / 摇滚歌手宋怡然

053 / 梦想还是要有的，万一哪天实现了呢

060 / 一切都源于对内心梦想的执着

064 / 胡夏融："爱和善良是世间最美好的品质"
064 / 胡夏融为什么在大家心中威望高
065 / 今天这半颗糖，是我吃过的最甜的糖
066 / 胡夏融的宽容唤起了整个集体的上进心
068 / "我们班的每一位同学都是好同学"
072 / 作为他的班主任，我常常以他为镜子
073 / "李老师对我的教育已经融入我的血液"
075 / 善良正直的大学教师
077 / "先生之最大的快乐，就是创造出值得自己崇拜的学生"

081 / 张凌：一个"差生"的人生逆袭
081 / 中途转学的"后进生"
083 / "我就觉得李老师好"
085 / 被沈阳足球学校的教练选拔上
087 / 去日本留学，从顽童到教练
089 / 好的老师，好的教育，一定要尽可能对每一个学生好
091 / 实地感受张凌教练的风采

095 / 戢实：老老实实做人，踏踏实实做事
095 / "李老师，我刚才少交了 100 元"
097 / 永远记得去做一个品德高尚的人
098 / 经过生命的历险，意识到肩上的责任
101 / 奋斗者的努力，迎来"生如夏花"的绚丽
104 / "困难是推动你成为更好的自己的最大动力"

106 / 王燕青：空中地上，都很幸福
106 / 好班长王燕青

110 / 国航空姐、乘务长
113 /“电影《中国机长》其实让我有点失望”
114 / 得偿所愿做了空乘专业的教师

126 / 吴镝：一直在飞翔
126 / 多才多艺、富有修养的男生
127 /“这样一个老师，征服了青春期的我”
128 / 现实版的“中国机长”
130 / 最重要的还是高度的责任心
131 /“当我们从‘平凡’想要去创造‘非凡’的时候”

133 / 付锐：“我的心永不言败”
133 /“你的历史和地理成绩只能以零分计”
136 / 李老师的作用，是和你们一起学做人
139 / 要战胜自己，要学会自我反思
143 / 对他的竞选演说同学们给予热烈的掌声
146 /“一定要朝最后的精神殿堂迈进”
149 / 真正的教育，就是教师用自己的心灵在学生的心灵上写诗
152 / 感谢付锐，帮助我反思自己的教育

154 / 邹冰：昔日的“调皮大王”如何成了我的骄傲
154 / 几乎所有“差生”的缺点他都具备了
157 / 我的“常规武器”是谈心、跟他玩、表扬和鼓励
159 / 营造温馨的班风和不断鼓励“后进生”的舆论氛围
161 / 本班的体育健将、运动会功臣
164 / 全班同学都不同意我的惩罚措施
167 / 帮助邹冰的一个重要载体是家校联系本

171 /“我要对得起李老师”
173 /“只要每天能够在校园里看见李老师，我就满足了”
175 /“李老师没有放弃我，找到了一种适合我的教育方式”

177 / 崔涛：追求爱与自由的教育
177 / 带伤参加唱歌比赛
178 / 坚持帮助同学，为班集体服务
180 /“初三，让我们去拼搏，去友爱，去战胜自我”
182 /“李老师既对整体又对个体进行全面的品德教育”
183 / 你就是那种“仰望星空”的人
185 / 我们要遵循教育的常识

188 / 柴粒：“我是军人嘛！”
188 / 顽劣孩子成了“最可爱的人”
190 / 语文课手抄长篇小说《烈火金刚》
190 /“我最受益的，一是在李老师班上读书，一是上军校”

192 / 苏畅：“我要做一个精神贵族！”
192 / 别人帮不了你，只有你自己能帮你
194 /“我衷心地感谢小雨，他在我心中那么淳朴”
196 /“我要让高中成为我精神崛起的起点”
199 /“利用有限的时间与精力做有价值的工作”

202 / 安超：学会尊重每一个人
202 / 调皮男生要转学
204 / 转学两天后又转回来了
205 /“我更会珍惜在这里的每一天、每一秒”

206 / 越来越懂事的安超在学业上一路狂奔

208 / 尹萍：善良最美，幸福至上

208 / 勤奋、认真、善良的女孩

212 / 性格温和的尹萍批评了我

214 / “我有哪些优点值得李老师学习”

215 / “我们爱你，舍不得你，但同时我们也理解你”

217 / “我人生中最美好的时光”

219 / “她是我们私人银行的财富顾问”

225 / 李之：聆听花开的声音

225 / 会弹琵琶的女孩门门功课都很优秀

227 / “如果失去了童心，我们真的一无所有”

228 / 你怎么那么牛

230 / “静静聆听那花开的声音”

233 / 李俊：战胜自己，超越错误

233 / 把失窃事件当作一次教育契机

235 / “人们从同一源泉里却攫取了不同的东西”

239 / 每一个同学都举起了手

243 / 坚守做人的良知，坚决不要不属于自己的东西

246 / 任何一个人都有两个自我在不停地打架

247 / 教师要善于把偶然的事件变成必然的教育

249 / 他的心灵受到了强烈的鞭挞

252 / “你勤劳善良，自食其力，就是最大的出息”

255 / 王露霖：“我要把这份爱传递下去”
255 /“奇迹女孩”
257 /“我只看我所有的，不看我所没有的”
257 /“我们再次为王露霖同学喝彩”
259 / 走进了中央电视台演播室
260 /“感谢支持我、鼓励我的老师们”
262 /“我也用自己的爱去温暖那些受过伤的人”

266 / 代跋：并不是每一个学生都喜欢我

275 / 后记：你和我一起创作

陈峥：真正的优等生是这样炼成的

一直明白自己的目标是什么

1991 年寒假一结束，我便到成都市玉林中学上班，走进初二（3）班。这是我调到成都所教的第一批学生。

看到学生名单中的“陈峥”二字，我就愣了一下。因为九年前我刚工作教的第一个班上，也有一个叫“陈峥”的女生。现在再次看到这个不容易雷同的名字，实在是有几分亲切。

高三时的陈峥

那时我每天早晨骑车到学校，经常会在学校停车棚碰见陈峥，短发、蓝色上衣、红皮鞋。每次都见她匆匆地停好车，然后匆匆地朝教室走去，但哪怕是和我擦肩而过，她也会很有礼貌地和我打招呼：“李老好！”——在成都，“某老”是学生对老师最亲昵的称呼，与教师年龄无关；这是学生非常喜欢你的一个标志，是“看得起”你。

因为中途接班，我暂时没当班主任，只是担任两个班的语文教学。当时陈峥这个班的“熊孩子”比较多，每次上课往往要花几分钟的时间先整顿秩序，我也尽量讲得生动些，以吸引孩子们。但无论课堂纪律如何，有几双眼睛总是那么专注地看着我，其中有一双眼睛就是陈峥的。

课堂上，我有时候说一句自以为幽默的话，其他学生还没反应过来，陈峥已经开始笑了，但出于教养她绝不可能笑出声，而是捂着嘴，两个肩膀微微颤动，偶尔还趴在桌上偷笑；几秒钟后，班上其他同学才渐渐笑了起来。当时我就想，陈峥的反应比一般的同学快一拍。

多年后，同班同学黄羽佳回忆道："陈峥从初中开始就是个品学兼优的好学生，成绩拔尖，而且不偏科。初二刚上物理时，她没考满分，很是郁闷，因为她说她爸说的，初二物理都比较简单，现在没拿满分，以后就更不容易了。果然她下次物理就考了100分。她从小对自己的要求就很严，而且一直明白自己的目标是什么。思想方面比同龄人成熟。还有，她不娇气。初二军训时，她可能是中暑了，脸煞白，真的是豆大的汗珠冒出来。她去医务室简单休整了一下就又继续训练了，不像一般女生那样娇滴滴的。"

进入初三，我开始担任陈峥的班主任。不过初三（3）班已经"升级"。当时的玉林中学刚刚建校三年多，是成都市一所非常普通甚至各方面比较薄弱的中学，所以学校出于升学竞争的考虑，把全年级的优秀学生全部集中到初三（3）班，该班的优等生留下，其余中等生和"后进生"便分散到其他班。陈峥自然就留下了。后来这个班整体升入本校高中。高一新生分班时，原初三（3）班的学生重新随机分班。我拿到我担任班主任的高一（1）班名单，看到有"陈峥"，自然很高兴，同时也觉得是缘分。高一结束时文理科分班，我班学生又进行了调整，陈峥又留在我这个理科班——三次分班，陈峥都在我班上。我的运气太好了！

我从来都认为，优等生基本上不是老师培养的，而是家庭教育的结果，还有孩子天赋的因素。我说"基本上不是"，就意味着我并没有完全否认老师的影响，但这个影响实在有限，至少不是我们有些老师自我感觉的那么大。

遇到陈峥，我也是这么认为的，所以我觉得我运气好。

用出类拔萃来形容陈峥的学习成绩，一点儿都不过分。同班同学夏亚卉高三时曾写过一篇题为《我为与她同学而自豪》的文章，这样评价陈峥的学习成绩——

陈峥的学习成绩之优异，令人惊叹。在我们这个年级，她总是"技压群雄"，遥遥领先，即使在全市范围内，她也是佼佼者。就拿这次"一诊"来说，她以总分670的成绩位居全市前茅，只比"状元"少几分，真了不起！

她的语文成绩很好。听课时，她目不转睛地看着我；当我发问时，她往往在略作思考后便举起了右手；小组讨论时，她总是滔滔不绝。她的作文，常常被我当作范文在班上展示，而且字迹漂亮，书写干净。

有一次，我布置了一道自己命题的写景作文，陈峥写的是她每天早晨上学时经过的一个小巷，她这样写清晨的天空——

天幕的颜色是湛蓝的，蓝得像沉静的大海，又如欧洲人深邃的眼睛。无边的天幕像是巨大的画布，不知是谁在天上点下了这一轮晶莹润泽的明月，如同一颗滑滑的、亮亮的珍珠的侧影。

"蓝与白是最美的搭配。"不知谁说过的话又响起在我耳边。此时的天空变得如此之深沉又富有内涵了。本是蓝汪汪的一片，此刻却睁大了一只亮晶晶的眼睛深情地望着你。高高的苍穹仿佛离你很远很远，又似很近很近，张开双臂你便可拥着它了。

陈峥曾代表班上参加学校辩论赛，辩题是"我看高考"。夏亚卉同学的那篇作文也写到了陈峥在这次辩论中所展示的口才——

记得有一次她代表我们班去参加本校的辩论赛，唇枪舌剑中，她气宇轩昂，从容应战，那排山倒海之势的驳斥，缜密深刻的剖析，风趣幽默的举例，不时赢得听众们的阵阵掌声。特别是她作为四号辩手的总结性陈述，更是字字珠玑，哲理深奥。说真的，我有时很怀疑，像她这样的水平是否该属于高中学生这个年龄阶段。

我保存着当年陈峥的总结陈词，有如下片段——

对方对磨刀石和刀之间的关系没有搞清楚，对方认为刀磨不快不能怪刀，只能怪磨刀石。推而广之，对方就认为高考中有很多人落榜，只能怪高考制度。那么对方有没有想过，刀是需要磨的，也许刀和磨刀石都很正常，偏偏磨得不好，磨得不得法，这难道就得归罪于刀或磨刀石吗？

没有哪一种制度是完善的，正如没有哪一个人是完美的一样，尽管现行的高考制度还存在着一些弊端，但它正在不断改进而日趋完善，这一观点我方已多次论证过。对方不能以点概面，以局部观整体，而简单地认为现行高考制度弊大于利，应该取消。

因此，无论从社会发展的过程还是从中国国情现状来说，当今选拔人才最简单、最可行、最合理的方法只能是现行高考制度。我们深信："一分耕耘，一分收获。""宝剑锋从磨砺出，梅花香自苦寒来。"大学的校门永远向勤奋的人们敞开！

思路清晰，逻辑严密，滔滔不绝，从容不迫。陈峥赢得了喝彩。

我至今不记得是什么原因，陈峥高二下册的语文教材一直在我这里。每次翻开，看着她密密麻麻的批注，我就能想到学习一丝不苟的陈峥。

其实，陈峥擅长的还是数理化。夏亚卉同学这样写道——

她是如此出类拔萃，以至有时连老师也要向她请教呢！

一堂化学课上，老师在评讲试题时遇到了一道十分棘手的题，只得停下来仔细思考。于是班上渐渐嘈杂起来，只见陈峥坐在前排有些着急，不时地向老师提醒几句，脸上神色诚挚至极，显然想救老师于危急之中。终于看到老师微笑着点了点头，并立即示意大家安静，扬声说道："我们请陈峥同学来讲解一下。"听到师命，陈峥便不慌不忙站了起来，用她那中气十足的声音开始了讲解：先简要阐明此题的难点，而后从已知入手，分析已知量与未知量的关系，然后一步步地推演、解析、代换。不多久，一道原本复杂的计算题被她剖析得简单之至，老师自是赞许有加，我们也都茅塞顿开、恍然大悟。从那以后，她几乎成了大家心目中的小老师，老师上课愿让她帮着给同学们讲解，同学们呢，有了问题也总是乐于到她那儿去"取得真经"。

整个高中三年，就学习而言，陈峥在全年级一直名列前茅，很多时候都是第一名，一般都是在前三名。所以，后来她考上清华，没有人觉得意外。如果用现在某些老师的话来说，她就是无可撼动的"学霸"。

其实，我特别不喜欢用"学霸""学渣"之类的词。一个孩子仅仅因为成绩拔尖便成了"霸"，而同样仅仅因为成绩不好便成了"渣"，这是何等扭曲的评价观！

何况，对于陈峥而言，她的为人一点儿都不"霸"。她特别爱帮助同学。有一个场面，至今刻印在我脑海中，以至我在外面讲学时常常将它作为优等生的例子给老师们讲述：课间十分钟，教室里几乎总有三五个同学围着陈峥，而陈峥正在给他们讲解难题。

夏亚卉同学还这样写道——

陈峥不但自己成绩优异，而且还诚恳地帮助同学，大家都受益匪浅。她的魅力、她的责任感与主人翁意识、她的“淡泊宁静”“与世无争”的人格才真正使人折服。

陈峥是我们高中的第一任班长。管理有方、爱憎分明是她最大的特点。她的工作总是为了班级的利益，为了大多数同学的利益，即使这样会得罪一些同学，她也绝不会姑息包庇他们。一次自习课上，纪律较差，陈峥在多次提醒之后点名批评了一个同学，结果那个同学大为恼火，不服管教不说，还骂了些很难听的话，当时大家都气愤不已，陈峥却默默忍受了。事后，那个同学自知理亏，主动向陈峥道歉，她坦然地笑了笑：“没什么。”这使那个同学心服口服。就这样，在她的管理与影响下，我们的高一（1）班成了一个友爱无私、充满正气的优秀班集体。后来，由于换届改选陈峥不再担任班长了，但她毫无怨言。新的学期，她心甘情愿地“退居二线”，当上了八小组的组长，担起了一份新的责任，并以极大的热情投入进去，真心诚意地为小组建设贡献自己的力量，赢得了更多的尊敬。

作为陈峥的朋友，我忍不住要说明一个情况：陈峥同学在高中三年为我们做出的无私奉献实在太多了，正因为大多数同学都不知道，才显出她的可贵之处。三年来，有多少枯燥无味的工作是她一人承担，有多少班级的计划总结是她一人完成，为此她为我们付出了多少宝贵的时间与心血，真的数不清。而这一切就因为她成绩好、文笔好，因为她最无私、最肯奉献。尤其使我感动的是当她满怀祝福地为同学们点燃美丽的生日蜡烛之时，她竟然忘了自己刚刚度过 17 岁生日！

夏亚卉同学当年也是我班品学兼优的一个女生，是继陈峥之后的第二任班长。她和陈峥是亲密朋友。个子高挑的她，常常代表我班参加运动会比赛。每次她从赛场上下来，陈峥总是上前搀扶着她。两个优等生如此亲密而互相欣赏，她俩纯真的品格由此可见一斑。

其实陈峥也是我班的运动员呢！她虽然没有特别的体育天赋，但体质不错，尤其比较擅长跑步，何况作为班长，她觉得自己应该带头为班争光，所以她报了女子长跑项目。于是，运动会她往往很少在看台上坐着，不是在赛场奋力拼搏，就是在跑道边为参赛同学服务，总之忙个不停。

“点燃思想，熏陶人格”

如果说从初二到高中毕业我对她的成长一点儿工作都没做，显然是很做作的“谦虚”，而且也不是事实。在当年的班主任工作日志中，有不少我找陈峥谈心的记录，比如——

1993 年 9 月 8 日　雨转阴

找陈峥谈心——理想，高层次。“即使不能使自己的名字流传人间，也要让自己的成就留下痕迹。”准备：文化知识、人格塑造、与人相处的能力。

1993 年 10 月 9 日　阴

去陈峥家家访。

1993 年 11 月 24 日　阴

找陈峥等人集体谈心。切不可因自己的成绩在班上名列前茅而自我感觉良好，应注意刻苦，但更应不断改进方法。

1993 年 12 月 30 日　阴

与陈峥谈心：淡于名利，重于学业，强健体魄，完善人格！

1994 年 4 月 14 日　阴

约陈峥等人谈心。提醒改进方法，勉励学习冒尖。

1994 年 5 月 4 日　阴

找陈峥谈心。要点：1. 塑造高尚人格（以居里夫人为例）。2. 树立远大目标。3. 学会治学，带动学风。

1995 年 3 月 6 日　晴

找陈峥谈心。战胜自己，追求卓越。

从这些只言片语的记录中，看不到我和陈峥谈心的具体内容。我对她的引导，主要是两个方面，一是树立远大理想，不断追求更高的目标；二是扩大视野，让她不要只是埋头读书，还要看看窗外的世界，学会思考。

大学期间的陈峥，曾专门写过一篇《点燃思想，熏陶人格——李老师的语文教学对我的影响》。全文如下——

“语文教学”这四个字，在我接触到李老师之前似乎就是生字生词、解释分段以及作文日记的代名词。但从初二到高三，李老师的语文课让我对“语文教学”有了全新的认识。

李老师的语文课给我留下的最深印象是：松而有度。最有趣的是第一次上语文课时听李老师读小说时的错愕与惊喜，还有我第一次觉得文言文不那么面目可憎。语文课上少了枯燥单调的说教，多了一分讨论和自学，还有动脑思考的乐趣。应该说，启发学生思维，培养学生的语文或者说中文的感悟力是李老师一直坚持的原则。

对于初高中生来讲，语文的基础水平已经具备，进一步学习是要在这个基础上有所提高，而这种提高又必须因人而异，不能像数理化那样具有公理性、一致性。而我们的语文教学多年来就喜欢用一种思维模式束缚学生，让学生写出来的文章就像八股文一样单调乏味，尤其是缺乏自己的思想。在大学中，我偶尔与同学谈及中学的作文教学，她说他们的老师给了他们十大作文框架，大家作文一概以此模式写作。我不禁为之叹惋，也为我们的高中时代拥有许多本闪烁着中学生青春华彩的作文集而庆幸：我们会为街头的一点儿小事在作文中发发“牢骚”，我们会为申办奥运而呐喊助威，我们当然也会庄严又真诚地论及人生与奋斗，我们还会充满深情地描绘我们温暖的班集体……一切的一切，都是发自内心的，都是自然而然的。这正是李老师给我们创造的良好的人文氛围和宽松的语文学习环境所给予的。

李老师十分注重语文教学中同学之间、师生之间的心灵共鸣。记得有一年刚开学，李老师让我们谈谈假期中预习语文书的感受，交流彼此最喜欢的一篇文章，最后大家发现彼此竟如此相似，爱好都集中在两三篇文章上，而老师也是如此。那份兴趣不是用一般的几句话所能表达，那种气氛也不是三言两语所能形容。

我认为高中语文教学更重要的是培养一种人文素养，而不仅仅是停留在语文知识本身。李老师常常利用课堂时间为我们读一些课外书，其作用正在于培养大家对文学的兴趣，提高大家的文学修养，并对人生、对社会有更多的关注、更敏感，常常能有所感悟。这种教学方式应该说是一种更高层次的指导。这要求老师本人有相当高的文学基本功、思考勇气和思维深度，同时还要有良好的语言表达能力、沟通能力。至少我认为，李老师正是具备了这些素质的一位语文老师。他常常能以犀利、敏锐的眼光洞察社会、感悟人生，并用独到准确而富有激情的语言点燃大家的思想火炬，进而潜移默化地熏陶我们的人格。同时，他又非常擅长写作，其语言生动、思想独到的文章常常出现于报纸杂志，这本身就有一种言传身教的作用。他对文学的敏感性使得他每每能将当代文坛的最新佳作推荐给我们，如《文明的碎片》《风过耳》《凤凰琴》等。这使我们比一般的中学生又多了一份幸运，因为我们的课外阅读有了良好的导向，我们在精神上获益匪浅。

千万不要误以为李老师的语文课“不务正业”，他当然也要完成正常的课文教学，但是正如我前面所说的，李老师的教学是“松而有度”。应该说，每期的课内时间被李老师用在课本上的并不多，且多集中在文言文上，这与李老师对课文选编的看法有关（他公开给我们说，有些课文并不适宜于选入课本，因此千万不要迷信课文），也与李老师的教学指导思想有关。上他的语文课的确很轻松，但“轻松”并不意味着李老师不对我们提出要求。许多课文学习及其问题我们都是在课外完成的，课堂主要是提供一个讨论交流、质疑解惑的场所。“师者，所以传道授业解惑也。”我想，李老师的整个教学过程正是体现了这一点。他不仅以其独到的见解、丰富的文学知识吸引了我们，更以一种人文素养、一种人格魅力影响着我们、推动着我们，这也许就是李老师的语文教学取得成功的原因，也是给我的最深印象。

陈峥用“点燃思想，熏陶人格”来概括我对她的两点影响，我接受。

高考的冲锋号响了，“我们的战舰乘风破浪”

有一天，陈峥母亲来学校找我，非常焦急地对我说：“陈峥要报化工专业，我坚决不同意。她爸爸就是搞化工的，知道这个行业对人的身体有损害，尤其是女孩。你一定要劝劝陈峥，换个专业。”我当时说：“你作为母亲的担心我完全理解，但恐怕最好还是尊重陈峥。”我在和陈峥聊的时候，问她为什么要报化工专业，她的回答简洁而坚定：“我喜欢。”我就不再多说一句话，而是给她妈妈打电话：“尊重陈峥的选择。只有孩子喜欢专业，以后才有喜欢的工作。”

其实，我也很希望陈峥将来从事社科人文方面的工作，她的语文素养、她的思考能力，还有她的视野……将来完全可能成为社科人文方面的成功者。我也当面向陈峥表达过对她选择工科的惋惜。但当她一旦明确自己的选择，我便毫不犹豫地支持她，并帮她做她妈妈的工作。

这里，可以看出性格温和的陈峥其实是很有主见的，甚至为了自己的主见而“执拗”。

高考终于一天天逼近了。让我欣慰的是，同样是面临残酷的高考，陈峥和她的同学们并没有像许多同龄人一样，咬牙切齿地诅咒高考，在痛苦不堪的煎熬中被动地接受高考，而是积极进取，把高考看成人生历练的必修课。

高考前夕，陈峥写了一篇题为《冲锋号吹响了》的作文——

冲锋号吹响了

“嘀嘀嗒嗒，嘀嘀嗒……”冲锋的号角吹响了，战鼓擂起来了，旌旗飘起来了，我们的战舰乘风破浪，开始了最后的征程。

五月的骄阳似火，教室里弥漫着汗臭味、脚臭味，混合着茶香味、圆珠笔香味。从窗口射进来的阳光在人群中寻隙而过，与学子们身上蒸腾的股股热气汇合成浪，再被屋顶的电风扇搅成了旋涡。身在其中的我们被熏得晕乎乎，眼望着卷子上的一个个铅字，觉得世界动起来了，然后一个“鸡啄米”，猛然惊醒过来，老师还在黑板上毫不疲倦地写着。

高三永恒的特色是做不完的题、考不完的试。拿到试卷的唉声叹气，没拿到的又瞪圆了眼：“干吗没我的？”大家就在这种矛盾中走过一天又一天。还记得那次，数学刘老师抱了一沓卷子进来，看那阵势又要发个十张二十张，于是全班“轰”的一声炸了锅，那声浪足以掀翻上面的两层楼。刘老师被“轰”愣了，站在讲台上问：“你们不要吗？”“要——”声音整齐响亮，仿佛出自另一班人口中。

冲锋的号角响过，战舰上的水手们平添了几分搏击风浪的勇气。要不怎么会有人提到这几句歌词呢：“他说风雨中这点痛算什么，擦干泪，不要怕，至少我们还有梦；他说风雨中这点痛算什么，擦干泪，不要问，为什么。”

每天，我们和天气斗，和试卷斗，和难题斗。常常在放学以后聚到一起，讨论一些问题，也常常围在老师身边，把遇到的难题问个够。有一次英语晚自习，天气依然很热，教室里还是气味混杂，但同学们全然忘记了这一切，一心只想把遇到的问题、做错的问题，问个清楚。于是出现了这样的场面：刘老师的身边围了五六个人，在座位上的其他人还时不时地从书山中抬头望望，看看讲台上人是否少了些。倘若有人问完离去，马上便会听到迅捷的推椅子声，然后是“啪”的一声，起立。经常碰到两三个人同时起立的情况，这时大家便相视而笑，坐得靠前的便捷足先登。

将近六月，天气转阴，淅淅沥沥的小雨下得如同春天。马老师欣然地说：“天助你们了！”果真是天助我们。这样的天气持续了一个多星期。于是水手们更加勤奋——不必和天斗了，把精力全部用来对付课本和习题，经常战斗到深夜。这样的奋战不可避免地要产生“后遗症”，那就是早上哈欠连天。有一个上午下了第二节课，趴在桌上的人占了全班总数的三分之二。怪不得蔺君刚说全班集体学蛙泳呢！于是“茶道”开始兴起，一天两个大暖瓶被张支书等人灌得满满的，不久就被众人倒得空空的。什么“黄山毛尖”“蒙顶贡茶”“龙都香茗”，纷纷亮相，一展名茶风采。不过，好茶、坏茶在这里全都失去了原本的意义。众人皆非品茶，以妙玉的“一杯为品，二杯即是解渴的蠢物，三杯便是饮牛饮骡了”为标准，那么，我们是饮大象，饮蓝鲸。

茶的作用终究是有限的。要熬过这痛苦的冲锋期，还得靠我们的精神和意志。每个人都以最顽强的斗志打着这场仗，去夺取最后的胜利！

高考结束后，陈峥又写下《高考三日》，记录她青春时代中最值得记录的时刻——

高考三日

明天，明天高考？我对这个再明了不过的事实提出质疑，脚机械地蹬着车。考场近了，白色的瓷砖泛着柔和的光，学生们挤在门前空地上谈着与考试无关的话题，脸上显得轻松，心里藏着紧张。

有人问："12 年就这么过去了吗？怎么我们就要上考场了呢？"不知道，也许拼搏过后总有一段困惑吧！可的确是明天，明天高考！

夜很静，往日的喧嚣嘈杂全被收了起来，大家都在关注高考。明天考语文，题会难吗？作文出什么题目？记叙文还是议论文？一连串的疑问闪过脑海。揣摩，揣摩，再揣摩，记叙文不是没可能，不过议论文也说不定。60 分确实不可忽视。想来想去竟全是废话，只得自拟几个题目构思一番。风凉幽幽的，刚下过雨，人特别容易犯困，丝毫体会不到那种酷暑紧张逼迫下的失眠感。爬上床，才 10 点，迷迷糊糊地嘟哝道："这哪像高考的样子！"便沉沉地坠入梦乡。

人流如潮，拥向考场。你一楼我三楼，分手道别，祝愿好运。一头撞进考场，静候铃响。想起进考场前家长叮嘱孩子、老师叮嘱学生的情形，便摆出一副谈笑自若、慷慨高歌赴刑场的架势来。

七中的环境很好，绿树成荫；高考天气也不错，凉爽清新。可心情就不敢预言了，所谓"情随事迁"，谁知道三天后自己会是什么样子呢！

铃声骤响，考场顿时静了下来，没有深呼吸，连笔划过纸面都是轻悄悄的。在这种静寂中，我们即将书写学生时代的最后一章。

作文是情理之中、意料之外的。大小作文倒没什么，只是昨夜酝酿了半宿的深刻立意、人生哲理统统派不上用场了。也不知它们是真与这篇文章无关，还是脑筋临时短路，搭不上线，但绝不敢生拉硬拽死活套点联系，玩点"猫与老鼠"的幽默。于是只好狠下心来，放弃求新颖的想法，老老实实写篇规矩文章。虽深感立意肤浅没写出水平，却也不敢跟时间抗争，于是有了一种写八股文的悲哀。出了考场，听别人说起作文也有同样感觉，于是凄怆中又多了一份释然。

接下来的考试似乎稍微镇定些了，摆出一副经过风浪我不怕的架势，其实心里多少还有些担心：担心马虎出错，担心思路打滑，担心做不出题会万念俱灰、自暴自弃。骑车走在路上也暗暗估计着试题的难易程度。

窗外，蝉鸣声拖得老长，笔下，卷子上还有不少的空白。看看表，时间似乎还够，心里却有些慌慌的——毕竟时已过半。往下看题，思路一下就明晰了，忙提笔急急作答，生怕“兔起鹘落，稍纵即逝”。一时找不到突破口的问题便凝神静思，手中的笔是半点不敢动的，生怕弄花了试卷会引起阅卷人的不满。至于那些交卷前几分钟才终于做出的题，便顾不上整洁美丽，一口气写上去，但求能得些分数。

三天中的铃声最后一次响起时，太阳光已经很刺眼了，门外全是家长、老师。走着走着，忽然想起老舍先生的一篇文章《考而不死是为神》，于是喜道：自己终于修成正果，做神仙了！

恰同学少年

成都市玉林中学高95届1班是我带过的最优秀的班级之一，我说的“优秀”当然包括了高考的辉煌，但更是指充满爱心与正气的班风。这个班的不少孩子，我陪伴了他们近五年，毕业之际，我为他们编撰了一本班级史册《恰同学少年》。我请首任班长陈峥写序——

风华正茂时

看时光飞逝，转瞬而过；曾经是懵懂少年，谈天论地；蓦然回首，竟已走过这许多年。——题序

三年的生活就这样过去，总想留下些什么，可时光无情，除了回忆，一切都离我们远去。而回忆往往又会随时间的流逝而褪色，所以我们便将它写成文章、编成书，用铅字印下一段永恒的高中生活。

从16岁到18岁，人生最美的花季年华，我们共同走过。也许是缘，我们幸运地共同走过这一程，幸运地生活在玉林中学高95届1班，幸运地拥有那么多的好老师，幸运地成为这本《恰同学少年》的作者，任羡慕的目光从四周投来。

这本书记载了我们真实的生活，融入了师生情、同学情、战友情。没有多少惊天动地的故事，因为成功本身并不是唯一的欢乐，追求更值得回忆。还是让我在这里翻一翻那本陈年簿吧！高一时我们以整齐的方阵、标准一致的动作一举夺得校运动会广播操比赛冠军，那响亮的报数声、铿锵有力的脚步声至今仍回响在我耳边；高一、高二时我们蝉联学校歌咏比赛冠军，还记得那喷薄而出、如瀑流飞泻的歌声激起台下暴风雨般的掌声；还有运动场上男篮两次夺得冠军宝座，让一旁加油助威的我们多么欢欣……

辉煌的背后往往站着许多默默无闻的人，我们的老师就是如此。三年来，尤其是在艰苦的高三，我们的老师真可谓呕心沥血，用点燃自己得到的光芒照亮我们的前程。这段日子被烛光照亮，被风雨洗礼，被酷热升华，被我们的心灵珍藏。那里面有沙哑着嗓子为我们上课的物理马老师，有刚从医院打完点滴便赶来为我们上课的数学刘老师，有晚自习上始终耐心解答我们诸多问题的外语刘老师，有充满信心说要坐第一把交椅的化学何老师，当然，还有那个常常要做"违心事"的班主任兼语文老师李镇西……有那么多的好老师站在我们身后，用殷切的目光注视着我们，我们能不写点什么作为纪念吗？

最难忘的还有51位朝夕相处的同学。刚进校时，你有你的性格，我有我的脾气，可一旦融入这个集体，都变得那么无私可爱：忘不了运动场上呐喊助威的加油声，忘不了教室里围作一团讨论问题的情景，忘不了晚自习前谈天说地的悠闲，忘不了"共产主义"的情趣，忘不了困难时得到的关怀与帮助，忘不了我们班三年来获得的"文明班集体"（高一）和"优秀班集体"（高二、高三）的锦旗，更忘不了我们书写"青春无悔"的1000个日子！

静静地独处，仿佛又回到了教室中。课桌椅在轻轻向我倾诉别情，墙上那"善胜者不败，善败者不亡"的标语也在注视着我，那里曾经贴过"战胜自己，珍惜生命"，贴过"不以物喜，不以己悲"，如今我要将它们统统收进记忆里，不让它们流失一丝一毫。

再过十年，我们相聚；再过二十年，我们相会。重新拿出这本书，并用我们壮丽的人生再写一本续集。幻想未来，拥有这样的一本甚至几本"巨著”，实为人生的幸事！

在这本史册中，我写了一篇文章，题目是《我从同学们身上学到什么》。我指出了每一个孩子值得我学习的优点。对陈峥，我这样写道——

学习拔尖，品德优秀；乐任班长，甘当平民；重于学业，淡于名利。给这样的学生当老师，既占了便宜（白捡了一个优等生）又胆战心惊（怕一不留神，境界就比人家差一大截）。我正是在这“胆战心惊”中有所进步的。

陈峥之所以让我骄傲，是因为她一直在思考

陈峥毕业了，但她和我的交流并没停止。大学期间，我们一直保持着通信。她多次说，遇到困惑总想对我倾诉，听听我的“教诲”。其实，时间已经在不知不觉中将我们的师生关系转换成了朋友关系，互相学习，彼此促进。

下面，我点评几封她的来信（有删节）——

李老师：

您好！

到清华后，一直没给您写信（除去那一封告诉地址的），现在时近新年，学习再紧也觉得应该挤点时间来给您写信。

清华的学习气氛始终是那么浓，就连广播也会在新年来临之际提醒你：“元旦过后就要期末考试了。”不过，我们再忙也有很多时间归自己安排，所以还没有完全忙晕。您上次的那封信上说很忙，不知现在怎样？

…………

到清华后唯一庆幸的是两件事：第一，读完了《平凡的世界》；第二，养成了听新闻的习惯。我觉得自己现在过得挺充实的。

我们进行过半期考试了，考试成绩不太好，名次在其次，是分数不太令我满意。我觉得大学的学习我还不够适应，至少有几门功课还没完全入门，有着事倍功半的感觉。所以，半期以来，我一直在调整自己的学习方法，尽力地提高学习效率，想办法抓好课堂纪律，加强自学，培养能力，并多挤出

点时间休息，不像半期以前那样老熬夜睡不醒觉。

…………

虽然学习很紧张，但陈峥依然没有放弃与专业无关的阅读。这是我最开心的。我给她回信说："人文阅读与专业无关，而和人格的完善、视野的开阔、思想的充盈、灵魂的饱满有关。"

1996年3月3日信——

又开学了，我也返回了学校。今天忽然有一种奇怪的感觉抓住了我，便很想提笔。写完了一篇随笔，仍是有些困惑，于是想起您，想写信和您谈谈。

上大学已经整整一个学期了，上一个学期我过得尽管紧张忙碌，但却充实开心，可这一学期一开学，我就被一种无奈的心境攫住，心里憋得很。或许是因为今天没有什么事可做——四肢累得发慌，头脑异常清醒，就开始思考一些未来的问题，于是自然地与理想和追求挂上钩。我感到上一个学期自己的努力似乎只是在清华的一种学习压力与名次竞争下进行的，尽管主动却并非自愿，好像只是为了满足开学时系主任宣布的那些推荐读研及选双学位的条件。可是读研又是为何，仅仅是为了现在社会上找工作所遇到的"研究生录用，本科生考虑，专科生不要"吗？或是为了去国外，以弥补化工在国内不景气这一缺憾？这仿佛都不是我考虑清华化工系的本意，可我的本意，也就是当初所抱的理想竟也在这一味的学习考试中淡漠了、模糊了。我不知道当初的宏图壮志是不是有点不切实际、不自量力，要不怎么会在不到半年的时间内让我对它产生如此多的困惑呢？而且，我也在随笔中这样写道："所谓理想，也有长期与短期之分（短期则一般认为是目标），长期的宏伟，短期的实际，而对于每天的生活，短期则更具推动力。"而我现在正是缺乏这种推动力，或是对它表示了怀疑。

也许，考研或读双学位应该是我短期的理想，可是我忽然感觉到它们对我一生的理想竟构成一种威胁，难道我就沿着这么一条小学—初中—高中—大学—读研的定式走下去，这样的我会不会变得一切随命呢？我的努力、我的追求会不会仅仅是世人思维中人生历程的不变重复呢？这一切的一切让我忽然对考研这一问题困惑起来，我怕自己会因为考研之后的一切顺风，或即使不顺也有一个颇为安定的工作而丧失奋斗的激情。其实，或许什么是真正的奋斗，我还没有体会到呢。

写完这些，心中开始好受一些了，或许仅仅是因为今天不用拼命读书，才会凭空生出这许多的念头，若是不然，倒希望能得到老师您的指点。

信将结束，顺便问一下书是否还到您手，因走得急，不能亲自去还。那些书，因为时间有限，竟未能读完，颇感遗憾。那些书有好些地方尚不是十分明了，真有点恨自己文学功底太差——尤其是对援引的古文。

记得这封信，我曾对我新教的一届学生读过，虽然他们只是初一的孩子（我当班主任常常是“大循环”，即从初一带到高三），我想通过陈峥姐姐这封信告诉他们，学习不仅仅是功利性地为了一个好工作，而更是为了一种真正的人生幸福。同时，我告诉同学们：“你们看，陈峥姐姐寒假回来，都到我家借书看，看这些书本来也不是为了考试，而是充实自己。陈峥姐姐把阅读当成自己的需要，养成了自然而然的习惯。希望你们向陈峥姐姐学习。”

1996 年 11 月 23 日信——

…………

回顾大一的一年，真觉得在那时很有点迷茫，各种各样的思想向我涌来，有正统的，有走邪的；有积极的，有消极的……更重要的是经历了一些琐事的困扰让我感到远大的目标易定、身边的小事难缠了。而且，和同学在一起的时间多了，住校的生活是少不了卧谈的，每每在谈话中我们的思想开始冲突，矛盾的尖锐性也是我始料未及的。这一切的一切都曾使我困惑甚至可以说是忧虑，担心自己未来的路，担心自己人格的扭曲。

或许，我并不太喜欢在思想上有波动的时候有什么表露，而较愿意自己慢慢做出抉择。当然，这一过程辛苦而且充满各种各样的恐惧与担忧。不过，庆幸的是，我终于看到了一点光，看清了一点路，心中大致有了数。对于入党，我现在的观念是：从思想上提高自己、理论上丰富自己、实践中服务他人，总之，积极以一个党员的标准来要求自己——虽然我连积极分子也还算不上。而且，如果可能的话，我也会写申请书，但我并不急着去争那入党的名额——这似乎也是班里的焦点。我是抱了一种提高我自己、这是我能做的其他一切顺其自然的观念。本来，这与我以前的想法并无多大区别，唯一不同的是消极与积极——就提高自己而言，这些想法的转变和出现也不是这短短一封信能够说清的，暂且说到这里了。

您的文章我已一一拜读，感觉除了《代某歌星回立先君信》仍是以辛辣见长外，其余两篇均凝重袭人！而我现在似乎更偏爱这一类的文风了。可能是由于这段时间在团委搞主题教育活动，接触到不少民族工业的材料，心情可以说是沉重的。虽然我无法向您说明造成这种沉重的各种各样的因素，但有一点是明晰的：民族工业危机重重。而在这种状况下，许多人漠然甚至理所当然的思想让我惊异、愤慨而至无言。我从您的两篇短文中看到的凝重在这样的心境下化成了两个词“爱国、坚守真理”。在这一问题上，我也曾经感到孤立，但现在在团委接触到不少思想境界很高的人，听了不少教导，感觉很有点“固执”的必要了。

很久没给您写信，这次写的也无法说清许多东西，只望您能够了解一些我的想法，也希望能继续接受您的教诲，因为迷茫时我特别想您再给我上一堂课。

…………

陈峥的特点是爱思考，虽然有时候这思考让她感到困惑，但思考本身证明她一直有着自己的思想。关于对真善美的坚守，关于入党动机的探寻，关于民族工业的忧患意识……都让我感慨，陈峥之所以让我骄傲，首先不是考上清华，而是她一直在思考。

“您给我的财富将使我受用终身”

在 1997 年 5 月 3 日的信中，陈峥谈到了阅读文学作品对她的影响——

前不久曾给您写过一封信，可直到把信弄丢了，我都未将它寄出去。现在只好提笔补写一封了。

不知您最近还忙吗？寒假时曾听说您有意写一部小说，不知动笔了吗？是以中学生做题材的吗？最近读了毕淑敏的文集《生命》，又读了路遥的一些作品，深刻感觉到作品的生命在于作者深刻的生活体验，真实的感受是文学作品成功的本源。您或许会奇怪，我为什么忽然对这些前人已经重复过千万遍的话如此推重，其实原因挺简单的，在读上述两本之前，我从同学那拿了两本书看，一本叫《紫雾》，一本是《玫瑰 ××》（后面两个字记不甚清了），封面上附注着“王安忆等女作家情感作品”。读之后感觉到许多作品都如出一辙，苍白的呻吟、迷乱的思绪、物欲与人欲的横流。反正我只读了几篇就再也看不下去了。或许是我无法接受那样的思想、那样的描写、那样的社会、那样的人与人之间的关系……可是面对同样对人性弱点毫不留情的女作家毕淑敏，我就无法抗拒她的作品魅力（之所以会拿起她的书，主要是因为看到集子里收录的她的作品《送你一条红地毯》）。或许只因一个使我感觉到了虚假，一个让我感到了真实。

写了这么多我的看法，不知您怎么看？我真的希望在现在思想如此混乱的情况下，时时得到您的指点。

前不久，我递交了入党申请书。组织上似乎也挺重视，先后已经找我谈过两次话。谈话中自然要涉及我的思想发展过程。我自然而然地提到您。可以说，您对我的思想起了很大的影响。当然，递交申请书还有其他一些人的影响。我常常想，如果没有碰到您，现在的我又将如何呢？很难想象。这些都是我的心里话，请您千万不要以为只是学生对老师的客套。

各种读物琳琅满目，但只要我们给青春期的孩子以积极的引导，让他们喝上真善美的“第一口奶”，以后他们自会辨别良莠。我曾给陈峥们特别推荐过毕淑敏，曾利用一个星期的语文课，给学生们全文朗读了她的中篇小说《送你一条红地毯》。没想到一篇小说，就让陈峥关注了一个作家。陈峥在信的结尾说：“我常常想，如果没有碰到您，现在的我又将如何呢？很难想象。”我相信她说的的确是心里话，也很感动。但我同样要说，正是历届“陈峥”的帮助，让我对教育的理解更加深刻。

1998年9月7日信——

昨晚航班顺利抵蓉，一路顺风吧？真是不好意思，那晚我们匆匆离去，本想次日打个电话给您，却一天不得空，只好遥祝一路顺风。

我和程化归途中聊起来，总觉得这么多年过去，您还是一点儿没变，仍是那样的激情澎湃。或许一切应归功于学校这个充满朝气、充满活力的环境。我们都以为您的土壤就是学生，而您的本质更是一个文人。

想起来您总说您在我身上没花太多的力气，这只是您的看法。我是真真切切地感受到了您对我的巨大影响。虽然三年以来，经历了许多，也改变了许多，但正如我对一些人说过的那样：挫折可能会磨去我的锋芒，但我不会放弃一些我做人的原则。这些原则有许多是源自您的教诲。其实，对一个人的教育和影响当事人不一定意识得到，但这种潜移默化的力量却是巨大的、不可忽略的。现在，我更能感到这种力量，有时还有意无意地这样影响着他人。

这次您来北京，我觉得很高兴，因为老师的事业又有了新的发展。还记得高一期末考试的作文及毕业时对未来的设想中，您都是我们心中最好的老师，全国最好的，也将在史上留名。当然也希望作为文人的您能达成心中所愿，在中国文学史上留下自己的名字。

这次您提到将写的第三本语文教学的书，我有什么地方能够帮上忙，您告诉一声，我尽力而为。最近电话就将装好，写信或者直接打电话都很好联系的。

很少和您通信，我的许多情况您可能都是从我妈妈及高中同学那里听到的。我想您可能会有兴趣听我的一些打算。其实我也没想到我的人生道路走成今天这样：现在我的基本目标是在国内取得硕士学位，争取出国深造。而我的长远发展却面临两条路：做一名专门从事研究的工程技术人员或从事企业经营管理的技术性人才。当然，还有一种很小的可能性：从政。之所以说可能性小，一方面我无太大热情，另一方面我选择了出国这条道路，而不是在国内念博士或去经管学院念MBA。那天和程化也聊到这个话题，他认为我应该早做决断。我偏向于做技术性人才，因为我不愿意放弃我在这方面的才能，但又面临一些问题，我想您应该了解我在这方面的致命弱点。

我那天没来得及跟您说，在我的入党发展会上，我们年级党支部的书记是以您给我的毕业评语中的最后几句话作为勉励念给大家听的。在这以前，我都没有读过这些话，我想我会好好珍惜，并牢记心中。

转眼间，三年已逝，许多的同学已经或即将走向工作岗位，投向社会的洪流。我在想我们有许多人走出来的路都是我们未曾预料到的，就像那天程化说他想当文人却成为商人一样，但路总要走下去的，虽然不一定像您那样得偿所愿。只要生命不止，奋斗便不会停息，而且我们所追求的不是最好，而是更好。

最后，真的要说一声：谢谢您，李老，您给我的财富将使我受用终身。

读到这封信，我想起来了。1998 年 9 月，我的《爱心与教育》出版，立刻引起强烈反响。央视通知我去北京接受访谈，并请我邀请两个学生一起做节目。我便就近请了陈峥和程化（也叫“程桦”，是我乐山一中的学生，当时在北大读书）。这是我做完节目回成都后，陈峥的来信。真没想到，她和程化对我的期待那么高，虽然至今没达到，但我很感动。我回信告诉陈峥：“你们有一点说对了，我本质上是一个文人。这里的‘文人’意味着坚守原则、绝不世故的书生气，意味着知识分子的独立人格，意味着永远保持一颗纯净的赤子之心。”对陈峥未来的选择，我依然这样建议：“忠实于自己的心灵，问问自己这一生想要得到什么，把自己真正想要的得到了，其他都是微不足道的。”

2019 年的陈峥

大学毕业，陈峥又一次面临选择，因为她觉得自己的性格不适合从政，便坚持了当初选择的搞研究这条路。她在美国获得了博士学位，并留在美国工作。

我和陈峥一直没有中断联系，每次回国，只要时间允许而我又在成都，我们都会聚聚。

2013年10月，我在美国马里兰大学学习近一个月，她专门开车来看我。那次我还特意把保存的她的中学作文带去给她看。

2019年3月，我应邀去哥伦比亚大学演讲，她又带着女儿来看我，还陪我逛纽约植物园。

"高中阶段对形成我人生的一些特质有重要作用"

为了写这篇文章，陈峥应我要求写来了她对中学时代的一些记忆和她现在的情况——

1

我记忆中的90年代似乎是那种百花初开的春季，总是可以期待新的人和新的事，总是充满了惊喜和希望。现在回想起来，李老师初到玉林虽然算不上是惊喜，但的确是给了我些新的希望。当时的玉林中学作为一所创办仅仅两三年的试点中学，老师们都是从全市乃至全省招聘来的，这里面既有教学经验丰富想要在新的体系里大展身手的优秀教师，也有初出茅庐、满怀激情、准备一试身手的年轻教师。教师队伍总体上充满朝气，但水平和能力也是参差不齐的，具体到每个班级的任课老师，就看各人运气了。我记得我们初中前两年各科老师，包括班主任基本都换过了一遍，语文老师更是换了两轮。这样，当李老师在初二下学期来到玉林，成为我们的第三任语文老师时，我的确是期望这次有些好运气的。

现在回顾初中时代的自己，自我鉴定是个听话的好学生，成绩也还不错，虽然偶尔也会完成不好作业或者考试不那么顺利，不过因为心理年龄偏小，从来也没当回事儿过。我的性格比较单纯，又是六年级才转学到成都上学的，总体来说是不太适应当时的班级风气的。不知道是不是因为老师换得频繁，还是我们班先天就不足，当时初92届3班是整个年级问题最多的班级，成绩也基本全年级垫底。所以一度我是没有什么目标的（也因为小升初时的一些意外），也不是那么喜欢去上学。只不过因为听话，所以上课、完成作业以及考试都还表现得不错。当然语文课除外。我一直喜欢语文，即使我们的第一任班主任兼语文老师在当时大家的眼里是个“暴君”，我还是非常喜欢上语文课。除此之外，我也喜欢看书，包括各种课外读物以及语文课本，小学就悄悄地把爸爸收藏的《一千零一夜》读完了，去别人家也是有机会就逮着各种读物看个没完。小升初后的暑假基本上也是在家读书度过的，包括成语书和字典。所以当李老师来到我们的班上，并开始用他的方式教授语文的时候，我就更喜欢上语文课了。

2

记忆最深刻的是初三下学期重新分班，我们的老三班被打散了，重组的新三班集中了年级成绩最好的学生，然后李老师当班主任。新三班的班级风气比老三班好了太多，包括我们当时开始实施的无监督考试，都让我对这个班级充满了信心。

印象最深刻的事情之一是初三下学期的语文课和午休时间，李老师给我们读小说《凤凰琴》。我从来没有想到过居然可以在语文课上听老师念语文课本之外的小说，而且还可以趴在桌子上一边休息一边听。这对于刚刚开始认真努力学习的我来讲是救命的，因为那时开始感觉每天都睡不够。同时，刚刚开始专注学业的我不得不放弃自己最喜欢的事情之一，那就是课余阅读文学作品。我还记得初三寒假我读了托尔斯泰的《安娜·卡列尼娜》，那是我整个初三自己读的最后一本大部头。有机会继续享受自己的兴趣爱好，又不耽误其他科目的学习，我当时的激动是可以想象的。

在此，我不得不承认我们当时学的和考的内容有相当多是非常枯燥的，即使有的知识和当时打下的基础我现在都还常常受益，但在当时的年纪感觉就是捏着鼻子喝中药，只能用为了自己好来安慰一下，而李老师的语文课就是每次喝完中药后的那一勺糖。

很幸运的是整个高中三年，李老师都是我的班主任和语文老师，毫无悬念地将我的积极性维持了三年，直到我考上了重点大学，出国留学，最终成了一名化学工程师——我还记得李老师当时和我的谈话，对于我学工科他是不无遗憾的。现在想起来，人的一生真的是很奇妙，因为我们永远不知道在这条路上哪里会有一个转折在等待我们。第一次是小升初，那年是成都外国语学校创建并第一次招生，作为一个刚刚转学到成都的插班生，我有幸成为当时班里“唯二”通过笔试的学生——另一位后来顺利考上了七中；而我阴差阳错，最后“不得不”来到建校不久的玉林中学，心情着实有些沮丧。现在想来，如果不是这些仿佛错失了的机会，以及教育改革试点的大环境，我想我不会遇到李老师，也不知道现在会是在哪里和做什么。

3

高中三年很辛苦也很快乐，特别是高一高二（高三后面谈）。经过了“苦哈哈”的初中三年，我感觉自己来到了一个全新的世界。虽然教学楼还是那样，操场也没有变大一点，冬天晚自习停电依然是常态；但是我每天到学校都很开心，因为我喜欢我的班级，喜欢我的老师们。李老师的新点子、“歪”点子更是层出不穷，比如周末的晚上我们可以借用学校的多功能活动教室，玩一些和现在综艺节目类似的游戏；某天会不期然地收到李老师的邀请，周末去他家里包饺子；还有曾让我大吃一惊的周末全班出游，在外面过夜（后来听说李老师顶了很大的压力）；更有让我走到脚瘫的“南下风暴”行动——还有幸尝试了“无间道”。如果跟我的孩子们说起这样的经历，他们不会觉得有啥稀奇的，更无法理解我当时的感受，因为这些似乎都是他们习以为常的生活。可是放在将近三十年前的中国，班主任这样的带班方式确实很少见，处处都透着新鲜劲。

如果仅仅用“新鲜”两字来概括李老师带我们的高中三年，我想是远远不够的。因为毕竟高中的大部分时间我们还是在上课中度过的，学业的压力非常大，因为需要向着高考这个目标奋斗——特别是在一所当时和重点中学还有相当差距的试点中学。然而这种压力并不让人感到沉重、畏惧或者想要退缩。不管睡眠时间是否足够，各科作业还有考试多么频繁，我总是感觉到很踏实。这种踏实是我对我的老师们、我的同学们，以及对我自己的信任。这种信任不是凭空而来的，而是从李老师建设班级的点点滴滴积累起来的。

比如我们延续了无监督考试，让学生真正做管理自己的主人；我们的小组竞赛让组员们更加团结，为着夺魁的“理想”而努力奋斗；受到狮城舌辩的影响，我们组队参加学校的辩论赛并取得第一名的好成绩。我为我的班级感到非常自豪和骄傲，我想我的很多同学也是。尽管我们的班级课外活动很多，我们班在年级的成绩往往（至少是多数时候）排第一；我们的科任老师也经常被我们的学习热情感动，常常提供额外的答疑时间；同学之间也是互帮互助，你追我赶，劲头十足。现在回过头看，这其实就是一个正反馈的过程，大家的学习动力和班级凝聚力在这个正反馈的过程中不断加强，同步提高。而我自己和大多数人一样，受环境的影响也同时影响身边的环境，从这种循环中受益匪浅。

4

至于李老师的教育对于我的影响，总的来说，我觉得李老师的教育和高中阶段对我人生的一些特质的形成有着很重要的作用，那就是让我自律、坚持和专注。

自律的养成对于我而言不是一朝一夕的结果。我认识很多非常自律的朋友，他们的自律大多是从娘胎里带来的，甚至可能还有点强迫症，而我则完全不是这样的。小时候的我是个大大咧咧的孩子，常常丢东落西忘带作业；上课也经常管不住自己，喜欢和同学说话开小差——小学时没少因为这个被老师留堂，以致晚回家再被妈妈责备。暑假作业也常常等到快开学的前几天才集中开始赶，记得曾经干过暑假的最后一天写了十几篇暑假日记和三篇读后感的事情，结果其中一篇读后感还获了学校的奖，让我很快忘记了赶暑假作业的痛苦，进而完全没把做事情无计划、爱拖延的毛病当回事。正如前面提到的，初三是我的一个转折点。因为特别喜欢那样的一个班级环境，喜欢我的班主任李老师，我决定给自己制订目标，为实现这个目标努力。我开始积极进行自我检查，希望找到自己的弱点和问题从而得以完善和改进。这些弱点和问题其实都不是什么新发现，特别是自己管不住自己这一点。虽然之前家长和老师们也都经常说我这个问题，但我基本从来没有往心里去过。在初三下学期，我决定把它定为我需要改进的目标。虽然下这个决心花了我很长的时间，可是一旦认定了这个目标，我就憋着一口气一定要做到，变成一个不一样的自己，开始了自己跟自己较劲的过程。

从初三到高中，我跟自己较劲较了三年半，本来以为上了大学不需要再较劲了，没想到好的习惯一旦养成，也不是一天两天就可以“改掉”的，结果就又坚持了五六年；然后又五六年、再五六年，就这样坚持下来，成为自己性格的一部分。在这里，我也要感谢我的大学环境、老师和同学们，他们在给了我很大的压力的同时也让我不断发现自己的潜力，然后再接再厉，做到了很多我从来没有想到过我可能会做到的事情，实现了许多我从未预料到可以达成的目标。对我而言这又是一次正反馈的过程，而且幸运的是我没有在这些压力面前垮掉，总是能坚持到曙光出现的时刻。

5

坚持来源于对自己梦想的认定、对于未来的笃定和对于自己的信心。在我看来，坚持和专注是一对孪生子，因为专注所以坚持，又因为坚持才能专注。我觉得我的天生性格里面有一些这样的基础，比如倔；但是在信心和笃定上曾经一度非常的缺乏——虽然现在这也不是我的强项。很大程度上，这种缺乏源自我曾经遇到的一些挫折——虽然现在看起来什么都不是，还有家庭的教育理念和大环境的影响。在很大程度上，李老师的教育在无形中让我把信心渐渐找了回来，并且开始积极地思考人的一生应该追求什么。这对于十来岁的青少年是一个非常重要的成长过程。虽然我那时思考的内容更多的是关于高考，以及从事什么样的职业才不会让自己后悔，这些离不开社会和家庭的大环境的“人生理想”，但是这种思考的能力却是弥足珍贵并且让我终身受益的。因为这种思考并不仅仅限于高考志愿的申报，也不仅仅是在从学校走向社会的抉择时刻才需要，我在以后的日子里不断地使用并提升这种思考的能力，为自己的人生规划做出一次又一次的调整，这种调整一方面是对于环境的适应，另一方面也有助于在变更的社会和人文环境中更好地实现我的初心。

说到初心，我想到李老师常常给我们说的一句话：“让人们因我的存在而感到幸福。”我想我的初心有很大一部分是和这个理念重合的。人的幸福感很大程度上源于对自我的超越的满足和来自他人的正面反馈的激励。这种正面反馈可以是社会及他人对于自我行为的肯定，对于价值观的认同，对于努力成果的肯定，或者是有机会让个人体会到自己对于社会的价值。对于我而言——相信对很多人也是这样，追求人生的幸福感和满足感是一件很重要的事情，而当这种幸福感可以被受与施双方共同感受到时，那就是一种双赢效应。这种双赢效应也是一种正反馈的过程，甚至于有一种反馈放大的作用（工科生的思维在这里占了上风）。

6

我常常在想为什么李老师可以把我们的班级带得那么出色，或者说可以把他经手的几乎每一个班级都带得很出色，我想这与他从骨子里对学生的热爱和对教育的热忱是分不开的。所以，每一个学生在他的眼里都是一件独立的作品，都是一个有意思的课题，更重要的是他们都是让他感到幸福的存在。所以他会想把自己的每一个有趣的想法都和他们分享，和他们交心做朋友，甚至偶尔会因为他们生气；但同时他又异常地信任他的学生，理解并且体谅他们，竭尽全力地去创造各种机会让他们成长，并且常常自我反省，不断对他自己的教育方法进行修正和改进。也是因此，学生们信任他，愿意遵循他的教诲，自觉自愿地为班级建设出力，这样的良性循环最终促成了良好的班级风气和师生关系的形成。仅就个人经验而言，我认为幸福感的提升对于每一个人的作用都是不容小觑的，特别是成长的初期，比如青少年时代。打个比方，这就好像80年代女排第一次夺冠给予了中国人巨大的精神激励，这种巨大的民族自豪感、荣誉感对于刚刚开始开放国门、物资还极端贫乏的中国的发展有着不可估量的促进作用。回想起来，我的青少年时代那种奋斗和拼搏的劲头也是这种集体荣誉感和民族自豪感间接促成的，最终帮助了我实现个人价值。

陈峥关于中学生活的回忆，和我的记忆基本吻合。但她说的我对她的影响，则和我的感觉相差很大。比如，她说我帮助她养成了自律的习惯，就出乎我的意料。但我相信陈峥所说是真的。因为教育者的言行有时候往往不知不觉地在影响着学生。由此，每一个教育者都应该提醒自己，我们有意无意的言谈举止，都可能对学生造成正面或负面的影响。教育，不可不慎。

“希望孩子们某一天也会遇到他们的李老师”

陈峥现在也是两个孩子的妈妈了，对教育也有自己的思考与困惑——

现在世界和中国的进步早已经不是30年前的我可以想象的。仅仅从上学这一点，我就无法让我的孩子们明白为什么那时上学需要独自步行30分钟，他们习惯了出门坐车，爸妈接送。我也无法让他们明白为什么那时的家庭作业需要抄写那么多遍的生字，还有数学题为什么需要速算，他们习惯了依靠发音拼出自己的单词（即使错得离谱），以及掰着手指或者在纸上画小棍做数学。生活中，他们也习惯了每个月得到一些零花钱，在学校商店开放的时候买些自己喜欢的小玩意儿或是攒起来给自己买个心仪已久的玩具。作为母亲，我一方面想让他们生活得更加自由些、更加快乐些；另一方面又不愿意让孩子们对于生活中的各种艰难困苦完全没有认识，并因此失去了努力奋斗的内在动力。同样，我一方面希望多给他们鼓励，让他们更自信；另一方面又不希望他们天天听到的声音只有表扬，而无法意识到他们还有许多需要提高的地方。而更多的时候，因为工作的忙碌，孩子们常常处于放羊的状态，于是我又常常为自己昨天没有尽到的责任（比如忘记督促或是帮助他们完成某个老师布置的课外作业）而检讨。

有一位朋友曾经跟我谈到她对于孩子的教育理念，大意就是说孩子的教育和成长就像是一个目的地明确的飞行任务，飞行中会遇到各种各样的高空气候情况，虽然有既定航线，但这个航线不是一成不变，也不可能完全遵守，只要最终顺利到达目的地，过程中的稍许偏差又算得了什么呢！我进一步想到，其实这些未知的气候或者自然情况，在我们完全无知的情况下要应对是非常具有挑战性的一件事，所以飞机折返或者迫降是常有发生的事。而不同于在飞行过程中的应对，很多时候有经验的飞行员在起飞前就做好了很多的预案，对航程路线上可能的常见抑或是突发情况有一个初步的判断和相应的方案，这样临危不乱、顺利到达目的地的可能性也就大大增加了。而老实说，在教育孩子上，我就常常犯预案不足、临时起意的错误——尽管出于好意，结果失败的情况十之八九。比如老大各种兴趣爱好都是学学放放，老二学中文也是三天打鱼两天晒网几乎放弃。庆幸的是，至今为止，孩子们都很喜欢他们的学校，喜欢他们的历任老师们，喜欢去学校上学，在学校里也有好的朋友，有同情心爱帮助别人，这些都是很值得欣慰的。

细细反思，也许孩子们现在的一些问题不仅仅是因为我在孩子们身上花的时间不够或是教育能力的问题，而是他们的确需要更多的时间去发掘自己的喜好，建立自己的目标，从而才能真正投入地做自己想要做的事情。我的担心、矛盾和自责可能更多是杞人忧天，甚至有拔苗助长的嫌疑。遥想我在他们这个年纪，正是在野地里疯玩，上课总说话而被留堂，期末考试都坐不住被老师问板凳上是不是有钉子的状态，我能希望他们好到哪里去呢？而且从科学的角度说，他们这个年纪生理心理都远未健全，自制能力还非常有限，我能够做的也许只是不断地给予他们养分，在大环境里创造小环境让他们有更多机会去成长。还有，就是希望他们某一天也会遇到他们的“李老师”和经历他们的“初三”。

陈峥希望她的孩子有一天遇到他们的“李老师”，我却认为，不同时代有不同的教育，还是让每一个孩子遇到属于他的最好的老师，他受到的教育才是最好的教育。

2018 年 7 月 28 日，我在成都市玉林中学——也就是陈峥的母校为同学们上了退休前的“最后一课”。课堂上，我展示着我保存的同学们的作文、信件、贺卡等“文物”，讲述着当年的故事。中途，远在美国的陈峥打电话进来了，她以这种方式参与“最后一课”。她在电话里向我们问好，并通过视频直播同步感受课堂的氛围。大屏幕上我打出一张照片，上面是 1994 年最后一天的晚上，穿着红衣的陈峥和同学们围着篝火数着星星迎接着 1995 年的到来；而我正通过手机，听着陈峥从远方传来的声音。

天涯海角顿时近在咫尺。那种感觉太美妙！

作为一个科研工作者，陈峥现在从事着她所喜欢的工作。我问她具体做什么，她说：“我一直在做药物有效成分的工艺开发，特别是结晶工艺开发和改进，以及生产放大和产品申报。”

我又问：“取得了什么成就吗？”

她回答：“成就谈不上，这几年一直在抗癌药物和免疫药物的研发管线上，最近参与的一个药物申报——我主要负责工艺方面的申报材料，刚刚获得美国食品及药物管理局批准。我现在正在带领团队为一个癌症药物的后期工艺进行鉴定和制订相关改进方案。”

嗯，我知道世界上目前有无数科学家都在为攻克癌症而努力，在人类征服癌症的浩浩大军中，行进着一名普通士兵，她的名字叫“陈峥”。

2020 年 4 月 7 日

李老师：

您好！

昨晚新洲映刮球暴，一路顺风吧！真是不好意思，那晚我们匆匆离去，本想次日打个电话给您，却一天不得空，只好遥祝一路顺风！

我和程化归途中聊起来，总觉得这么多年过去，您还是一点没变，仍是那样的激情澎湃。或许一切应归功于学校这个充满朝气、充满活力的环境，我们都以为您的土壤就是学生，而您的秘方更是一个文字。

想起来您总说您在我身上没有花太多的力气，这只是您的看法。而我却是真真切切地感受到了您对我的巨大影响。虽然三年以来，经历了许多，也改变了许多，但正如我对一些人说过的那样，挫折可能会磨去我的锋芒，但我不会放弃一些我做人的原则。这些原则大部分是源自您的教诲。其实，对一个人的教育和影响不一定是当事人可以意识得到了，但这种潜移默化的力量却是巨大的、不可忽视的。现我更能感到这种力量，有时还有意无意地进

20×20=400

陈峥大学时给我的信

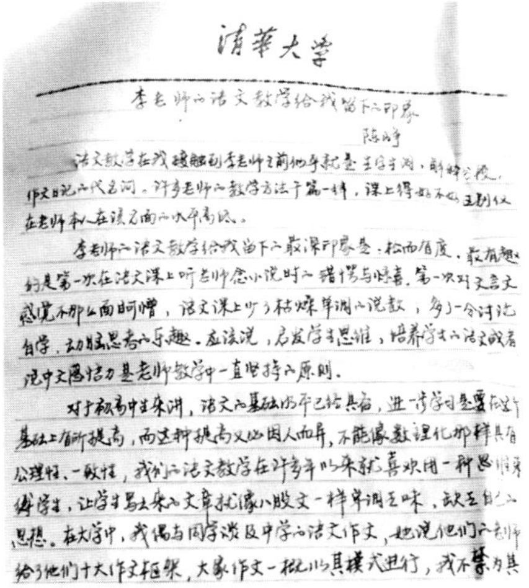

清华大学

李老师的语文教学给我留下的印象

陈峥

语文教学在我接触到李老师之前似乎就是生字生词，段落分析，作文日记的代名词。许多老师的教学方法属于第一种，课上得好不好主要仅在老师本人在讲台前的水平高低。

李老师的语文教学给我留下的最深印象是：松而有度。最有趣的是第一次在语文课上听老师念小说时的错愕与惊喜，第一次对文言文感觉不那么面目可憎，语文课上少了枯燥单调的说教，多了一分讨论自学、动脑思考的乐趣。应该说，启发学生思维，培养学生的语文或者说中文感悟力是老师教学中一直坚持的原则。

对于一般高中生来讲，语文的基础似乎已经具备，进一步学习是要在这个基础上有所提高，而这种提高又必因人而异，不能像数理化那样具有公理性、一般性，我们的语文教学在许多年以来就喜欢用一种思维来统一学生，让学生写出来的文章就像八股文一样单调乏味，缺乏自己的思想。在大学中，我偶与同学谈及中学的语文作文，他说他们的老师给了他们十大作文框架，大家作文一概以其模式进行，我不禁为其

陈峥回忆高中语文学习

胡小鸥：给《平凡的世界》插上音乐的翅膀

荣获国际作曲大奖的中国青年作曲家

看电视剧《平凡的世界》时，我陆续在微信上发了几条感想。其中有三条是这样的——

今晚，在万米高空的机舱里，继续看《平凡的世界》。暴雨中，田晓霞为救一小姑娘而被洪水卷走，永远地离开了这个世界。一个美丽而高尚的灵魂化作了不朽与永恒。这时候片尾曲《神仙挡不住人想人》再次唱起："山，挡不住，挡不住，挡不住，挡不住云彩；树，挡不住，挡不住，挡不住，挡不住风；神仙，挡不住，挡不住，挡不住，挡不住人想人；神仙，挡不住，挡不住，挡不住，挡不住人想人！羊啦肚子手巾哟三道道蓝，咱们见啦面那容易哎哟拉话话难；一个在那山上哟，一个在呀那沟；咱们拉不上那话话，咱们招一招哟手；瞭得见那村村瞭不见那个人，哎哟泪个蛋蛋抛在那个沙蒿蒿林……"凄婉的旋律，苍凉的声音，还有晓霞和少平回闪的镜头，让我忍不住泪流满面——这对我来说，是极少极少的（好像没有过）。（2015 年 4 月 10 日）

"别给我谈理想，戒了！"这是一个调侃的车贴。虽然是幽默，但也反映出现在一些人对假大空"理想"的反感。是的，小时候说"理想"，前缀词只能是"共产主义"。那时候是不允许个人有理想的——那叫"个人主义"。但《平凡的世界》通过孙少安对富裕生活的追求，还有孙少平对外面世界的向往，以及田福军让黄土地醒来的梦想，歌颂了扎根于朴实大地的理想。《平凡的世界》为理想唱了一曲嘹亮的赞歌！（2015 年 4 月 12 日）

真没想到，《平凡的世界》会以这样残酷的方式结束。悲剧就是把人生最美好的东西撕毁给人看。除夕风雪弥漫的山路上，少安、少平、兰香等人拉着已经身患肺癌的秀莲走在回家路上。天空中，是绚烂的花炮，映照着秀莲无力而美丽的笑容。信天游《神仙挡不住人想人》再次响起，不由得热泪再次冲决眼眶……（2015 年 4 月 12 日）

该剧音乐的作曲胡小鸥是我 20 多年前在成都玉林中学教过的学生。

当时我担任高 95 届 1 班的班主任和语文教师，本来只教一个班，但到了高二，因为学校临时缺乏师资，安排我上另外两个班的语文。也就是说，在原工作量（担任一个班的班主任和语文教学）的基础上，我还承担了全年级的语文教学，其中就包括胡小鸥所在的 3 班。

当年胡小鸥的成绩不拔尖——但并不差，只是相对于音乐而言，他的数理化功课并不突出，他格外突出的天赋是音乐。高二上学期读完，他就退学回家复习，准备考音乐学院。

后来我调离了玉林中学，工作单位也变了好几个，和小鸥的联系渐渐少了。

10 多年前，我在报上看到，说一位中国青年作曲家荣获一项国际作曲大奖，这是第一次由中国人获得这个大奖，获奖者的名字是“胡小鸥”。

“第一位获国际大奖的中国作曲家”也成为那段时间媒体的热点。

有一天，我接到胡小鸥父亲的电话，除了向我报喜，同时还“感谢李老师对胡小鸥的培养”，我在表示祝贺的同时，真诚地说：“和我没有关系，我又没教过胡小鸥作曲！”他父亲说：“您教会了他做人。胡小鸥还一直记着您，至今还保留着高中时代的作文呢！”

高中时期胡小鸥（右）和乐队成员在弹琴

我调到武侯实验中学后，一直想给学校创作一首校歌。先是在校内征集歌词，然后将这些歌词匿名贴出来，让全校师生投票。结果我写的歌词名列第一。我先请学校几位音乐老师谱曲，但谱出来后连他们自己都不满意，要我找一位作曲家谱。我想到了胡小鸥，就跟他联系，他毫不犹豫地答应了。我知道他实在太忙了——一会儿在美国，一会儿在加拿大，一会儿在北京，一会儿在成都……但几个月后，他把歌给谱好了，还说："如果不合适，你校的音乐老师可以修改调整。"音乐老师请几个孩子试唱，立刻得到孩子们的喜欢。于是，每周一的升旗仪式上，全校师生唱完国歌后，胡小鸥谱曲的校歌便在操场上空响起。

这部作品的音乐确实太棒啦

电视剧《平凡的世界》刚开始在几家卫视播出，我便听说反响不错。我是在网上下载观看的。那几天晚上，一打开电视剧《平凡的世界》，每当音乐响起，我就觉得很亲切，因为这是胡小鸥创作的。我不懂音乐，但确实被打动了，有的时候随着剧情而响起的音乐，扣人心弦，特别感人。

看到少安结婚那一场，音乐和剧情的完美结合，让我忍不住给小鸥发微信："你这部作品的音乐确实太棒啦！此刻我正看到少安准备新房时，润叶突然闯进来说要和秀莲抢少安，少安默默看着润叶，润叶含泪看着少安，此时的音乐让我的眼泪也蓄满眼眶。所以，忍不住给你发微信点赞！"

胡小鸥马上回我："我记得这场，你慢慢往下看，还有很多感人的地方。我觉得整部剧创作态度认真严肃，完全区别于别的电视剧。我很少发我做的影视音乐作品，我觉得那些不应该称为作品，但这次对《平凡的世界》，我不遗余力推广，因为我认可这次的创作。"

我又回他："好的。我和孙少平是同龄人，他读高中时我也读高中。大学时读了这部小说就很感动。论年龄，你比我低一辈，但因为这部电视剧，我们的心得以相通。"

他说："好的作品能够跨越时代。谢谢李老师，这算是我影视音乐的代表作品了！”

我想起胡小鸥说过 4 月份要回成都来看我，便又说：“下次来我校时，好好给我讲讲这部作品的音乐是怎么创作的。”他说：“一定的！！！”

其实，我的愿望远不只是让他给我讲音乐创作，我还想让他给我的学生做一次演讲。后来我给他说了这个想法后，他很爽快地回我：“没问题！”

2015 年 4 月 19 日那天，他给我发微信说回成都了，想来学校看我，并给学生做演讲。我知道他很忙，便问他什么时候方便，他说将就我，什么时候都行。我和学校书记商量了一下，最后将他演讲的时间确定在 4 月 22 日周三下午。他问我讲什么，我说：“随便你讲什么，只要你认为对孩子们有益的。”他说：“那我就讲讲我的经历吧！”

“我找到了自己的方向”

4 月 22 日中午，我开车去接小鸥。车到他住处的街边，他已经在那里等我了。虽然 20 多年没见面，但他几乎没有任何变化。我说的不仅仅是外貌变化不大，他的神情与气质都没什么变化。见到他之前，我还想，毕竟他现在是有一定国际知名度的音乐家了，搞艺术的嘛，怎么也应该有点“气质”，要么西装革履，风度翩翩，要么衣着怪异，举止另类，至少头发应该很长。结果，眼前的胡小鸥，一切都是正常而平常的，朴素而朴实的。普通的发式，普通的衣着，完全就像一个高中生。无论走到哪里，你都不会认为他是一位知名的艺术家。

他坐进了车，直说：“我是学生，居然要李老师来接……”我打断他的话：“接著名作曲家，这可是我的荣幸啊，哈哈！”

到了学校，刚下车，便碰见我校的许应老师和杨翠容老师。胡小鸥很真诚地和她俩握手。两位老师说：“见到偶像了！”

我先领着小鸥参观了我的资料馆。在资料馆里面，他被一件件体现我成长的实物、照片和文字吸引了，更被谷建芬老师当年给我的学生写的歌谱和信件打动了。他说：“谷建芬老师的人格太伟大了！我以前听说过她给您的学生谱歌，我以为只是谱了歌，没想到谷建芬老师后来一直关心您的学生，写了这么多的信！真的太了不起了！”我特意将一套谷建芬老师的歌谱和书信原稿的复印件送给了他。我说：“你们是两代作曲家，有些东西是相通的。”

在我的办公室，我们随心所欲地聊了起来。他给我谈了他离开我之后的经历：经过八个月的刻苦复习，在考四川音乐学院时，击败了许多川音附中的考生，以第一名的成绩被录取；后来又到美国硕博连读，以优异成绩获得了音乐博士的学位。我问他是什么时候想到要从事作曲的，他说：“是高中的时候。我这个人不喜欢按别人的想法做，喜欢有自己的想法。一次弹钢琴，我随意地弹了一段旋律，结果我的老师说，这就是作曲！”

我说到《平凡的世界》：“没看这部电视剧之前，我想象的音乐应该是许多民族器乐，结果没想到全是西洋乐器，但那旋律却是浓浓的中国风。”

他说：“是的。整个音乐的配器以西洋管弦乐为主，基本上没有用民乐，但音乐是中国的。”他说这正是他的追求。

我说：“特别是你的片尾曲，太感人了。尤其第 52 集田晓霞牺牲时，歌声响起，旋律直抵人心，我忍不住泪流满面。”说着，我打开手机，和他一起看我保存的《平凡的世界》第 52 集。

我问他为什么不更多地写歌呢。他说：“一般人都以为作曲家就是写歌的，其实不是。当然，我也应约为一些歌星写过歌，比如孙楠、王铮亮、姚贝娜、魏雪漫、徐海星、张碧晨等人，但我主要还是写室内乐，写交响乐，我还是想表现我个人想表达的东西。”

他还说他不会轻易地接电视剧音乐创作，但如果是真正打动他的作品他还是会接的。他说他和导演毛卫宁合作得很好，曾为毛卫宁导演的《十送红军》谱曲。

我说：“你真的很了不起。在文学、绘画和音乐这三类艺术中，文学和绘画都很形象，唯独音乐非常抽象。”

他说：“是的。音乐是不好解释的，难以描述，就是一种感觉。但音乐对人的影响却是巨大的。有一句话，大意是，画面、语言达不到的地方，只有音乐能达到。”

我说：“对的。这句话好像是，语言的尽头是音乐。”

他说，他一会儿要给学生们重点讲，一个人的成绩并不是最重要的，最重要的是要发现自己的长处，将爱好变成一生的追求。“比如我，当年成绩中等，但我喜欢音乐，我就在这方面去努力。”

我说：“你有这方面的天赋。”

他却一直不认为他有天赋：“这个天赋怎么说呢？也许就是在某个领域比别人先学了一些吧！不过，我觉得我的确是刻苦。记得我高中时练琴，需要用铅笔在五线谱上写写画画，有一天早晨，我爸爸发现我一个星期削的铅笔屑就积了满满一个盒子。”

下午第三节课，在操场上，小鸥站在升旗台上，给孩子们发表了演讲。说是演讲，其实就是聊天。他向孩子们讲述了自己的成长经历，鼓励孩子们自信、执着，并善于把兴趣发展成一生的事业。他说——

胡小鸥指挥我校学生唱校歌

要发掘自己的潜力。你根本不知道自己在学习还有劳动中有着怎样的潜力，还有经过自己劳动获得收获有多大的快乐。我希望你们现在就能理解明白这一点，能够找到自己的方向。我和李老师刚才都一再强调我当时是个成绩中等的学生，而且说实话，当时我们的作业是很多，但我找到了自己的方向，我就不再觉得苦了。我为什么要一直强调这一点？我想说，不要以为成绩能够决定你们的命运，不要以为成绩能够决定你们的一切，不是！应该是你们的人格和你们的能力，才能够决定你们的一切。这个是最最重要的！为什么我们不现在就开始努力去发现自己，去寻找自己呢？每一个人身上闪光的东西都是不一样的，完全不一样。……大家都努力！好好努力，在自己喜欢的方面，去挖掘，去研究，我相信将来你一定会非常成功的！

他的演讲赢得了孩子们的热烈掌声。

最后，他亲自指挥同学们唱他为我校谱写的校歌。演讲结束后，许多孩子还围着他签名。

“我将牢记你的教诲，写出好的作品报答祖国”

我依然开车送他回家。在路上，聊到高中时代。

我说：“我教你的时间并不长。”

他却说：“可是我对李老师的语文课印象很深。”

他特别说起了我当年给他批改过的作文《悲鸿不悲，德华缺德》：“我现在都还记得这道作文题的由来。当时徐悲鸿的画展在成都举行，门前冷落；与此同时某歌星的演唱会却火爆轰动，但该歌星演完后偷税漏税 150 万。李老师便给我们讲，徐悲鸿的作品终究会作为中国文化的精品流传下去，载入史册；而该歌星缺乏社会责任感，实在缺德！”

他说现在某些歌星获得利益太多，而对社会的付出与回报则太少太少。他对这些明星很是看不起。我一方面暗自感叹他记性真好，对高中时的一篇作文都还记忆犹新；同时也感到了小鸥作为艺术家的社会良知。

就像当年我对他父亲所说，胡小鸥成为作曲家“和我没有关系，我又没教过胡小鸥作曲”，但我也承认，也许胡小鸥的正确价值观，多少有一些我教育的痕迹。

晚上，许应老师在我的微信上说：“今天见到了艺术家，让我感到意外的是，他是那么的质朴和谦虚，颠覆了我对艺术家的认识。”

是的，20 多年过去了，小鸥已经从一个琴童成长为颇有作为的作曲家。但善良、正直、真诚、朴实——这些他做人的本色依旧没变。

那天，我偶然翻到多年前胡小鸥父亲写给我的信，信的结尾写道——

我的小儿子胡小鸥，有幸成为您的学生。他的一帮玉林中学的同学彭倍（留美博士）、袁泳（留加硕士）相聚我家，谈到“镇西大将军”时，都佩服得很。这不是官方的大奖状，您征服了学生的心，学生爱您，比什么都珍贵。

一份权威资料这样介绍胡小鸥——

胡小鸥，中国著名旅美青年作曲家。获美国密苏里大学堪萨斯分校（UMKC）作曲博士学位，在此他师从作曲家周龙（2011年美国普利策音乐奖获得者）、陈怡（美国艾夫斯作曲大奖获得者）夫妇。

胡小鸥的作品曾获多项国际大奖，其中包括两年一度的欧洲乔治·埃奈斯库双年国际音乐节唯一作曲大奖（布加勒斯特，罗马尼亚），纽约林肯中心颁发的美国作曲家、词作家、出版商联合基金会莫顿·古尔德作曲奖（美国），俄罗斯肖斯塔科维奇国际作曲比赛优秀作品奖等20余项荣誉。2014年他作为第一位华人作曲家被著名的意大利卡萨玛吉奥国际音乐节邀请为驻音乐节作曲家，其全部作品由加拿大国家音乐中心（CMC）出版发行。

在影视音乐作品创作中，胡小鸥的音乐语言展现了他独特的艺术审美，并很快形成了他的个人风格。在回国后短短的几年时间里，已为许多重量级的优秀影视作品配乐。因为他在商业作品创作中极为巧妙地融合了艺术性而成为新一辈炙手可热的原创音乐人和制作人。他被美国作曲大师菲利普·格拉斯誉为“有新音乐语言的华人作曲家”。

现在人们看电影和电视剧都不太关注谁作曲，因此虽然胡小鸥已经为上百部影视作品作曲，但相比起导演和主演，他是幕后英雄。但说起他为之作曲的一些作品，相信大家都不陌生，除了前面说到的《平凡的世界》，还有近几年比较火爆的电影《唐人街探案2》《唐人街探案3》《一出好戏》《天气预爆》等，还有电视剧（网剧）《二十不惑》《穿越火线》《跟我回家》《唐人街探案》《十送红军》《遇见王沥川》等。

昨天跟他联系，核实本文的一些细节。他说他最近忙得很。我问他在忙什么，他说，正在参与创作电影《我和我的家乡》，这是去年的电影《我和我的祖国》的姊妹篇，也是由几个篇章构成。他负责贵州那个篇章的作曲。

我至今保存着胡小鸥20多年前发给我的贺年卡——

我将牢记你的教诲，做一个正直的中国人，写出好的作品报答祖国。

20多年过去了，胡小鸥做到了。

2015年4月26日写成

2020年4月25日补充

附录：你们一定能成功——胡小鸥在我校对学生的演讲

同学们好！

好久没有回到学校了。我离开学校这种氛围是2010年，当时在美国博士毕业，我把我的博士帽抛向空中后，就再也没有回到学校了。这是我离开学校后再次返回校园，非常荣幸和大家见面。我来到武侯实验中学，意义尤其特殊：第一，我们学校的校歌是我谱曲的；第二，是我的恩师李校长——我习惯叫他李老师了——请到我，希望我来给大家做个演讲。我觉得这就是一种很奇特的缘分。在这里用这种方式和大家见面，首先是感谢大家，非常感谢有这样的机会和大家见面！

我从来没有在成绩上优秀过

我刚才听大家演唱这首由我谱曲的校歌。由我谱曲的歌太多了，很多很多了，有很多歌星都演唱过我谱曲的歌，比如已经过世的姚贝娜，还有孙楠、张碧晨、王铮亮，等等，很多都和我合作过，但是我觉得你们比他们唱得好！

今天这个讲演，如果我说得太专业，比如讲音乐谱曲方面，我觉得没有必要在这里探讨。那么讲什么呢？看到你们，让我想到我当年，我也曾经有过初一、初二、初三，高一、高二、高三。我在玉林中学读过，看到你们我就想到了我当年的一些情况，想到我的一些年少时光吧！那我想讲一讲我自己的经历，在你们这个年纪的经历。

就像刚才李老师介绍我时有说到过，我在学校里面是一个成绩中等的学生，从来没有在成绩上优秀过，从来没有，在班上永远就是 23 名、24 名的样子，有时候贪玩一点儿就是 33 名、34 名这种成绩。但是我自己在学习中呢，有一个特别的优点，就是喜欢一个东西，我学习起来特别快，特别好。我喜欢语文，语文就是我所有科目里学得最好的。数理化我绝对学不好的，绝对是“干”不过我的同学的。

在当时，我就是一个这样严重偏科的学生，老师也给我提了很多意见和建议来帮助我，但是我就是怎么都改不过来。在当时，我爸是个作家，我也就看了很多很多的书；我妈妈呢，是歌舞团的一个歌唱家，我也就听了很多很多的歌。在听音乐的时候，当时因为我练钢琴嘛——我不知道你们当中有没有练钢琴的，大家都知道，练钢琴很苦吧？而且都要弹老师指定的曲目，对吧？一些练习曲什么的，从 599、849 弹到肖邦，弹到莫什科夫斯基练习曲，特别枯燥。当时我就特别恨这种方式。我想说，老师，我为什么就不能弹自己喜欢的东西呢？然后我就从初中的时候开始乱编一个东西来弹，我根本就不知道它的含义是什么。有时候被老师训了或者被爸爸妈妈批评了，心里不高兴，就弹弹钢琴排解一下自己的情绪。在当时我是完全不知道它的意义的。直到有一天我觉得我弹的那个曲子很好听，太好听了，我想把它记下来，但我发现我没有办法把它记下来。这时候，我就拿了一张纸，在上面画了一些符号，这些符号只有我能懂。现在来看，这些符号全都是错误的，音乐作曲上全都是错误的，这张纸到现在我都还保留着的。现在看来，这就是作曲。

在初中的时候我的爸爸妈妈就告诉我，我的同学怎么都那么优秀，我的成绩怎么就这么平常。但是我告诉我的爸爸妈妈，你看我从小到大当的都是文娱委员，就是组织大家唱歌跳舞，这个我可以，就是组织大家玩儿我可以，可是读书这个事儿，我就只能达标。我觉得就是兴趣指引了我。

我不知道，现在的你们心目中有没有最想做的事情，或者是你最感兴趣的事情，无论如何你都不会放弃的事情。你心中有这个东西，你为什么不把它培养成你的一个永久的兴趣爱好，或者是你将来的职业呢？有一句话说得好，叫“学海无涯苦作舟”。但我的理解和大家不同，就是你真正喜欢一个东西怎么会苦呢？比如我去学习音乐，我觉得不苦啊，一点儿都不苦。我去学音乐，就是作曲，有很多基础的科目要学，你要知道这个旋律怎么写，而且你要知道这个伴奏怎么写，你要学很多很多东西啊，这些基础课是非常非常枯燥的，真的不是玩玩儿就能完成的。

所以说，如果在你们的生活中有这样的感受——这个东西我感兴趣，我喜欢，你就不要放弃，深入钻研，最后它可能变成你将来的职业。比如好多男同学，他肯定百分之一万喜欢打游戏——我当年就是喜欢打游戏把眼睛打坏了的，但是我的同学当中就有打电子游戏真的打出名堂的，他们去搞这个电子游戏的程序设计，设计他们心目中的游戏，这就是非常了不起的。我的一个同学他喜欢画漫画，他和我一样一点儿也不“优秀”，成绩一般，上的是一般高中。他喜欢画画，特别喜欢画漫画，在当时有些家长认为看漫画书、画这些小人——当时叫“小人”，是会影响学习的，怎么会有什么成就？可就是这样他最后成了一个著名的漫画家，还编著了他自己的漫画书。这些点点滴滴，我觉得在你们生活中，在你们的学习中，要慢慢地去寻找。不要说我现在很小，我想不到那个，那个离我太远了，时间是过得很快的。

现在我们不是要考大学吗？要选专业吗？在当时，因为文艺考试是在普通考试之前嘛，我的考试早早地就结束了，我当时考了四川音乐学院作曲系的第一名，也就是我不用再参加正式的高考了，当时我就知道我将来要做什么了——我要以作曲作为我终生的事业。当时我们班上有很多成绩好的同学——这里我不是说成绩好的同学不好，他们真的是非常优秀，但是他们就跟我聊：“我们很迷惑，小鸥，你找到了自己的方向，而我们没有。我们成绩都好，比你好，比你好太多了。但是呢，你要我说，我将来想要做什么，我真的没有办法回答你。”而那个时候，他们选专业已经迫在眉睫了。

心目中有没有一件特别想做的事情

很多时候，我身边的朋友们现在在做的事情并不是他们真的喜欢或愿意做的事情。我现在就在想，我面前的你们，心目中有没有一件特别想做的事情，特别喜欢、爱好的事情呢？为什么不现在就去做，现在就去努力培养呢？

再讲一件非常非常小的事情。我有段时间是生活在加拿大的，我的一个很要好的姐姐的女儿和你们差不多大，她从小就很喜欢鸟，特别喜欢，而且她喜欢摄影。她摄影就只拍鸟，她不拍人，她就是喜欢拍鸟。每天放了学、每到周末她就请妈妈带着她去拍鸟（温哥华是一个有很多树林、有很多山的城市）。她用的设备也不是特别好。但是你们知道吗？有一天，她妈妈拿着一本书告诉我，上面一个关于鸟的专题的照片就是这个当时只有 9 岁的女孩儿拍的！当时我很震惊，因为这本书是《国家地理》，美国出版的《国家地理》杂志！这本书是不轻易刊登任何一张照片的。她的照片拍得非常好，她拍的是白头鹰，我记得。

她在这么小的时候把拍鸟的一种爱好变成了她学习摄影、学习鸟类知识的一个动力。她现在才 13 岁，但是她已经明确地告诉我，她将来一定要成为美国《国家地理》杂志鸟类专题的一个专职摄影师！这就是一种志向。所以你们在生活中，在学习中，有没有想到要为自己的爱好、自己喜欢的东西奋斗一生呢？今天我给大家讲自己的经历，是为了说明一个成绩非常普通的学生，能取得现在的一点成绩，我也是努力了的。

当然了，李老师一直说我有“天赋”。这个问题，其实呢，我太知道“天赋”是怎么回事了。所谓“天赋”，无非就是说你在开始学习的时候比别人厉害一点儿，比别人的领悟能力要强一点儿。我知道在音乐方面特别是作曲方面，天赋就是对声音的敏感度。但是我觉得最最重要的还是不断地修炼。什么样的修炼呢？就是不断地练习，不断地去听。听就是一种修炼，你不听怎么知道这个声音是怎么发出来的呢？你怎么知道吉他是什么声音？怎么去表现？因为我从小就是学习钢琴的，我也不知道小提琴怎么拉，小号怎么吹。但是我现在能写整个管弦乐交响乐的作品，为什么能写呢？很多人问我：你怎么会这个乐器，会那个乐器？我说我什么都不会，我就只会钢琴，因为我能够想象它，因为我去学习了它，对吧？所以在任何你认为值得你喜欢的事情上，你钻研下去就一定能够钻研出成就来。

所谓天赋，我觉得真的需要努力，真的需要勤奋地去练习，而不是靠一点点小聪明，靠一点点比别人敏锐一点儿的感觉。很多时候，我们的音乐老师会说，这个人的音乐感觉很好。其实有时候，尤其是作曲，像写音乐这种，它是一种后知后觉的专业。它不像练琴，靠练习就能练出来，它真的是需要感悟。在你们的学习生活中，这种感悟应该从现在就开始有。千万不要小瞧自己，就像我说的那个加拿大女孩儿一样，她从很小的时候就喜欢鸟，就研究鸟。我们知道鸟的英文单词叫 bird。但是你知道吗，鸟有很多类。白头鹰有白头鹰的叫法，老鹰有老鹰的叫法，对吧？各种鸟有它自己的名称。她现在能说出上千种的鸟类，我都完全不知道，术业有专攻嘛。只要你喜欢，只要你觉得值得你付出，你去努力你就能成功，你就能达到你想要达到的那个点，关键是你愿不愿意去做。

在同学聚会的时候，大家的职业五花八门，他们在和我聊天的时候聊得最多的一个话题就是："小鸥，你最近在写什么歌？"我就告诉他们，音乐这个东西不仅仅是有歌，音乐还有交响乐，还有独奏，还有歌剧，还有清唱剧，有很多很多种形式。在我们当时的理解，音乐就是歌，没有什么，但其实不是这样。不仅仅是音乐，像科学，像文学知识也是一样，在你面前有很多扇窗户，没打开之前你不知道里边是什么。你打开，也许就会被它吸引。我北京的一个朋友在《音乐周报》工作，他以前是学化学的，他当时学化学是因为他的化学比较拔尖一点儿，并不是说他特别喜欢。有一天他在吃饭的时候听到四川电视台在放一个广告，其中有贝多芬的《命运交响曲》，他就被这个音乐深深地吸引，但是他当时不知道这个曲子是什么，他就打电话去问，最后打听到这是贝多芬的《命运交响曲》，他就一头扎进去了——扎进了贝多芬的音乐。他告诉我他从此一发而不可收。在这种机缘巧合下他扎进去，然后就成了《音乐周报》的一个专业记者，从事了这个非常专业的音乐报道的工作。

我想跟大家说的是，摆在你们面前的这扇窗里的东西是很多很多、五花八门的，当你们打开的时候，你们面临的是一个未知的世界。不要以为音乐就是一首歌，不要以为武侠小说就是文学。对，很多东西都限制了你们的思维，当你们打开这扇窗的时候，你们不知道面临的是什么。你们打开之后要选择你们最最喜欢、最最感兴趣的，觉得值得为它付出的一个东西。从小就开始研究它——我觉得能够找到自己喜欢的那个点，在那一点上用力的话，你一定能有所成就。这个就是我通过自己，还有我周围的朋友而得到的一些经验。

你们的人格和你们的能力，才能够决定你们的一切

下面我还想和大家聊一聊音乐，就是我自己的专业这方面，还有我在美国求学的一些情况。其实我知道在座的有很多同学，你们都被自己的爸爸妈妈关照着，于是你们像在温室里长大的小孩儿一样。但是你们知道吗？以后你们会长大，会离开这个校园，面对社会。不管是去美国还是在中国，还是在别的什么地方，你面对的是什么？你能不能够自立？我们必须通过自己的努力去自立。

我到美国学音乐之前，读的小学是成师附小，在人民南路，是很好的一个小学；我中学读的是玉林中学；我大学本科读的是四川音乐学院。你们有没有发觉我就在一个很小很小的圈子里面？我就在这方圆几公里的一个地方，别的地方哪儿都没去过。我记得我妈当时最不习惯的就是，别人家上大学的孩子都会住校什么的，而我就赖在家里不走，我连中午饭都要回家里吃，因为习惯了家里的呵护，习惯了这种没有独立生活的情况。但是自从到了美国，踏上了美国的土地，进了学校的第一天我就知道，这个世界变了，不是我要学习的音乐世界变了，是生活变了。首先是得学习做人。怎么去做人？首先是自理自立。在国外的每时每刻都是在学习，我去体会那种没有人呵护的生活，没有人照顾的生活。我以前是不会厨房里的任何活儿的，不会也干不来。但是到了美国之后，经过这么多年的训练，我成了一个有名的川菜厨子，四面八方慕名来我这里吃饭的同学朋友特别多。我回国后，国外的朋友常说："唉，小鸥快回来了，我们该撮一顿了吧，你该给我们解解馋了吧？"这就是我生活中非常非常真实的一个情况，没有人照顾你，你需要照顾你自己，你需要自立。为什么我们现在不这么干呢？在有父母的情况下，

做一些力所能及的事，到以后你会发觉这真的是会给你们带来非常非常多的好处的。你们意想不到的优势，就是你能够自立，能够自己生活，这是一个非常非常大的优势。

还要发掘自己的潜力。你根本不知道自己在学习还有劳动中有着怎样的潜力，还有经过自己劳动获得收获有多大的快乐。我希望你们现在就能理解明白这一点，能够找到自己的方向。我和李老师刚才都一再强调我当时是个成绩中等的学生，而且说实话，当时我们的作业很多，但我找到了自己的方向，我就不再觉得苦了。我为什么要一直强调这一点？我想说，不要以为成绩能够决定你们的命运，不要以为成绩能够决定你们的一切，不是！应该是你们的人格和你们的能力，才能够决定你们的一切。这个是最最重要的！为什么我们不现在就开始努力去发现自己，去寻找自己呢？每一个人身上闪光的东西都是不一样的，完全不一样。我在玉林中学的时候，音乐方面做出了一点儿成绩，还有一个同学——大家可以上网查一下，现在成了在绘画方面特别有才华的青年画家，他比我高一级，名字叫屠洪涛。这个人现在是中国现代艺术的领军人物，他就是我们玉林中学的学生。他当时也是一个成绩非常一般的学生，但他喜欢绘画，他就一头扎进去了。这种例子不胜枚举，所以成绩决定不了你们的命运，但是努力一定能决定你们的命运。你在哪个“点”努力很重要，是不是在自己的兴趣上？是不是在自己的爱好上？你是不是真的努力过——我说的不是表象，是真的扎进去，从小开始研究它，培养它，这样一步一步成长？

我不知道在座的有多少人知道*NARUTO*，也叫《火影忍者》。我当时觉得这是一个小儿科的动画片，但是我的一个室友推荐我看，他跟我说他觉得这个特别好，叫《火影忍者》。其实它就是讲了一个特别顽皮的小忍者漩涡鸣人成长的故事。他从一个“差生”成长为忍者世界里非常优秀的领导，并且通过苦练成了身怀绝技的战士。通过不断修炼，他寻找到一个强项，并不断地去努力，最终成为一个伟大的人。我觉得这是一个非常好的例子。你现在的成绩或者某些行为也许让你的老师还有你的家长困惑，但是我们还是可以发现自己的一个闪光点，比如就算是打游戏，你也可以比别人打得好啊！

你喜欢游戏，可以学习基础知识，认真钻研，成为一个游戏程序设计人员。谁都不知道哪一天会发生什么事情。

今天我讲自己的经历，就是希望大家都努力！好好努力，在自己喜欢的方面，去挖掘，去研究，我相信将来你一定会非常成功的！

谢谢！

注：胡小鸥最近的主要影视、舞台剧作品有电影《唐人街探案2》等15部。胡小鸥获1999年纽约长风奖国际室内乐作曲比赛佳作奖（美国）、2003年UMKC/T'ANG QUARTET 室内乐作曲比赛第一名（美国）、2003年美国作曲家协会（SCI/ASCAP）中西部作曲奖第一名（美国）等各国各种奖项35项。

2015年4月，胡小鸥来看我

宋怡然：梦想造就惊艳人生

平衡功能欠缺却坚韧的女孩

报名第一天，一位母亲牵着一个小姑娘来报名。

我一看，是一个漂亮的“洋娃娃”。

小姑娘瘦瘦的、矮矮的、弱弱的，怯怯地看着我。她的眼窝微微内陷，但两只眼睛大大的，明亮而有神。肤色微黑，看上去很像印度或巴基斯坦的小姑娘，十分可爱。她叫宋怡然。

我和初一时的宋怡然

她有些害羞，问她几句话，多半用点头或摇头表示。

报名结束后，她妈妈一个人到我办公室，拿出一张华西医院的诊断证明，具体准确的结论我现在记不清了，大意是孩子的脑发育有什么障碍，平衡功能欠缺之类。她妈妈的意思是要我多关照孩子。她还特别嘱托，让我“保密”。我对她说：“您放心！我一定会特别关注宋怡然的。”

那是 1995 年秋天，新学期开学第一天。25 年后的今天，我在微信上跟宋怡然聊天，“揭秘”这个细节。她说：“当时我确实不知道，但初三我就知道了。我的平衡力是很不好。”

还是回到 25 年前的秋天。当时我刚刚送走高 95 届 1 班，因为这个班高考取得了出人意料的辉煌成绩，所以我也就被许多人认为是抓“应试”还“有两下子”。学校为了留住优质生源，安排我下来教初一实验班——其实就是重点班，我将这个重点班一带六年，送到高三。但我觉得这不是真正的实验——那么多拔尖的优等生集中在一个班，就算不“实验”，六年后的高考也不会差。于是我给学校提出：能否在同一次分班考试中，将最差的学生编一个真正的“实验班”，以集中精力因材施教，探索教育“困难学生”的规律。刚开始学校没有同意我的想法，但我反复找校长沟通，我特别说：“我愿意来当这个班的班主任，因为我喜欢搞研究。”最终学校采纳了我的建议：组建了一个集中全年级“差生”的“实验班”。这个班的生源是，学校先按入学分班考试（以选拔“尖子生”进入所谓“实验班”）成绩把全年级 400 多学生中的最后 27 名学生编入我班（后来又进了一些，有 30 多名），然后再以抓阄的方式在非重点班的学生中确定了我班的另外 30 多名学生。

我不知道我解释清楚没有。总之，当时我所带的初 98 届 5 班的学生，就是集中了全年级最差的学生和部分中等生。

于是，我便同时兼任了两个班的班主任，并担任语文教学工作。所带的两个班是当时全年级的两个极端：一个是生源最好的初 98 届 6 班，而另一个则是全年级“问题学生”最多的初 98 届 5 班。这是我当年给学校主动提出的实验请求。

宋怡然是“问题学生”最多的初 98 届 5 班的孩子。

该班“问题学生”最多，并不是说所有学生都很糟糕，班上也有一些学生不错，甚至在品德方面还很优秀。但无论行为习惯，还是学习成绩，该班平均值绝对是全年级最后一名。

如果就学习成绩而言，宋怡然不算好，学习有些吃力，但英语还不错。王燕青同学回忆说：“宋怡然在学习上还是很认真的，英语尤其好，口语非常棒，发音特别好！其他科目虽然不及英语那么突出，但是遇到问题她总是虚心地请教别人，我记得我和好些同学都经常给她讲题。”

就行为表现而言，她是很可爱的。如果以几个词来概括，可以用“善良”“腼腆”“坚韧”等。

可能是因为自卑吧，她很少和同学接触，在班上特别亲密的朋友不多。今天为了写她，我特别翻了翻她这个班的老照片，发现一个“奇特”的现象，所有照片中宋怡然都是站在最不起眼的地方，毫无例外——无论是全班的集体照，还是外出活动时与几个同学的合影，她都是站在最靠边的位置。

但宋怡然性格温和而豁达。因为她皮肤黑，所以马筱晓同学给她取了外号“非非”，意思是说她来自非洲。张迪同学还给她取了一个英文绰号“Africa”，也是非洲的意思。王燕青同学回忆说：“因为皮肤特别黑，被班上男生叫作‘非非’。她也不生气，反而天天跟在男同学身后。”25 年过去了，宋怡然把“宋非非 Africa”这个亲切的绰号作为自己的网名。

当时班上调皮男生很多，欺负她的事也时有发生。平时她很温和，甚至看上去还比较胆小，可一旦被激怒了，她还是很凶的。戢实同学回忆说：“因为她眼睛大，又是一头小伙子的短发，瞪你一眼还真的有点吓人。”但宋怡然不记仇，事情一过便烟消云散。所以戢实说：“其实她很容易和同学相处，心胸比较豁达。”

我对宋怡然有一种心疼的感觉，因为我想到她妈妈给我看的诊断书，也因为我看到她的腼腆和自卑。我要做的，就是经常鼓励她。我告诉她，每一个人都是独特的自己，你一定有着别人没有的天赋。你要用行动证明你有着与众不同的才能。

她的坚韧，有时让我和所有同学吃惊。学校举行运动会，在登记参赛项目时，宋怡然居然要报名！她那个子，仿佛一阵风都可以吹倒。而且，更令人震惊的是，她居然报的是女子 1500 米长跑！同学们惊讶的是她那么小的个子居然要参加 1500 米长跑比赛，而我震惊的是她运动平衡能力有缺陷居然“自不量力”，我更担心她是否能够坚持下来。

情况如何呢？朋盈盈同学当年的一篇作文记录了宋怡然的比赛过程——

坚持就是胜利

那天下午，学校正在举行第九届秋季运动会，我班的健儿们个个精神抖擞，充满了必胜的信心。

接下来要进行的是女子组1500米比赛。我班的参赛队员方秋和宋怡然，她们早已做好了准备活动，那会儿已经守候在跑道边了。我们推测比赛结果，方秋必定是冠军，然而宋怡然大家却不敢保证，她并不擅长长跑，我们只是不断鼓励她，只要尽力，我们永远支持她。我和刘宁同学也跟着去了跑道边。

很快，比赛开始了。12名参赛运动员一齐跑了起来，立即跑成了一条纵队，方秋和宋怡然在队伍中间。场下的观众也沸腾起来，加油声不断。头两圈，方秋和宋怡然都居于领先地位，但第三圈以后，运动员们的距离明显地拉开了。

方秋仍然领先，毕竟是长跑能手。宋怡然却落到后面，她的个子实在太矮，眼看着那些长手长腿的运动员一个接一个从她身边超过去，我看得出，她跑得很吃力，双腿无力地向前迈动着，手也左右晃动着。她紧紧地咬着牙，只有那双眼睛，仍然和以前一样睁得大大的。她的脸红得厉害，我怕她昏倒，便迎上去准备截住她，把她扶下来。她虽然说不出话，却用那坚定的眼神看着我。我想那是她无力说话时最好的表达——坚定的目光，不肯半途而废的精神。她深深地打动了我。“加油，别泄气！”我对宋怡然喊道，“只剩三圈了！”她咬着嘴唇冲着我笑了笑，汗水不断地从她头上滑了下来。

正如同学所料，方秋夺得了第一名。宋怡然落后半圈，她努力向前跑着，终于跑完全程后，无力地倒在了跑道上。我和几个同学上前扶起她回到了我班的座位上。

或许别人注意得更多的是夺冠的方秋，可我却十分佩服宋怡然。尽管输了，可是坚持已经是最大的胜利，她也是一位成功者。

直到现在，我和同学们回忆起宋怡然，都觉得她比较特殊，我甚至觉得她的性格有一种两极的统一：柔弱而坚强。柔弱的外表下面，有一颗坚强的心。用王燕青的话说：“她就是一个与众不同、非常认真、非常坚韧的女孩子。”

为足球痴狂

宋怡然有着自己的执着的追求，因为这个“执着的追求”，她有了一个非常独特的爱好：足球。爱好足球怎么算“非常独特的爱好”？当然，四川全兴队一度享誉全国，成都人爱好足球似乎顺理成章，但第一，她是女孩；第二，她不仅仅是爱好看足球，而是痴迷于踢足球——是的，痴迷！

这个爱好和她的体形反差实在太大，她那么矮，那么瘦，那么弱，那么薄……然而恰恰因为如此，她对踢球的痴迷才让同学们先是吃惊，继而敬佩。戢实同学说：“从这可以看出，宋怡然性格刚强坚韧，不服输，不小气。她对喜欢的事情很执着认真，为了踢足球，她会买专门的足球服和鞋子，很认真地对待踢球这件事情。”

宋怡然爱好踢球，的确给同学们留下了很深的印象。除了她，当时班上没有其他女生踢球，她只好跟着男生踢。马筱晓同学回忆说：“因为爱跟男生玩，而且爱跟着男生去踢足球，所以有的女生不太喜欢跟她玩儿。”注意，其他女生只是因为不喜欢和她一起踢球，所以不跟她玩儿，并不是说就不喜欢她本人。实际上，大家都很喜欢宋怡然，甚至很佩服她。马筱晓说：“我都佩服她的毅力。夏天中午一两点，大家都热得不想动，她却跑到操场踢球、跑步，很能吃苦。她个子矮，学校校队不选她，但是她还是跟着跑，跟着训练。对于自己热爱的事情，尽全力去努力，不管结果，这就是宋怡然的个性。”

好可怜哦！校队不选她，她就跟班上的男生学，她拜戢实同学为师，跟着学踢球。尽管她看上去很柔弱，但许多同学却觉得她是一个假小子。王燕青说：“在我们看来，她的个性不太像个女生。爱好也特别，喜欢踢足球，夏天经常穿一身球服，德国队的、阿根廷队的她都穿过，和男生们一起在操场上踢球。但是因为身材矮小，跑步速度也不快，常常都拿不到球。有时我们从操场边经过，看见她孤零零地站在那里，有点可怜，但这并不影响她对足球的热爱。她好像一直有一种能力，就是从不在乎别人的眼光，专注于做自己热爱的事情。”

对，“就是从不在乎别人的眼光，专注于做自己热爱的事情”，这是多年后，不少同学对宋怡然的评价。这也是我说她外表柔弱、内心坚强的原因。

有一次，学校组织去月亮湾公园玩儿，宋怡然特意带上了她心爱的足球。在月亮湾，我还陪着她踢了一会儿球。不是有比赛性质的踢，就是两个人踢着玩儿。其实我不会踢，脚上功夫远不如她，但她很开心，我也很开心。我对她说：“你看，至少在这一点上，你已经超过李老师了！以后长大了，你一定还会有很多方面都超过李老师的。”后来我俩还专门拍了一张合影。照片上，她抱着足球，开心地笑着。

学校离四川省运动技术学院不远，那里经常有专业足球运动队训练。宋怡然经常放了学便去看他们训练。宋怡然夏天经常穿一身她喜欢的德国队、阿根廷队的球服，和男生们一起在操场上踢球。

关于她为何如此痴迷足球，20 多年后，她这样回忆道——

其实我本身运动平衡协调能力非常不好，可偏偏就喜欢那些很酷的事情。那年甲 A 联赛刮起的黄色旋风席卷成都，就这么把我卷进去了。我爱上足球。不只是看足球，也爱上了踢足球。

班上有篮球队有足球队，但是没有一个女孩子加入。于是我找到全兴队的训练场，常常放学了就去看看，认识了很多不同年龄的朋友，从谈话中对足球的了解也多了些。这样，我和班上的男同学也有得聊了，他们也渐渐了解了我对足球的热爱。

那时正逢 1996 年中国女足在亚特兰大奥运会拿了亚军，我真恨不得马上就加入她们，走向世界，哈哈！

那可以说是我人生中第一个真正意义上的梦想。

一定有很多人觉得我荒唐，但是谁年少时没些个荒唐的愿望呢。而我不同，我不只是想想，我是想着办法去实现。我加入了足球兴趣班训练，每天放学后，就在离学校不远的地方，就在全兴队训练场的对面，基本上三天两头都能看见他们。

我认识了更多热爱足球的朋友，包括一些球员、教练。超喜欢魏群和马明宇，按照现在的话说喜欢得“不要不要的”，恨不得与他们桃园三结义，助我冲出亚洲走向世界，哈哈。这就是那年简单的“追星”时光。但我知道，在他们看来我只是一个不知未来的单纯小女孩。

摇滚歌手宋怡然

宋怡然初中毕业后，读的是职高，学的是英语专业。后来我也换了学校，慢慢就和宋怡然失去联系了。但每次翻老照片，我都会想起这个酷爱足球的小姑娘，并情不自禁地想，她后来成了足球运动员吗？但很快我便自己否定了这个推测，因为宋怡然的先天体质条件，是很难成为足球运动员的。

再次和她联系上，是在网上邂逅。有一天，在我的微博上，我看到她给我留言：“李老师，我是宋怡然……”那一刻，我简直惊喜不已。

我问她在哪里，她说她现在在美国。啊？无论当年还是现在，宋怡然总是给我制造着一个又一个“惊讶”。我问她怎么会去美国。

原来，职高毕业之后，宋怡然辗转来到苏州，和朋友一步一步创办了一家文化传媒公司，做起了演员经理人的工作。在这里，有爱心的她独立策划了保护流浪动物的音乐会，所得款项全部捐赠给了当地的小动物保护中心。也是在那段时间，她收获了爱情——爱人是一个美国人。

然后为了爱情她去了美国，虽然有爱人陪着，但毕竟人生地不熟，好多不习惯。她说：“如从天上直落山谷，突然就遗失了所有的自己，只能在安静的时候翻看微博，看看中国发生的事，想着关于中国的一切，竟然让我找到了李老师的博客公众号，如沙漠里的绿洲呀……我一篇一篇地读，一点一滴回忆起年少的时光，回忆李老师的课堂，陪伴我走过那段低潮。”

我问：“你没有踢足球了吗？”

她回答说：“没有，早就没有了。足球只是我年少时的一个爱好。”我继续问：“那你现在在美国做什么工作呢？”

她说：“在美国，我再次开始了保护小动物的慈善义工之路。而在先生的支持下，也在当地一所学校开始学习新音乐制作，更被选入乐队，参加音乐节表演、专辑录制……”

演出中的宋怡然

她给我说了一大堆音乐制作方面的事，我听得半懂不懂的，不对，应该是基本上没听懂。然而，有一点我听懂了——她现在是一名专业的摇、滚、歌、手！

我的天！这次带给我的震惊几乎史无前例，我怎么也不可能把当年那个弱小而腼腆的宋怡然，和一个激情奔放的摇滚歌手联系在一起。她居然还自己作词、作曲，还开演唱会……这是宋怡然吗？这是宋怡然吗？这是宋怡然吗？完全突破了我想象力的极限！

梦想还是要有的，万一哪天实现了呢

为了写这篇文章，我请她给我提供一些关于她后来人生成长的素材，结果她写来的材料很是生动，我就全文展示在此。接下来的故事，就让宋怡然自己来讲吧——

幸福的定义

李镇西老师是我一生最敬仰的老师，没有之一。

我是李老师在玉林中学时期的学生，初98届。了解李老师的人一定记得那个时候，他同时担任两个班的班主任，一个是全年级优等学生实验班，一个是全年级“问题学生实验班”。

而我，就在这个“问题学生实验班”里。还记得开学第一天李老师因为晚到而向全班同学鞠躬致歉的那一瞬间，我简直傻了，这和平时我心中高高在上的老师形象完全不符呀……

接着李老师如常做自我介绍，但是都是模糊的记忆片段了，只是有一句话深深地印在脑海中，一生无法抹去——“让人们因我的存在而感到幸福！”

说实话，我至今不记得这句话最初出于谁之口，我只知道，这是李老师教我们的。也一直记得这句话如何印入我的心底，成了我一生的座右铭。

那时我们都是独生子女，按照父母的心思活着，每个人都想着考大学、找个高薪稳定的工作、结婚生子等平凡的未来。你问大部分人，这真的是你想要的吗，他们也回答不出啥，对“想要的生活”完全没有概念。

2003年“非典”，2008年地震，好多人来不及嘱托就走了，有多少遗憾在多少人的心中，永远都不会有人知道。原来，梦想和幸福是不等人的。有人好运，一切与最初的计划相符；有些人拼了命地想鱼和熊掌可以兼得，最后羽化如轻烟。

那时，有点自私的我早已忘了父母的期望，对未来充满了无数的想象，唯独没有“考名牌大学找高薪稳定的工作”的打算，以至后来他们好像对我也放弃了希望，我知道自己根本就不是这类人。但是安静时我会自己思考，同样的问题，我一遍一遍问自己，到底想要什么，决定好了吗？人生那么短，真的害怕临终哭着后悔，早知道就该如何如何。

我渐渐体会到，人生的决定没有大小，每一个决定都牵动着未来的日子。

2006年，我决定离开成都。离家流浪的日子不好过，但也没什么可埋怨的，都是自己的选择。

我在各城市辗转，最初我的解释是为了摆脱“被期望”的束缚，所以那几年吃的苦，足以支持我在之后的日子里为了梦想勇敢地走下去。就算在食堂抢员工餐也好，寒冷的冬天双手浸入冰冷的水洗衣服也好，零下三十五度的雪夜一个人下班走在回家的路上也好，我都没想过回家。哭，当然哭过，一个人哭过，泪擦干了，继续该干吗干吗。

也许是我本身就不安于现状，觉得年轻就该放飞自我。我母亲苦口婆心劝我回家随便找个简单的工作，站站前台收银什么的，但我听着总有点让我“就这样了此残生”的感觉。

其实那时的我并不知道自己真的想要什么，但是年少残留的欲望让我鬼使神差地重新拾起了吉他，在当时停留的城市找到几个同样热爱音乐的伙伴组了一个乐队。音乐成了我的梦想，从来没有感觉那么深刻过。但我不想说那是一个明星梦，对我而言，更是一个寄托。

无奈太久没有弹琴，和伙伴的差距很快就显现出来，于是被团友踢了出来。有些心灰意冷，想想算了吧，可能自己真的没有音乐天赋，梦想嘛，总有别的实现方式。于是有了我的第一个公司，其实是一个演出策划团队。我们穿梭于苏州各大庆典、年会、婚礼等，我一边为客户制订活动的方案，一边维护着演出人员的权益，我觉得舞台上的那些人，不仅仅是帮我赚钱的人，他们替我实现了我的梦想。

这个时候我遇见了我先生麦克，他是我的团队里的乐队鼓手，那时我不经意聊起了关于音乐的梦想，无法实现的遗憾，却被他都听进了心里。他告诉我音乐不一定需要多美，但是一定要走心，我失败的原因很大可能是没有选择适合自己的歌曲。之后在他的帮助下，我重组了乐队。

而这时候的家里，依然拼命告诉我，玩音乐真的是浪费我的时间，赶紧回头是岸。而我自己的感受，此时此刻的每一步，都很踏实，很幸福，很有成就感。自己有几斤几两自己知道，自己付出了多少努力也只有自己知道。

我一定要确保我和我身边的人百分百的幸福。这句话成了我的口头禅。至少我的同事和我的演出团队对我那么地信任，就一切尽在不言中了。

而那个关于音乐的梦想，被我放在一边，但我没有遗忘。人说梦想不是靠梦和想就能实现的，有梦想就需要有动力，有动力就需要有努力。有了这些就请毫不留情地往前冲，终有一天你会看到属于你的那道光。

我深信。

不管家里怎么说，不管别人怎么看。

结婚后，麦克提出带我回美国，其实我本身是抗拒的，除了作为吃货舍不得美味的川菜，还有正往上走的公司，也舍不得几年来自己努力创建的社交圈，还有家中的老母亲……遥远的异国可不是说回家就能回得了的。

麦克只对我说了一句话：你能找到真正的自己。

离开中国之前，我带着乐队举办了一场保护小动物慈善音乐会，10 支乐队，10 个小时，说实话我也记不得筹集了多少钱，但我知道每一个参演的乐手都有那么一份心，这就够了。

非常欣慰，那次之后，苏州小动物保护音乐会延续了下来，每年一次。每年的组织者都不同，但是每年都有。

我收拾了行李和朋友家人道了别，登上了飞往美国的飞机。

我哭了。

未来的路怎么走？和自己想象的不一样怎么办？

麦克总是冷静得可怕：你很快就知道怎么走了……

到了美国，麦克连着带我去听了几场演唱会，他说，这是“摇滚”。

摇滚！

原来麦克早就知道什么适合我了，他想让我自己去发现而已！

我很喜欢这样被帮助的方式，没人告诉你应该怎样，他们只会提出一些方向，让你自己去感受。

找到目标以后，就要制订计划付诸努力了。练琴是一个很艰苦的过程，那时已不像小时候还会有人监督，一切都要靠自己自觉，没有考试没人逼我，但是没有努力的梦想永远只是梦想，而不会有实现的那天。

这时父亲过世了，他临走都没说一句我让他骄傲的话。这是我心中永远的痛。

累了时下载了微博，因为想家，想中国，想知道世界那边是否一切安好。

找到李老师的微博，我瞬间飙出泪来。所有年少的记忆一时间全部涌上心头，天哪，我这小小的心怎么装得下……

——初一一次年会我唱歌跑调，被同学嘲笑，李老师让他写道歉信给我。

——李老师为班上每一位同学准备了生日礼物，是精装笔记本，上面满满的祝福。

——李老师和我一起踢球。

——第一次完成了班里每人负责一天的《玉林日报》，李老师对我夸奖了不下四次，哈哈！

——李老师给我们读小说。

——李老师分享零食给我们吃。

——李老师为学校的合唱比赛亲自训练我们。

——李老师离开学校的那天我趴在桌上大哭。

李老师留给我们的全都是这么简单平凡的幸福，这不就正是他教我们的嘛！

我激动得就打开微博私信想要跟他联系，我想说的其实就是我是您很多年前的学生，我很怀念年少的时光……

但是李老师学生这么多，他记得我吗？

如果他记得我，那他问我在哪儿高就，我该怎么回答？

李老师桃李满天下，各行精英都有，我同班的就有空姐、机长、老师、老板、专家……而我只是个说啥都不肯放弃梦想、刚刚才摸到方向的“家庭主妇”。

我删掉了那条信息，决定等自己做出来一些成绩再跟李老师联系。

我所居住的圣路易斯，在美国的密苏里州，话说还是60多年前美国摇滚乐的发源地。我在这里的一所音乐学校里，一边学习编曲，一边学习摇滚演奏。这个学校的学生大部分都是孩子，很少有玩音乐的成年人，于是我的执着与刻苦即刻脱颖而出，受到校长莫莉（Molly）的关注。我知道很多时候那些小孩子看着我都会有很奇怪的感觉，只是那时候的我，已经不在意别人怎么想了。

认识莫莉让我在圣路易斯的音乐圈少走了很多弯路，我在很多音乐节、文化节的演出中崭露头角，很快得到乐队的赏识，很多资深的音乐人也开始关注我，并给予建议和帮助。演出越来越多，最疯狂的时候一个周末两天和三支乐队一共演了七场！但是跑场并不是我的目标，我开始安排录制自己的CD，开始为自己的乐队写歌，也开始为别的乐队写歌。我曾连续两年参演RFT Show Case（美国中西部最大的平民音乐节）。

这样忙碌收入却不多，按照中国的标准如同搬砖，但是我真的很满足，被肯定的感觉很幸福。

好景不长，我很快遇到前所未有的瓶颈。交出去的歌频频被退回，没了感觉没了灵魂，我一次又一次在开车回家的路上大哭，心想完了，我就只能走到这儿了。

回到家，麦克什么都没说，直接转移话题：下周末做一顿大餐吧，我有客人，他们想吃你做的中国菜。是呀，终归会回归“家庭主妇”本行的。

来到家里的客人是莫莉和她先生，这顿饭简直就是我的救命饭。且不说大家为我分析了问题的所在，提出更换思维的建议，并给予一些方向的指引，最让我印象深刻的是，末了，麦克问莫莉：这5年发表的歌有多少？

莫莉：5张专辑不到60首吧……

麦克：那被退回的、被否定的、扔掉的有多少呢……

莫莉：差不多400多首吧……

麦克：好的，我就是想让她听到这个数字……

我还差好远！

我知道，我会继续走下去。

那年，我被选为中国上海“造就女性”一百位梦想追逐的代表人物之一，只因我无法割舍的摇滚情怀。我的简介里那一句话，我常挂嘴边：梦想还是要有的，万一哪天实现了呢？

我先生工作调动，我们需要搬到加利福尼亚的洛杉矶。我明白，他接受这个调动是因为这对于我是一个多大的机会。

洛杉矶的好莱坞，摇滚乐的殿堂！

而我问自己，我准备好了吗？我舍得自己打拼的这个圈子吗？从圣路易斯到洛杉矶这是十个台阶都不止的差距呀！

我为自己的三支乐队举行了告别演唱会，莫莉自然是嘉宾。我的海报标题是：不要说再见！因为我知道自己肯定会哭的。

我终于有机会回到中国一趟，距上一次回国，已经5年了。

终于见到了李老师，我还是紧张得不知所措，我真的是属于台上台下判若两人的那种。李老师问了我很多摇滚的问题，说实话我很意外，因为在我的印象中，长辈那一代人对摇滚这种放纵不羁非常自我的生活是很不屑的，是教育下一代千万不要这样生活的“基本代表故事”。

我说，摇滚说来是一种音乐，但是更重要的是，它也是一种生活态度的表达方式。

非常自我，是真的，有时候会让人觉得自私，但是非常真实，绝无虚伪，爱恨分明，这也正是摇滚最迷人的地方。

那天和李老师聊了很多，说实话内心激动的我努力地想要表现得镇定，李老师说起每一个学生都是发自内心的自豪，优秀的、平凡的、走向世界的、留在家乡的……李老师说起了对我年少时的印象，他说还记得初次见我时我腼腆的模样……原来李老师一直记得我，哪怕我只是一个平凡得空气都能把我淹没的学生。

说到这里提一下，李老师说印象中我是个腼腆害羞的小姑娘，我的心咯噔了一下，李老师若见了我现在在台上表演的模样一定不敢认我了，哈哈。

加州阳光灿烂，但是竞争也如意料之中的激烈。物价高出数倍，但是我先生仍在威尼斯海滩边上租了公寓。他说之前我的歌都是在地下室黑暗的音乐房写的，难免阴暗悲伤，现在我们住在有阳光海滩的地方，我就能写一些阳光一点的歌了。

这个城市音乐产业过于繁荣，显得过于现实，大部分乐队招募乐手都只是为了那么一两个演出，必须在两天内自学所有的歌做好上台准备，甚至都没有排练的机会。好不容易才盼来了招募长期乐手的试音通知，这个试音我试了四次，持续两个月，终于通过了。

我知道是我水平差太远，所以一时间我增加了三倍的练琴时间，从一天两三个小时到一天八九个小时，整个左手臂从肩膀到指尖都麻了。事实上努力和进步是大家都看到的，紧跟着几支乐队也发来邀请。

说实话在这期间除了自我提高要求，没有捷径，努力终会有回报，不管大与小，我终于可以站在好莱坞的舞台上演出了，2020 年我第一次登上美国好莱坞日落大道的舞台。

Whisky a Go Go 这个传奇舞台，是多少传奇乐队开始的地方，是每一个有着摇滚情怀的人必上的舞台！

最初的大门乐队 The Doors、逃亡乐队 Joan Jett、枪花乐队 Guns N'Roses、喷火战机乐队 Foo Fighters、绿日乐队 Greenday 都是从这里开始的！

而我，就要站在同一个舞台上演奏了。

刚到这个地方，还没人认识我。

一切都会慢慢好起来的，我深信。我的乐队也深信。

梦想还是要有的，万一哪天实现了呢？

生活经不起勉强，对自己做的事情若不是有百分百的热情、百分百的投入，都是一种摧残。不管父母怎么样地想要为你做决定，希望帮助你少走弯路，但所有的心思与计划，都没有一次真正的经历带来的教育那么深刻。只有经历了，才会让自己真正地成熟起来。

我非常确定我现在做的每一件事，都是我自己的选择，每一滴眼泪每一次经历，都是人生道路上无价的财富。自己的决定，自己的青春，自己的欲望……我会投入百分百的热情，我可以做到百分百的努力。

从被自己的乐队踢出来，到站在好莱坞的舞台上，整整过去了 12 年。没人知道我付出的努力，在很多长辈的眼里，我依然是一个不务正业、没工作没生活的人……

那又怎么样？

我很快乐！

我母亲说我快乐她就幸福。

我的乐队很幸福。

我的听众很幸福。

还想要啥？够了！

这就是我的幸福吧。

一切都源于对内心梦想的执着

我问宋怡然，当年那么爱好足球，为什么后来突然“转向”？

她通过电子邮件回复我——

说实话，如果不是初三毕业后的暑假我双膝受重创，我很有可能会在这条路上继续走下去。大量的药物与不佳的精神状态，让我的身体感受到接踵而来的副作用。高一无法继续学习，母亲决定让我放松一下，休学一年。

康复期间我尽一切可能调整自己的心态，而那时，只有一件事能让我振奋起来。我双脚裹着厚重的药膏，慢慢走进全兴队训练的球场，我微笑着跟大家打招呼，坐在一边倾听他们的欢呼。

我认识了一个对我影响极大的人。他是那时全兴队的教练，来自巴西的塔瓦雷斯。

因为我艰难的步伐只能走在人群后，而他是教练总是最后一个走出球场。他竟然先跟我打招呼。慢慢地我跟他聊了很多包括我与足球的故事。我后来每次去看训练他都会跟我聊一聊最近的状况什么的，有时候我刚走进观众区，就可以看到他在球场中央远远地跟我招手，后来他还请我去家里做客唱歌。

其实在我们的聊天里他并没有说很多励志感人的话鼓励我，但是当你觉得这个人让你敬仰的时候，他的一举一动一言一行都成了教科书。

他是一个严格自控的人。别看他在赛场边总是含着棒棒糖，但也总是西装革履。平时不抽烟不喝酒，公共场合温文尔雅，工作中要求极度严格，严格到与队员有了冲突他也决不妥协，保证训练比赛质量是他的工作也是使命。

是呀，我们生活中有多少人，被挫折磨去了棱角，开始妥协，在岁月中迷失了方向，放任自流；又有多少人能在迷雾中还记得自己本来的容颜，坚持做自己认为正确值得的事。

2011 年我和塔瓦雷斯见了一面，在巴西的里约热内卢。我称呼他 uncle（叔叔）。虽然岁月已给他留下痕迹，但是他执着的心没有减退，他说这是他最初的梦，他会一直奋斗下去。

“If you want to be successful, find someone who has achieved the goals that you want to achieve！（如果你想获得成功，找到一个梦想和你相似并已经实现梦想的人）”西方人常这样说。

这样的坚持，甚至有时看不到光明的坚持，不是很多人能做到的。

只是在分岔路口，我不得不选择另一个方向。

双膝完全康复，断断续续花了整整两年的时间。

说实话，之后我再也不敢看球，那是我年少时留在心中永远的痛。

很荒诞是不是？那是因为大多数人没有这么强烈地渴望过。

无论是当年对足球的痴迷，还是今天对摇滚乐的沉醉，一切都源于对内心梦想的执着。

2019 年 9 月 26 日，我和宋怡然这个班的一群学生相聚。学生中有公务员、空姐、钢琴师、教师、个体创业者……

我在微信上写道：“今晚聚会的这个班，当年是全年级‘问题学生’最多的班。但如今个个有出息，而且对我那么好。其实教那么多的学生，我不敢保证每一个学生都喜欢我，但我的确爱着每一个学生，都视他们为我的骄傲！这点我问心无愧。”

吃饭中，我们聊到宋怡然同学，大家说想不到她现在会在美国成为一个自己创作自己演唱的摇滚歌手。我给她打电话，每个同学都跟她说了几句话，大家特别开心。

我问宋怡然什么时候回国，她说：“我下个月要参加马拉松比赛，结束后就回国住几周，到时候和老师同学聚聚。”

宋怡然跑马拉松？我又惊呆了。眼前浮现出她当年在学校运动会上跑 1500 米的情景。

一个月以后的 10 月 29 日，分别 20 多年以后，我和宋怡然重逢。

她拿出她的专辑送给我。

我说：“我是你的粉丝啊，你得给我签名。”

她不好意思地笑了，脸上掠过的一丝羞涩，让我又想到了当年跟着妈妈来报名的那个“印度小姑娘”。

她在歌碟封面上写道——

送给李老师：

千言万语感谢你！

宋怡然

2019.10.29

2020 年 4 月 10 日

宋怡然歌碟

胡夏融：“爱和善良是世间最美好的品质”

胡夏融为什么在大家心中威望高

1997年9月，我调入了成都市石室中学，担任初2000届3班的班主任。

我在班上实行班干部轮流制。一年后，在新学期的班委改选时，我请同学们投票选举新班长，结果全班同学都异口同声地大声喊着一个名字：“胡夏融！胡夏融！”

班长胡夏融主持班会课

于是，胡夏融成了我班第一位没有采用无记名投票的方式而确定的班长。

胡夏融为什么在大家心中会有这么高的威望呢？

胡夏融未当班长前是团支部书记。我想起这样一件事：在一次发展新团员的时候，因为名额有限，本来表现也很不错的尹萍和陈婧月未能得到填写入团志愿书的机会。作为班主任，我想找个机会和这两位女同学好好谈谈，鼓励她们不要灰心，继续努力。谁知刚找到她们，她们就都笑着对我说："胡夏融已经找我们谈过了！"

尹萍同学在当天的随笔中记下了胡夏融找她谈心的事——

课间，我正在收作业本，胡夏融把我叫出了教室。在过道里，他跟我谈起了这次入团的事："你和陈婧月都是很好的同学，但实在是因为名额有限，所以这次你没能被推荐。希望你能够继续保持你的优点，继续努力争取，千万不要放弃。"他还指出了我的缺点，让我开朗些，说我应该多展示自己。听了他的这些话，我真的很感动，我以前很少见到像胡夏融这样关心人的同学！当时，我的整个心灵充满了无限的感激和对他无比的敬意！

在胡崇锴的随笔本中，还记载了这样一件小事——

今天下午自习课前，郭锐和蒋翔宇不知什么原因吵了起来，不一会儿干脆动起了手。

可是下了自习课后，我惊讶地发现郭锐和蒋翔宇居然坐在了一起，并且有说有笑。同样奇怪的林媛问蒋翔宇："你们刚才还在对骂，现在怎么又……"蒋翔宇说："全靠胡夏融调解得好！"

我听了很感动，这只是一件小事，却反映出了胡夏融高尚的品德。我为有胡夏融这样的同学而骄傲！

作为老师，我当然也为有胡夏融这样的学生而自豪。

今天这半颗糖，是我吃过的最甜的糖

我至今记得，有一次奥地利的一个代表团来我校参观，并和孩子们联欢。因为我有点急事需要马上处理，所以中途离开了学生们回到办公室。

不一会儿联欢会便结束了，胡夏融走进办公室，脸上呈现出天真的笑容："李老师，我请你吃糖！"他把一颗糖递到我眼前。

我说："哪来的糖呢？"

他说："是联欢的时候，奥地利的一个伯伯给我的。"

只有一颗糖，他却想着我。我很感动，说："只有一颗糖，我吃了，你呢？"

他拿出一把铅笔刀，把糖切成两半，一半给我，一半塞进自己嘴里。

我也把那半颗糖放进嘴里，说："胡夏融啊，李老师今天吃的这半颗糖，是我吃过的最甜的糖！"

虽然胡夏融特别尊敬我，可他执行制度时却从来不迁就我。

1999 年 4 月 12 日，我出差半个月后回到了学校。那天是星期一，升旗仪式结束后，胡夏融递给我一个纸包："李老师，您走了以后，我按有关规定在班上搞了一次对您的评议，请同学们对您投了一次信任票。这是结果。"

胡夏融所说的"有关规定"，是指我们的班规第 44 条："每月全班同学以无记名形式对班主任工作投一次信任票，信任票未获半数，罚独自扫教室一次；连续两次未获半数，由班委向校长写投诉信。"

我打开纸包看了看，里面的 59 张纸条上写满了学生们对我的评议。因为是无记名，所以都没有署名。

学生们是根据胡夏融提的四个问题对我进行评议的：1. 你是否给李老师投信任票？ 2. 你认为本期以来，李老师的工作有什么值得肯定的改进？ 3. 你认为李老师最应该保持的优点有哪些？ 4. 你认为现在李老师还存在哪些需要改正的缺点？

结果，58 个学生中，有 57 个人投了信任票。

我在班上感谢同学们对我的信任，同时说："我也要感谢那位没有给我投信任票的同学，因为是他让我感到自己的工作还有不足。"

作为班长，胡夏融不仅仅是为同学们服务，同时还代表同学们依据制度监督我这个班主任。

胡夏融的宽容唤起了整个集体的上进心

善良与正直，当然是胡夏融给我最深的印象，也是他被同学推为班长的原因，但他就任班长不久后处理的一件事，使我和同学感到他不仅仅拥有善良和正直，他还宽容。

中午，我走进教室，看到每日课堂纪律记分栏内，有两堂数学课是“B”。这在我班已经算得上是一件极为严重的事件了。我向数学老师杜老师了解情况，原来有好些同学上课说话，影响了老师的讲课，于是，杜老师便给课堂纪律打了很低的分。

正在我非常气愤的时候，胡夏融找到了我：“李老师，这件事让我来处理吧！”

对胡夏融我是非常信任的，他也是本期同学们“民选”出来的班长，可见他在同学中也有着很高的威信。听了他的请求，我便答应他。

他是怎么处理的呢？请看尹萍同学当天写的随笔——

今天上午的两节数学课课堂纪律只得了“B”，李老师没多说什么，可是班长胡夏融却通知大家放学后留下来。

放学后，同学们都坐在教室里等待着李老师，我们都估计李老师会因为上午的两个“B”批评大家。可是李老师没有来，走上讲台的是胡夏融。他说：“今天得的这两个‘B’，是开学以来的第一次，的确令我们每一个同学感到刺眼！但是，我们班委经过讨论，决定原谅大家一次。人嘛，不可能不犯错误。我们都希望能把这个班搞好，作为班长，我实在不忍心去罚哪个同学……我也希望大家能够懂得班委的这片心！……你们想想，再过一年半，我们都不可能再遇到这么好的老师，这么好的班，我们应该珍惜今天的一切啊！……刚开学的那几天，当看到杜老师、赖老师脸上的笑容时，我自己心里也感到安慰，老师是为我们的自觉而露出的笑容。但这种笑容不应该只是昙花一现……对今天数学课纪律不好的同学，我们就再给你们一次机会，相信你们已经知道错了，相信你们明天就会改正的。我希望明天班上的纪律会有很大的变化！”

胡夏融的话刚一说完，教室里就响起了一阵热烈的掌声。他的脸上显出了欣慰，也露出了信心。我想，此刻他内心一定很激动，为同学们而激动；而我们也为有这样的好班长、好班委而感到幸福！

说实话，当我知道胡夏融并没有单独追究那几个违纪同学时，我对他是有些意见的，认为他太纵容违纪同学了。但是，我读了许多同学写的随笔后，我不仅仅是被感动了，而且还进一步理解了胡夏融，理解了他对同学的宽容。

第二天的情况怎样呢？让我们再看林媛同学当天的随笔——

今天的天气很怪，特别是下午时天空变得越来越暗，像是暴风雨来临的前兆。

与外面恶劣天气形成鲜明对比的，是我们教室里其乐融融的气氛。刚走进教室，你一定有一种很暖和的感觉，然而教室里绝对没有暖气机，这是59颗心靠在一起所发出的热量，是一种发自内心的温暖，这种温暖是无与伦比的！昨天，我们班的数学课上得很不好。班长胡夏融十分着急，专门留下全班同学开了一个班会，亲切而又郑重地给大家敲了敲警钟。班长对我们的信任是起到了很大作用的。今天，课堂纪律又恢复到了以往的优秀。可见，胡夏融的苦心没有白费，同学们已经认识到了自己的错误，正在努力改正。这一点，恰恰体现了我们班的温暖。

窗外，天空昏黄阴暗；教室里，永远温馨无限……

胡夏融的宽容赢得了全班同学的尊敬，并唤起了整个集体的上进心。

“我们班的每一位同学都是好同学”

我常常琢磨胡夏融的宽容，进而思考自己的工作。我认为，胡夏融对同学的宽容，绝不是纵容，而是一种真诚的信任。“我们班的每一位同学都是好同学！”这是胡夏融经常对我说的一句话。

当时，我在班上让优秀同学一对一地帮助“后进同学”。胡夏融负责帮助邹冰，他自然也就和邹冰同桌。除了在上课时随时提醒邹冰守纪律并督促他完成作业，胡夏融每天还要在谈心本上给邹冰的父母写邹冰当天在学校的表现和各科作业内容。这个谈心本实际上是五个人在写：邹冰本人每天都要在上面写反思，写当天的表现；胡夏融给邹冰爸爸妈妈写邹冰的情况；我在上面和邹冰谈心，包括表扬和批评，也跟邹冰的爸爸妈妈交流；邹冰父母也要写反馈意见。

我随便摘抄几则胡夏融的记录——

阿姨：

您好！今天邹冰表现良好，做清洁很认真，上课也很认真。只是今天下午的数学课他有些心不在焉，我希望他能改正。

另外，在劳动周里，班上有部分同学有松懈现象，不知道邹冰是否松懈？我希望他能够抓紧时间，努力学习，切莫松懈。

阿姨：

您好！今天邹冰在（生物、历史课）课堂纪律上不够好。上课说话，不认真听讲，这一点很不好，受到了李老师的批评。首先我应该承认，这跟我的管教也有关系——我对他太不严格了。可有时我稍严格一点，他也是不理不睬，甚至是嬉皮笑脸，我希望您要教育一下他。今天邹冰的其他方面都较好。

特别要注意的是，明天要带《英语指导丛书》，星期三代数考试，邹冰一定要复习。

今天作业如下：

1. 阅读《物理作业指导丛书》；

2. 生物做一张卷子；

3. 明天带《咬文嚼字》以及《自读课文》。

至今我还保留着邹冰的谈心本。今天早晨我翻开看了看，真是又激动又感动。激动的是我的心一下回到了15年前；感动的是，胡夏融对邹冰的真诚和耐心，还有邹冰的进步。

胡夏融对邹冰的帮助，不仅让邹冰感动，也让邹冰的父母感动。在这本谈心本上，还有不少邹冰妈妈留下的文字——

李老师：

您好！

今天在家长会上，听了胡夏融给邹冰提出的优点和缺点，说得很实在，邹冰确实在学习上不够刻苦，上课又不记笔记，所以成绩老是提不高。但是邹冰在课堂上能积极发言，不说脏话，我作为家长感到非常高兴，这和胡夏融同学的帮助是分不开的，在这里我非常感谢胡夏融同学。

家长：况莲

胡夏融同学：

你好！

谢谢你一直以来对邹冰的帮助，邹冰的进步是和你的帮助与关心分不开的。非常感谢！

在这里，我也代表邹冰的爸爸祝你的全家新年快乐！爸爸妈妈身体健康！

祝胡夏融同学，学习更优秀！

家长：况莲

有一次，我又要出差。临行前，我开了一个班委干部会。在会上，我问班干部："李老师走了以后，你们估计会在工作上遇到什么困难？有没有什么担心的？"

胡夏融毫不犹豫地回答："没有什么困难，也没有什么担心的！李老师，您放心吧！"

我提到了几个平时特别调皮的同学，希望班干部们要"特别注意"他们。这时，胡夏融说了一段话，我至今想起来都很感动："李老师，我觉得我们班每一个同学都是非常好的同学！就说您提到的那几个同学吧，尽管他们有时也很调皮，也有违反纪律的时候，但每次犯了错误，我找他们谈心时，他们都很后悔，真诚地表示要改正。我也觉得他们是真心想上进的，只是有时不知不觉就控制不住自己了。您出差走后，我相信，他们一定会表现得很好的。"

听了他的话，我除了感动，还有暗暗自责：我为什么反而不具备这种对学生的高度信任呢？

我进而又想到，我（其实也包括现在为数不少的教师）在学生犯了错误时，每每首先想到的是"一定要刹住这股邪气"，如果学生有所争辩，更会激起教师"我就不相信制服不了你""不……决不罢休"之类的"斗志"。其实这是何苦呢？这样想这样做，至少在潜意识里是以学生为敌，这必然把自己与学生对立起来，其结果往往不但不能从思想上解决学生的问题，反而严重伤害了师生情感，为将来的教育埋下隐患。教师把自己缺乏宽容的"好心"视为"严格要求"的"爱心"而不能自省，最后失去了学生的心灵，也最终失去了教育的意义，这是多么可悲啊！

出差期间，我收到胡夏融的一封信，上面专门提到那几个同学的表现——

课堂纪律同学们都相当不错。虽然也有管不住自己的时候，但一经班委提醒，大家想到您对我们的无比信任，同学们一下子就好了起来。特别要提出的是平时不太管得住自己的邹冰等几位同学，他们这一段时间表现很好。有好几次自习课的时候，我都看见邹冰在提醒其他同学不要说话。每当此时，我都十分感动。这不正标志着邹冰决心上进吗？相信他坚持下去，成绩一定会上一个台阶的。陈晋科同学最突出的进步，是对学习开始表现出极大的热情。每当我看他和同桌讨论学习的情景，便很激动，我相信陈晋科在学习上会创造出喜人的成绩的。总之，请李老师尽管放心，全班同学的良好纪律、学习的进步，定会让您回来后感到欣喜不已的。

胡夏融就是以这样宽容的胸襟和信任的眼光去对待班上的每一位同学，因而赢得了同学们的尊敬。

学校又一届艺术节开幕了。为了给班级争光，喜欢唱歌的胡夏融决定组织一个小合唱，演唱《激情飞越》。许多同学出于对集体的爱，也出于对胡夏融的爱纷纷报名加入小合唱组。本来只需 4 人，结果有 10 个同学报名！

淘汰谁呢？"心太软"的胡夏融决定一个也不淘汰，全部都上！在一篇谈这次演出的随笔中，他这样写道——

虽然就演出效果来说，是不需要这么多人参加的。但是，面对同学们那一颗颗热爱集体的心，我怎忍心拒绝他们的请求呢？比如蒋翔宇，他平时常常犯错误，为集体争光的时候较少，而今让他高歌一曲，展现个性，这实在是再好不过的机会了。我想这一定会大大增强蒋翔宇学习的信心，因为掌声总是催人奋进的！再比如郭锐，他平时特别调皮，而这次他能主动要求参加，已经让我激动不已了。我想，我无论如何也要让郭锐上场，虽然他唱歌的音调不太准。为什么呢？郭锐平时因多次给集体荣誉抹黑而受批评，有的同学总认为郭锐什么都不好，可我这个班长，就是要让全校所有人看看，郭锐是有着极其可爱的一面的！……

最后，在正式演出时，虽然没能获奖，但他们充满激情的表演果真赢得了最热烈的掌声。

作为他的班主任，我常常以他为镜子

但是，他的宽容也绝不是对同学无原则地迁就。

前面提到的郭锐同学，尽管他积极参加学校艺术节歌咏演出受到了胡夏融和同学们的表扬，但不久在一次生物课做实验时，郭锐严重违纪，胡夏融当场就狠狠地批评了他。

生物课后的第二天，我们班准备去杜甫草堂做活动。出发前，胡夏融对大家说："我认为，郭锐同学不能去！郭锐同学昨天的生物课上得太糟糕，而且不听我的批评，他太让我生气了！所以，我认为这次应该给他一个惩罚。"

同学们和我同意了班长的意见。于是，郭锐便留在学校自习。临走时，我问郭锐："对胡夏融给你的处罚，有什么想法吗？"

他说："没什么想法。的确是我错了！他是真心为我好。"

胡夏融多次对别人说他"非常崇拜李老师"，但我实在愧对这份"崇拜"。我不止一次地在班上真诚地说过："胡夏融是我的老师！"的确，胡夏融以他的正直、善良，更以他的宽容，不但感动着全班同学，凝聚起大家对集体的感情和责任心，而且也感染着我。作为他的班主任，我常常以他为镜子，由衷地向他学习。每当遇到有同学犯错误而我忍不住想大发雷霆时，我就提醒自己：如果是胡夏融遇到这样的事，他会怎么处理呢？

特别要说明的是，胡夏融这么懂事，这么善良，并不是我教育的结果，而是他的爸爸妈妈教育的结果。我从来都认为，孩子首先是其父母的

“作品”。

我去家访过，了解到胡夏融的父母其实很普通。当时，他母亲正好下岗，但她很坚强很勤劳，白天去卖蛋糕，下了班回来给一家人做饭。胡夏融曾经对我说："我妈妈虽然很普通，但她是一个很善良的人，非常有同情心。她很容易被生活中的一些普通人的普通事所打动。她经常告诉我，一个人要记得别人对你的好，也总是说她不能欠别人的情，不然觉都睡不好。"

胡夏融的父亲也很普通，是一个电气工程师，在一家普通的企业上班，为人正直。胡夏融说："他是我长这么大见过的最正直的人，疾恶如仇。他非常爱国，他说他很难因为生活中的困难和挫折掉眼泪，但是每一次看到英雄的事迹都会热泪盈眶，他是一个非常容易被英雄打动的人。"

其实，胡夏融的爸爸妈妈很少对孩子说教，但他们的为人就是最好的教育。正如胡夏融在一篇文章中所写："我的父母都是普通的人，但是我被他们身上的这些平凡的品质所影响，耳濡目染，也许就变成了现在的我。"

作为老师，我并没有给胡夏融什么"优秀品质"，我要做的，就是两件事：第一，鼓励他保持正直和善良，让他的品质和才华得以施展；第二，营造好的班级氛围，让他的品质赢得同学们的敬佩，并感染更多的同学。

"李老师对我的教育已经融入我的血液"

初中毕业 11 年后的 2011 年，胡夏融已经是电子科大的工科博士生，专业为微电子和固体电子学。他回忆自己的中学时代，以《善良：李老师对我最大的影响》为题写了一篇文章，全文如下——

现在回忆起来，那段时光是我人生中非常宝贵的经历。是李老师改变了我，李老师告诉我，也告诉大家："让人们因我的存在感到幸福！"是李老师告诉大家，让我们的心中充满爱与关怀，孝敬爹娘，爱护弟妹，关爱他人，乐于奉献……

李老师对我，应该说对我们大家最深的影响，是他那充满爱的心怀。不论你是怎样的学生，学习成绩好不好，生活习惯好不好，家庭背景好不好，他都一视同仁，而且越是学习落后或者习惯不好的学生，李老师越是倾注更多的心血。

李老师到我们每一个同学的家里家访，让我们爸爸妈妈感动。父母对子女的爱，是人类最最伟大的爱，而李老师对我们的爱，一点也不比我们的父母少，他是一个老师，但更像一个父亲，对我们的成长倾注了无限情感和心血……

在我的记忆中，初2000届3班就是一个家，同学们就是这个家的孩子，李老师就是这个家的父亲。在这里，没有冷漠，没有孤独，没有自私自利，没有钩心斗角，处处充满了帮助，充满了温馨，充满了真心的祝福和鼓励，充满了团结和友爱，大家同甘共苦，共同进步……

人与人之间最美好的关系是最单纯的爱与被爱、欣赏与被欣赏、尊重与被尊重。就像李老师和我们的关系，只有单纯的师生关系。在他的心中，每个学生都是可爱的，每个学生身上都有闪光的地方，他常常赞美我们。他虽然也纠正我们的缺点，但是如果我们有一点点进步，他都会由衷地表扬我们，鼓励我们。

李老师总是希望我们都能够阳光而快乐地成长，他也常常带我们出去郊游。每次郊游，他总是像一个大孩子一样坐在我们中间，女生们把花环戴在他头上，男生们跟他摔跤、扳手劲……在认识李老师之前，我只有在电视上看过这样欢乐的场景，从来没有想象过，这么融洽而没有距离的师生关系，居然会出现在我的生活中！李老师既是我们的好老师，更是我们的好朋友，他对我们很好很好，我们所有人都喜欢他，那个时候在我心中，这个世上没有比他更好更温暖的人了……

我不知道怎样写才能最真切地诉说那段诗一般美丽的日子。10年来，那段日子常常在我脑海中浮现，我甚至有时做梦都梦到以前李老师给我们上课，和我们一起参加活动，带我们出去郊游，教育我们好好做人……一直以来，我都以作为李老师的一名学生而感到自豪，甚至后来我还一度质疑自己从事科研工作是否真正有意义，因为我一直认为，做科研所发表的论文和承担的项目比起李老师对人的成长关怀来讲显得太微不足道了。

李老师教育我的东西，时时刻刻在我的脑海中，提醒着我怎么做人。我留在父母身边学习和工作，怕他们年纪大了孤单，常常回家给他们按摩，陪他们聊天；我把自己很少的补助寄给在外地读书的弟弟，希望他能吃好点；我像过去一样给班上学习后进的同学讲作业，复习考试……孝敬爹娘，爱护弟妹，尊敬师长，友爱同学，让人们因我的存在而幸福，这是李老师10年来给我留下的最最宝贵的精神财富。

李老师对我的教育已经融入我的血液，不论这个世界如何改变，我始终相信，爱和善良是世间最美好的品质，真挚的情感永远值得我们去歌颂……

读着学生离开我10多年后写下的如此真诚的文字，我无法控制感动的泪水。

善良正直的大学教师

有一年春天，胡夏融来我办公室看我。

算起来，有几年没见到过胡夏融了。胡夏融获得工科博士后在大学教书。

闲聊中，我又问胡夏融："还记得你请我吃糖的事儿吗？那次好像是奥地利代表团到我校来，和你们一起搞活动。我在办公室备课，你走了进来，递给我一颗糖，说请我吃。我很惊讶，问你这糖是哪儿来的。你说是活动中一位奥地利伯伯给你的。我说只有这么一颗糖，我吃了，你不就没有了吗？于是，你拿出一把铅笔刀把糖切成两半，我一半你一半。当时我对你说，胡夏融啊，这是李老师吃过的最甜的糖！"

胡夏融说："噢，我想起来了，是有这么回事。"

胡夏融回忆起和我一起打篮球："我还盖过你帽呢！"我说："你个子那么高，当然能盖我帽嘛！"我们都哈哈大笑起来。

他又说起我当时要求每一个学生每天晚上在家里一定要洗全家人的碗。"有一个同学只洗他一个人的碗，你还在班上批评他呢！"胡夏融补充道，"但后来这个同学便改正了，每天晚上都洗全家人的碗。"

我问胡夏融为什么要考工科，他说："我语文成绩不够好，数理化还不错。其实读初中时我语文还行，你教我们的时候，我特别喜欢上语文课。你教语文不仅仅是教书本上的知识，而是激发我们内心的情感，同时开阔我们的视野。那时候我写作文总是有许多要写的。但到了高中，语文课就只是围绕课文进行应试训练，我写作文也找不到要写的了。”

2012 年，与胡夏融重逢

胡夏融的话让我回忆起当年教他们写作文的情形：“写作文首先不是技巧，而是生活。那时候我教你们作文，更多地是营造一种丰富多彩的班级生活，开阔你们的视野，然后让你们自由自在地思考与表达。还记得那时候我让你们每天都写随笔吗？”

他说：“记得！就是日记嘛！”

我说：“除了每学期几次大作文，我还让你们每天都练笔，要求是八个字：真情实感，随心所欲。你们想写什么就写什么，想写多少就写多少。每天早晨我读你们的一篇篇文字，真是享受。”

胡夏融特别回忆起我在语文课上给他们读《悲惨世界》：“那真是让我们精神飞扬，荡气回肠！真正令我们心灵震撼！”

其实，胡夏融当年成绩非常棒，是绝对的尖子生，但我首先欣赏的是他纯正的品质。我说：“我特别欣赏的是这样一种人，聪明绝顶而又纯真无比。有的人很聪明，智商高，但因此而胸有城府，工于心计，甚至奸诈；有的人很纯真，很善良，但因此而傻乎乎的，甚至愚昧，被人卖了还帮着数钱。如果一个人聪明而纯真，他就了不起！毫不夸张地说，胡夏融就是这样的人！”

胡夏融听我这么一说，脸红了，赶紧说：“不不不……”

然后他很真诚地说：“我印象最深的是，李老师教我们要善良。我这方面受李老师影响很大。本来我也可以去一些公司工作，工资比现在还高，但我还是选择了教书，我觉得教书育人很有意义。在大学里，很多老师只给学生讲专业知识，上完课就走。我却经常给学生们讲做人，他们都很喜欢我上课。"

我忍不住说："胡夏融，你能力强，又这么善良正直，真应该去当官，而且当大官，因为好官太少了……"

他赶紧说："我不适合当官的。"

我说："我话还没说完呢！一方面我觉得你应该去当大官，但另一方面我又觉得，就官场的一些风气而言，你去当官会很痛苦，发挥不了作用的。所以，你就还是当老师吧！教书育人挺好的。不能改变社会，我们就保持一颗纯净的心，尽可能影响周围的学生。"

他点头表示同意。

我又说："理工科知识分子，千万不要把自己当作工具，一定要有人文情怀，就像爱因斯坦。还有上世纪中国的一批大师级的知识分子，都应该是当代知识分子的榜样。有一套书，叫《南渡北归》，建议你去买来读读。读了之后，你就知道知识分子，包括自然科学的知识分子应该有怎样的胸襟与风范。"

"先生之最大的快乐，就是创造出值得自己崇拜的学生"

我问胡夏融在大学教书的感受，他说："现在大学对教师的考核评价，不仅仅是上课，还有科研和论文发表。仅就上课而言，上得好不好，收入都一样，但如果发表论文，差距就拉开了。"

我说："这个我知道，大学教师主要看发表论文，而不是上课。而且有的科研和论文发表还弄虚作假，所谓学术腐败。"他说："是的。"

我说："你未来的路还长，还会经历很多诸如荣誉呀职称呀等坎儿，我想说，不管周围的评价如何不公，你一定要保持内心的宁静，坚守纯真的本色，专注于事业本身，把世俗的东西看淡一些。要明白，幸福比优秀更重要！这里的优秀特指外在的评价，而这评价由不得你。但幸福是自己的感受，自己是可以把握的。"

他说他也是这样想的。

我给他讲起了我的经历："当初教你们的时候，我的书《爱心与教育》出版了，用世俗的观点看，可以说一时'名满天下'，出去讲学，别人介绍我都是'著名特级教师'，但其实我连'特级'都不是，更谈不上'著名'。在很长一段时间里，外界一直对我有争议，因为我的语文教学和班主任工作都'不守规矩'，同时我调动过两次工作，所以我的职称晋升和评优选先都耽误了。但是我不管，我所做的一切就是要让学生开心，让我幸福，其他的都是次要的。到了2000年要评我为特级教师了，可我又读博士去了，这事自然不可能了。2003年博士读完我回到成都，一下给我同时评特级教师和教育专家。荣誉来了，我也坦然接受。我认为，刻意拒绝和刻意追求，都说明你太在意了。没有，也不要紧，有了就接着。这才叫坦然和淡然。但是我想说的是，无论后来我有了多少荣誉，我只把它们当作我职业生涯中的意外的收获，是一种额外的奖赏。我希望你以后也能这样对待名利。永远记住，幸福比优秀更重要！"

胡夏融非常赞同我的观点。其实我相信我不说这些，他也会这样的，我对他是有信心的。

他对我说："我现在教书一直按李老师说的，要爱学生，不管学生学习成绩如何都要爱他。我依然像您一样，没有所谓的'优等生'和'差生'这样的想法。我的学生都是学电子信息的，有成绩好的，也有成绩差的，有读完书继续读研，出国深造的，也有毕业了直接工作，甚至有很多从事的不是本专业的工作，做销售、回家乡创业、做公务员的都有，我对他们都是一视同仁。我鼓励学生发现自己的优势，我对他们说，你要找到自己的优势，以后不一定从事你现在学的专业，只要你喜欢一件事，努力去做，一样会有出息的。"

"对，让学生做最好的自己！"

他又很得意地对我说："我有一个很优秀的学生，是个男生，在美国加利福尼亚大学读人工智能方向的博士，他毕业后很感谢我当年对他的教育，他和他的父母还一起到成都来看我，虽然他的家乡在浙江。他还说以后读完博士要回国来看我，也要回国来就业。当然，我的学生中也有普通的，有个女生在一家化妆品公司做销售，有个男生回到家乡当公务员，他们去年教师节还到学校来看我，给我送了一束花。我想学生对我的感激可能是因为我经常告诉他们的话，我告诉他们大学生涯不仅要学好专业知识，更重要的是要学会做人。只要你敬业、诚信，无论做什么都能够成功；只要你勤劳、善良，你的家庭也会圆满。"

我非常欣赏胡夏融的主要原因，不是因为他现在是博士，是大学教师，而是他一直保持着善良、平等的情怀，并以此对待自己的每一个学生。

我拿出一张照片，照片上，我在火车里的车窗前，而胡夏融等十来个同学站在月台上依依不舍，胡夏融还伸手拉住我的手。后来火车开动时，孩子们跟着火车跑，一边跑一边叫"李老师再见"。一张张照片，把我们带回到甜蜜温馨的时刻。

胡夏融说，他一直没有忘记那次车站送行。

他感慨地说："李老师您对我的影响也是巨大的，初中可以说是人生的转折点，因为读初中的时候您给了我很大的关怀和鼓励，我那个时候其实并不太自信，但是李老师您给了我信心。我后来回忆起初中的时候就在想，如果那个时候遇到的不是李老师，我的人生会是一个什么样子？当时，您那句'让人们因我的存在而感到幸福'，就像一把利剑直穿我的心脏，虽然这个比喻不太恰当，但是我感觉只有这句话才能代表您对我的影响。特别是我在工作和家庭生活中遇到困难的时候，有时我也会想干脆不要去管了，也会想是不是应该多为自己着想，但是当我一想起李老师，一想起'让人们因我的存在而感到幸福'，我就发现如果我真的选择逃避，那我一定不会原谅自己。也许这就是教育的力量，这就是童年和青春时光对一个人一生的影响，虽然我不太懂教育的规律，但我自身的经历告诉我，童年和青春期对人一生的影响是巨大的，特别是在最关键的时候。"

胡夏融这样说，我很感动。

在食堂吃完午饭，我带着他转校园。在教学楼台阶前，有我一篇文章《我也有一个梦想》。我给他一边读一边解说："我特别敬仰的陶行知先生说过一句话：‘先生之最大的快乐，就是创造出值得自己崇拜的学生！’我把这句话作为我的教育信念。让学生成为值得自己崇拜的人，这是我的梦想。”我拍着他的肩膀说：“你现在就是我崇拜的学生！”

突然，胡夏融发现了教学楼大楼上一行醒目的大字：“让人们因我的存在而感到幸福！”他感到很亲切，有些激动，说：“这是李老师当年对我影响最大的一句话！”说完便拿出手机拍照。我说：“现在，这句话是我们学校的校训。”

然后我们站在教学楼前，照了一张合影。我们的背后，蓝天白云之下，是一行耀眼的红色大字——

让人们因我的存在而感到幸福！

2013 年 4 月 12 日写成

2020 年 3 月 3 日修改

刚上初一的胡夏融（中）

张凌：一个“差生”的人生逆袭

中途转学的“后进生”

1996 年 1 月，初一上学期期末，张凌的妈妈带着他来给我告别。

他妈妈说：“李老师，张凌学得恼火，实在是跟不上。既然他不想读了，就算了，不读了！”

我问：“这么小，就不读书了？不读书做什么呢？”

他妈妈回答说：“他既然迷踢球，就让他去踢吧！我打算把他送到沈阳足球学校去。”

我和初一时的张凌

她一边说，一边叹息。张凌在一旁站着，低着头，眼睛看着地上，一言不发。

张凌妈妈对张凌说：“都要走了，也不给李老师说声谢谢，这一学期，你让李老师操了多少心啊！快给李老师说声谢谢！”

张凌依然一动不动，但我突然看到，他眼泪已经滴到了他的脚背上。

直到分别，张凌也没有给我说一句话，只是最后对我微微点了点头，背稍微躬了一下。

后来他妈妈给我打电话说：“其实，张凌是舍不得您的。”

张凌走了。按说，班里走了一个“差生”，我这班主任应该高兴才是。

如果退回去几年，我确实会高兴，但 1996 年的我对教育对学生尤其是“后进生”已经有了更科学更成熟的认识。正是因为我的建议，学校把许多“后进生”都集中在了我的班上，换句话说，我班是全年级“后进生”最多的班。我的想法简单，每一个“后进生”都是科研对象，我有这么多的科研对象，真的是赚了！所以，张凌中途离去，我多少是有些惋惜的。

24 年后的今天，当我决定写写张凌时，我问了几个张凌当年的同班同学，他们有些零碎的回忆。

伍希是一个可爱的女生，我安排她与张凌同桌，做他的“帮助人”——这是我当时班主任工作的一种对“后进生”的帮扶方式，即每一个“后进生”都安排一个同学帮助他，包括课堂纪律的提醒、课外作业的督促等。

她回忆说：“张凌是我初中的第一个同桌。他给我留下的第一印象，也是给我最深的印象是，他非常喜欢足球，课间课后，都到操场和同学踢球。不过，学习上有点小调皮、小偷懒，所以，在李镇西老师的推荐下，我荣幸地成了他初中学习的第一位监督人。虽然他平时调皮，但在我监督他学习的时候，还是非常配合的！”

当张凌的“帮助人”其实是很累的，因为他实在是太调皮啦！于是过了一段时间，我给他换了一位“帮助人”，让王薇娜同学挨着他坐。王薇娜，是一个可爱的乖乖女，对张凌也很负责。

提起张凌，王薇娜说：“依稀记得张凌同学虽然常上课不认真，常睡觉，甚至逃课，但非常讲哥们儿义气，有一帮难兄难弟。这也是一种能力，也是年少的财富。张同学是个重情重义的人，因为他足球方面有天赋，只读了一学期便转学去专业练球，于是我只有幸做了他很短时间的‘帮助人’。这短短的同桌时光，很快乐，我们收获了友谊。张同学转学时给了我很真诚的感谢，细心的他发现我喜欢玩偶，又精心挑选了可爱的小熊赠予我，我现在都还记得那是一只白色的玩偶小熊，像张同学一样诚恳可爱。”

王燕青是当时的班长，她这样回忆：“张凌在我们班只待了不到一年的时间，说实话我对他的印象是，黑黑的，爱踢球，不爱学习。但最近两年和他有了一些联系，同学聚会什么的都有他，很耿直，一喊就出来，喝酒虽然喝不了多少，话也不多，但总是陪大家陪到最后，觉得他本质是个很单纯的人。”

当时我班的班干部是“轮流执政”，每学期都要改选，戢实后来也被选为班长，他回忆道：“我对张凌的印象就是个子小，调皮却不是坏娃娃，不爱学习，踢球踢得很好，在球场上还是很不服输的，然后就是特别尊重李老师，所以在那群调皮的学生中，我感觉他是最听你话的了。”

“我就觉得李老师好”

而我，一想起张凌，眼前首先就浮现出一个机灵的“猴子”形象。他个儿小小的，身子骨瘦瘦的，脸上也没有肉，真的像个“瘦猴儿”，也有猴子一般的灵活。有一次大扫除，我到教室去，看见张凌一会儿跳在窗台上擦玻璃，一会儿又跳到讲台上擦黑板。蹦来蹦去，真让人担心他摔着，可他从来没有摔着过。

但他实在是调皮。上课是坐不住的，感觉他的凳子上永远有拔不完的钉子，一直刺他的屁股，于是他永远“坐卧不安”。我没有印象他专心致志地听过课，总是东张西望，或睡觉，只要不发出声音，他就算是表现相当好了。如果遇到他睡觉，我一般的做法是把他轻轻拍醒，便不再批评，因为当他被拍醒后，已经惭愧得不得了，没必要批评了。当然，偶尔我也会开个玩笑说：“我的课讲得太好了！张凌都陶醉了！”

有时候会看见他的嘴在不停地动，好像在嚼着什么，但当我盯着他的时候，他的嘴唇立刻停止了运动。有一次，我在上课，发现他把头埋得很低，几乎要钻进桌子抽屉里了，我一边讲课，一边慢慢似乎是不经意地走到他身边，他居然都没感觉到大祸即将临头，还在吃着什么。我轻轻拍了拍他的头，他才恍然大悟，满脸是紧张的表情。但我没有说什么，又继续讲我的课，接下来他再也没埋头吃东西了，而是一直看着我，假装很认真听课的样子。课后，同学们发现他上课时吃的是佳宝芒果，便笑了起来，笑他嘴馋。我把他请进办公室，严肃而温和地批评了他。后来，同学们便用“佳宝芒果”

做他的绰号。

没想到，因为这件事，后来他居然明显和我亲近了许多。若干年后我们见面，他对我说："刚进初中，其实我对您是很害怕的，因为小学的班主任很严格，也很变态，导致在读初中的时候特别怕老师，第一次和李老师亲密接触应该是在大课堂上偷吃佳宝芒果，后得一外号'佳宝芒果'。那次最深的感觉是，您居然没处罚我！这太让我意外了。从此我就觉得李老师好。因为小学班主任总会因为各种小事把我弄来折磨，所以我对小学老师始终没有好感，并不是因为老师严格而厌恶老师，而是因为曾经被老师故意冤枉过，内心对所有老师都充满恐惧，所以上了初中第一次见李老师，也认为这是一个魔鬼。但当和李老师真正接触了几个月后发现，老师并不是魔鬼，反而说话轻言细语，幽默，爱笑。"

我真没有想到，当年张凌内心深处是这样看我的。我问他还记得我什么事。他说："还有一件事印象特别深。就是有一天上课，来了一个老外来卖什么东西，具体卖什么忘记了，大概是学习用具之类的，李老师您就让英语张老师翻译，老外拼命推销，把他的产品吹得天花乱坠，让没见过世面的我们全心动了，一心想买他的东西，准备回家给爸爸妈妈说，让爸爸妈妈掏腰包买。这时，李老师发话了，原话我记不清了，但大意是这样的，换了一副洋面孔来推销就把你们给蒙了？不要轻易购买，买还是不买，要冷静想想这东西是不是真的对你们有用。大家逐渐冷静下来，后来据说谁也没买。可这句话我记到现在，出国后，对外国人并没有什么特别崇拜，始终记得李老师那句话，换了副面孔卖的东西也不一定适合你。"

这件事我简直一点儿印象都没有了，我甚至怀疑是张凌杜撰的。但我相信他不会杜撰，没必要嘛！我估计当时是什么机构推销产品找了外国人走进校园做代言人，反正那时学校管理也不像现在这么规范严格，现在不可能有这种事了。

被沈阳足球学校的教练选拔上

这个班远不止有张凌这一个“熊孩子”，而是有一群捣蛋大王。可那时我已经工作十多年了，算是有些经验，也有些耐心了。所以对这群“野孩子”也有些办法，除了刚才说的一对一的“帮助人”，还有教学上的分层施教，作业考试的降低难度、每周一评“进步最大的同学”等。还有一招，就是周末带他们去公园玩儿，有时候还请他们吃火锅，平时尽可能和他们摸爬滚打，融为一体。乒乓球、篮球我都喜欢，所以经常和这群孩子较量。但张凌却除了足球，啥球都不喜欢。所以，每次我和学生玩其他球，张凌都只充当看客。

但张凌说记得和我打过一次乒乓球。那是我们重逢吃饭的时候，说到球类运动，他说：“我知道李老师喜欢运动，乒乓球、篮球都是您喜欢的，可您不喜欢踢足球，我呢也怪，偏偏只会足球，篮球、乒乓球、羽毛球我连看都不看，所以在李老师身边读书的时候，一次交手都没有。此生唯一一次交手，是我从辽宁回来看大家，那时候正好中午，您正和几个同学在打乒乓球，看见我在一旁，便笑着让我来和你打几盘，我只好硬着头皮上，几局下来确实弄不过李老师。虽然输了，我心里却想，李老师也这么牛！”

“哈哈！那是因为你对乒乓球一点儿都不会，所以我这臭水平，你也觉得‘这么牛’！”我说。

多年后，我问张凌当时怎么就想到去沈阳足球学校呢？他说，小学就喜欢足球，这是受爸爸的影响，其实他爸爸也不是搞专业足球的，他爸爸开过修理厂，在体育馆当过司机，还开过洗车场，就是一个普通老百姓，但特别喜欢足球，所以也就影响到了他。

张凌从小学起，就喜欢踢球，从小学二年级开始就一边上学，一边利用周末时间去四川省运动技术学院训练。他是在一次比赛时，被沈阳足球学校的教练看上了，也可以说他是被选拔上的。

但其实，张凌离开我后并没有直接去沈阳，而是先去了西昌，在那里参加冬训。刚到学校不久，他就给我写了一封信——

李老师：

你好

我们足球队3月16日回成都，李老师对不起这么久没有给你写信，本来要给大家买礼物可是太多拿不回来只有到沈阳再给你们邮回来。李老师我们这里训练很苦，有时5点半起床跑步有时6点起床跑步每一次早晨跑步我都是最后几个下午跑步还行能跑到头几个。

李老师你春节过得好吗？我们大年三十都在训练初一放假半天本来说了三十放后来又说初一放，初二、初三、初四、初五都训练李老师我这里写错了放假那里是训练我看……（辨认不出是什么字）就想成放假了，我们这什么都要自己做洗衣服打开水，天气也很热，每天都是20多度我从成都来了这么久从大年三十那一天到初三下的雪，和3月2日下了一个小时雨就从来没有下过雨了，李老师回成都再见。

1996年3月17日

张凌

字写得歪歪扭扭，几乎没有标点符号，有古文风范，连日期和署名都颠倒了，但我知道这是张凌写得最用心的一封信了。

几个月后张凌再去沈阳，读的是沈阳高丰文足球学校。刚到学校，他又给我来了一封信——

李老师：

你好

我们11日到沈阳，在学校里很多地方还没有修好，几天都洗不了澡一身都很脏。沈阳4点多钟太阳就出来了我6点就要做操。李老师我走时没有来告别对不起李老师再见。

1996年5月16日

张凌

信很短，字依然歪歪扭扭，日期和署名照样颠倒——我理解为这是张凌的风格。其实，不在于他写了什么，而在于他“写”本身，这意味着他心里装着李老师，如他妈妈所说：“张凌是舍不得您的。”

他在沈阳待了五年，五年都在训练，高丰文一直是他的教练，教他练基本功。

去日本留学，从顽童到教练

从沈阳足球学校毕业后，张凌就去日本了。去日本的直接原因，是日本的山梨县甲府市与成都市是友好城市，正好需要一个踢球的娃娃，想在中国找。这边就把张凌的视频发过去给他们看，他们看了张凌踢球的视频，当即就决定要张凌，便通知他过去。当年整个中国就只选了张凌一个人。

在日本，张凌读的是日本航空高等学院的高中部，同时在学校球队踢球，后来受了伤，但山梨县的甲府枫林足球俱乐部跟他说，他高三毕业后可以直接去他们那里踢球。

高中毕业后，张凌一度不想踢球，因为受了重伤，感觉自己在足球方面不会有什么前途。他考上了千叶县的敬爱大学，学的专业是经济和国际贸易。但他骨子里还是惦记着足球，所以读大学期间，一边读书一边踢球，还要打工，而且还在自己母校高中（日本航空高等学院的高中部）那个俱乐部当教练，应该说是很辛苦的。但他也很有成就感，因为他在他母校高中带了一年的球队，就把这支球队带进了全县（日本的县相当于中国的省）前四名。

大学毕业后，张凌先和朋友一起开了公司，暂时没有搞足球专业了，但业余爱好依然保持着。2011 年，他考虑到父母年纪大，自己还是应该回来，于是便回国了。他刚回国不久，便约我吃饭。十几年不见，张凌完全不是以前那个“猴子”了，比以前稳重成熟了，但纯真依然。我问他回国后做什么，他说暂时在一家公司上班。

后来四川省足协考虑到张凌有在国外踢球的经历，而且还带过队，便请他当教练，带四川省足球队的娃娃，于是张凌重操旧业。他现在带的是 2004 年出生的娃娃，是四川省的重点队伍，为参加明年全运会做准备，任务是夺取金牌。

因为要写这篇文章，我昨天上午八点半和他通了个电话。当时他刚刚带完球员的早操。

我问："每天都要训练吗？"

他说："那当然。每周一、三、五、六，都是全天训练，周二和周四是大早操，然后下午训练。周日休息。"

"那很辛苦啊！"我说。

他说："看怎么比了。如果和在公司上班比，训练要单纯一些，没那么多的人情世故，心没那么累。但是另一方面，如果在公司上班，就按部就班，不怎么动脑筋，而现在带足球队当教练，除了付出体力，还要动脑筋，不停地学习，学习现代足球的发展。要不停地钻研，才能把队伍带好。"

我问："你学习主要是通过什么方式呢？看专业书吗？"

"那是一方面，更重要的是通过看比赛的录像来学习。我们看比赛，是看对方的战术体系，整个的攻防转换，琢磨它的优点在哪里。"

我说："我看比赛关心的是比分，你看比赛就很专业了。"

他说："是的，我以前看比赛也是看比分，现在是看战术，看攻防转换。"

"你主要看什么球队的比赛录像呢？世界杯录像吗？"我问。

他说："看欧洲足球比较多，看利物浦，他们的进攻速度很快，攻防转换也很棒，防守就看穆里尼奥执教的这些队，他们的整体防守是怎样的，包括站位呀等。"

我说："我现在都不看足球了，你怎么还这么喜欢足球？"

他不假思索地说："没有原因，就是喜欢。"

我问："那你搞足球的动力何在？"

"我的动力就是成就感，我希望我带的球队能够取得好名次。我在日本带队拿过好的名次，在中国带队我也希望拿个好的名次。这就是我的动力。"他说，"我在日本所带的那个高中足球队，就是我高中毕业后回去当了一年教练的那个队，从来没有进过前四，我将队伍带进了全县的前四，日本的县相当于中国的省。我带这个队的时候，这个队算是一个弱队，我将他们带进了前四，现在这支球队在全国都是强队了。当然，能够把他们带进前四，也不能说是我一个人的功劳，和老教练的功劳也分不开。而我现在的想法，是让目前我带的这支四川省 U16 足球队，夺得明年全运会冠军，这也是四川省体育局给我们下的任务，拿冠军。这支队伍去年打了个全国第七。明年我要争取拿冠军。”

“那你现在压力大哦！”我说。

他说：“有压力才有动力。”

好的老师，好的教育，一定要尽可能对每一个学生好

我和他聊到教育，问他孩子现在多大，他回答：“我的娃娃现在才一岁多。我对国内教育太失望，而且看不到希望。所以，我最多让孩子在国内读小学，中学就送出去。我认为，娃娃的学生时代应该是学习和玩两不误，一定要保留孩子的纯真的天性，但现在的娃娃太苦了，家长也很累。我很反感。”

我想到张凌的当年和他后来的选择。我感慨道：“你现在的成功，恰恰是挣脱了旧教育的束缚，又找到了符合你个性的发展道路。试想一下，当年你成绩不好，又调皮，如果按部就班，估计你高中也考不上……”

他说：“我如果按部就班，也许我会去当兵。因为妈妈说过，要送我去当兵。但当兵回来又做什么呢？估计是当保安吧！很幸运的是，我出了国，在国外读高中和大学。主要的不是我接受了日本的高中教育和大学教育，而是我出国开阔了眼界，看到中国的好，也看到了中国的不足；和日本比较，我明白了人家的长处在哪里，我们需要学习的地方在哪里。而如果没出过国，就永远看不到中国的不足，永远自我感觉良好。我们有些中国人一提起日本人就骂，但日本普通老百姓很少骂中国人，他们最反感的是韩国人。国内有人说日本人歧视中国人，我在日本十年，从来没有感到被歧视，相反我得到许多日本人的真诚帮助。”

他又说到他的小学经历：“在没有遇到李老师之前，我觉得老师对学生不

好，冤枉学生，是很正常的。我不喜欢小学老师并不是因为她打骂我，而是因为她冤枉我，让我一直怀恨在心。有一次上体育课，一个同学回到教室，发现他的水被喝了，老师就挨个闻我们每一个学生的嘴巴，闻到我这里，她硬说是我喝的，但根本就不是我喝的，她不听我解释，非说是我喝的，还要请家长。当时让我特别受伤害。还有一次，她办公室的作业本不见了，她说是我偷的，这两件事，让我对她产生了极度的厌恶，到现在我都恨她。”

如果站在老师或者成人的角度，我们可以批评张凌“片面”“偏激”“没有看到老师好的一面”，但在小学生张凌眼里，他看到的就是老师的全部，因为他还是孩子，看问题不能既全面又辩证。是的，张凌在我班上成绩是很差，用现在的话来说，叫“学渣”，但这并不意味着他笨。如果他笨，他能够成为优秀的足球教练吗？他后来不一样读了高中而且还考上大学吗？关键是不同的孩子有不同的花期，他在学习上的“花期”要迟一些，再加上当年他的精力主要用于足球，学科成绩自然就很差，可这不意味着他就没有美好的未来。

我说：“其实，你说的那位小学老师，也不算是很坏的老师，她没有打你，也没辱骂你，只是对你不公平。所以，好的老师，好的教育，一定要尽可能对每一个学生好，平等公正，一视同仁。”

他说：“是的，所以我现在训练娃娃，也是一视同仁，孩子踢球也需要天赋，有的孩子天赋差一些，但不能因为孩子笨，就不管他。我现在带 25 个娃娃，遇到天赋差的，我会单独辅导，让他去练，不能让他感觉我冷落了他。”

听着张凌滔滔不绝地聊足球，聊教育，我恍惚中感觉，他和当年的那个“差生”张凌不是一个人，而是同名同姓却毫不相干的两个人。是的，我很难将当年那个“猴子”与现在这位成熟的足球教练联系在一起。但理智告诉我，这的确是一个人。只是，当年谁能想到他的今天。

我说：“张凌，我很崇拜你呀！”

当年的“学渣”今天已经成为我的“偶像”。

“李老师，我才崇拜您呢！当年李老师写过书，还让我们读，可我那时候对书没好感，一直没看过，前几年到国外才把书翻出来看了，整整晚了20年啊，迟来的阅读。”

他又说：“我现在还记得李老师上课，风趣幽默。上课时如果发现哪位同学困了，就算睡着了也会轻轻地把他叫醒，那么温柔体贴啊。我属于典型的上课睡觉下课撒尿型学生，对这种款式的老师爱得不得了。您特别注重学生与老师的关系，我虽然在学校时间不长，但对李老师的感情应该是最纯的，就是觉得这么多老师里面，只有李老师能让我动心。回来快10年了，也和李老师聚会过几次，经常看到李老师去外地讲课，在网上看到全国的老师对李老师的追随，我也感到挺幸运，自己有个这么牛的老师！”

他说，他曾经应聘在都江堰市蒲阳中学带足球队，后来，这支球队连续两届获得都江堰的冠军，还拿了成都市第三名。有一次他突然发现这所学校在宣传李老师，学生和老师都在读李老师的书，听李老师讲课的内容。“我当时兴奋得像个小孩子，对我的队员和校长说，这是我的老师，是我的班主任，班主任哟，20年前的。在那个场合，以这种方式见到‘李老师’，那种感觉太好了！”

实地感受张凌教练的风采

今天（2020年4月8日）早晨，我驱车20多公里，专程去了张凌所在的训练场，想实地感受一下“张导”的风采。

他们是9点开始训练，我特意提前到达训练场，远远地就看到张凌正抱着一摞橘色的锥形筒，在训练场上把它们整齐地摆成两列。我问他，这橘色的塑料玩意儿是什么？他说：“是训练用的标志筒，放在那里表示有一个对手，这样方便模拟训练。”

我问：“队员们呢？”

他说：“马上出来。”

我不解：“每次都是你来摆这些标志筒吗？”

他一边点头，一边继续摆。

我问：“这些琐事为什么不让队员来做呢？每个人拿几个，不很快就摆好了吗？”

他说：“没关系。每次结束后，由他们收回去。”

说着，先来了两个小伙子，一问，他们一个来自宜宾，一个来自凉山。

我和他们闲聊起来。说到“张导”，他俩都很敬佩。

我问为什么，宜宾小伙子说：“张导对我们很好，生活上很关心我们。有时候我们想出去买点东西，其他教练不同意，张导就同意，但他要给我们规定时间，而且要我们随时发手机定位给他。他担心我们的安全。”

我笑了：“那是不是说明，张导对你们太宽松了呀？”

凉山小伙子说：“不是，他在训练时对我们很严很严。”

我问：“听说教练经常要打队员，张导打不打你们呀？”

两个小伙子都笑着摇头：“不打。”

我再问：“真的不打你们？”

凉山小伙子很肯定地说：“真的不打我们。”

宜宾小伙子补充说：“张导宽严适当，对我们既关心又严格。”

突然哨声响了，队员们集中到了一块儿。张凌说：“昨天有两支球队解散了，因为他们明年夺金无望，只有解散。那么，你们想想，如果明年你们不能夺金牌，也只有解散，解散后你们回去做什么呢？考大学吗？估计好多人考不上的，那你干什么呢？所以，明年一定要争取夺金牌。那既然要夺金牌，你们想想，现在该怎么训练？”

说完，他要求大家开始跑步。

给球员示范的张凌

在场边，我对张凌说：“刚才那两个队员都说你对他们好呢！”

他说：“他们也经常气我。前不久疫情期间，就是那个凉山来的队员，竟然偷偷翻墙出去，这太危险了！可后来他还不承认。第二天调监控录像看，确认就是他。当时我就气得给了他两下子。”他的意思是打了他两下。

我乐了：“哈哈，可刚才他却很认真地说，你不打人的。”

张凌说：“我当时真的打了他，太气人了。”

我说：“可能是他把我当领导了，要在领导面前维护你。你看，说明这小伙子还是很理解你当时为什么要打他。”

一个中年人从我们旁边走过去，张凌指着他的背影说：“他就是刘文韬，当年全兴队最耀眼的明星之一。还有，唐纯、赵磊等三人都在我们这里。他们都是 90 年代全兴队最辉煌时候的明星。”

说到这里，他自豪地说：“他们当年都是我的偶像，我追星就追他们，没想到现在和他们共事。”

我说：“把偶像变成同事，你牛呀！”

队员跑了几圈，开始正式训练了，今天主要是训练传球。我不便打扰张凌，背着相机在一旁看，时不时给他拍照。

训练时的张凌像变了一个人，表情严峻，目光犀利，大呼小叫，队员稍有差池，他便厉声训斥。而且他训斥的语言都是四川骂人的话，很有特色，且不乏幽默。比如，有一个来自攀枝花的队员做得不好，张凌大喝：“你想回攀枝花吗？回去卖烧烤？”又比如，有一个队员训练时有些分神，张凌又大吼：“老子给你两个！在想女朋友嗦？”我在一边听着听着，忍不住笑了。

但其实张凌不完全是骂人，他反复强调：“要动脑子！”“要带着想象训练！”我理解他说的“想象”，就是指想象是在实战，面前的标志筒不是死的物体，而是活生生的对方球员。

张凌还做示范，和队员们一起训练。当他融入队员中时，我看见他和小伙子们亲热得很，水乳交融，就像铁哥们儿。我想到那个宜宾小伙子对我说的话：“张导宽严适当，对我们既关心又严格。”

在回去的路上，脑海里老是反复交替出现两个“张凌”的形象：当年的顽童张凌，和现在的教练张凌。

我绝不认为，张凌是我“培养”的——我又不会踢足球，他怎么可能是我培养的呢？他的成功恰恰是挣脱了传统教育的束缚而又找到了最符合其个性的发展道路。但是，他在我身边的时候，我没有歧视他，给了他尊重与爱，彼此留下了充满人性的温馨记忆，这种彼此感染，也是教育。

我想到陶行知先生在《创造宣言》中的一句话："先生之最大的快乐，是创造出值得自己崇拜的学生。"虽然张凌不是我"创造"的，但我依然崇拜他，并因此而快乐。

2018 年 7 月 28 日，张凌来听我退休前的"最后一课"。课堂上，他几乎一直目不转睛地凝视着我。

在我的印象中，这是他听得最专注的一堂课，哦不，这是他唯一的一次专注听课。

2020 年 3 月 24 日

张凌和他的队员

戢实：老老实实做人，踏踏实实做事

“李老师，我刚才少交了 100 元”

我是因为教了“戢实”这个学生，才认识了这个“戢”字。那是 1995 年 9 月开学报名的时候。

初次见面，戢实给我留下的深刻印象，除了这个生僻的姓，还有一件事。

1995 年，义务教育的含义还不是“免费教育”，而是“家长有必须把孩子送到学校接受教育的义务”，所以当时作为班主任，我还得收每个学生 400 元的学杂费。我在讲台上按照学号叫名字，每个学生便上来交钱。因为都是小学毕业的孩子，我对他们绝对信任，所以我收一个学生的钱，也不细数，便在花名册上将其名字勾画一下。

初一时的戢实（前排中）

记得那天我是在我的语文课前收的费，全部学生都交齐了，我来不及核实所收巨款总金额，便匆匆开始上课了。

谁知道，语文课刚下课，我正准备去办公室把收上来的学杂费清理清理，戢实走上来了，给我 100 元："李老师，我刚才少交了 100 元。"我非常吃惊，他立刻解释说："我早晨把四张 100 元钱夹在语文书里，您叫我名字的时候，我赶紧从书中抽出钱就上去交给您。刚才上课翻开语文书，我才发现里面还夹着一张，匆忙中我不知道只拿了三张，就交给您了……"

小男孩红着脸，好像做错了事。我却特别感动。如果他不说，一会儿我清理收上来的学杂费时，将无法知道这差的 100 元钱是在哪里出的错。

这个班的"问题学生"比较多，我决定抓住这件事"大肆渲染"。于是，我当即在全班表扬戢实："戢实同学诚实、善良、正直，他有一颗纯真的童心！"

教室里响起了热烈的掌声，其他孩子都向他投去敬佩的目光。

不久，班上举行无记名投票选举班长，戢实以最多的票数当选为第一任班长。

若干年后，已经大学毕业参加工作的戢实来看我，还说到这事："其实在小学六年中，我没当过任何班干部，当时做梦都想手臂上有'两根杠'，但是因为我成绩不是特别拔尖，更主要的是班主任很势利，往往'提拔'那些父母当官的孩子或自己的关系户，所以一直到毕业，我连'一根杠'都没戴过。有一次我甚至自荐当别人不愿意当的'劳动委员'，老师也不让我当。没想到刚进初中，因为我诚实，李老师就在班上表扬我，让我给同学们留下了很好的第一印象，结果居然被选为班长！"

戢实不住地感谢我。我说："那是因为你本身很诚实，老师表扬你不是很正常很自然的事吗？"

他说："不，李老师，您表扬我的意义不仅仅是让我当上了班长，更是彻底改变了我的三观。"

"哦，太夸张了吧？"

但戢实非常认真地说："真的，我说的是事实。在那之前的小学经历告诉我，想当班干部，要么就是班级里面成绩出类拔萃的，要么就要有一定的家庭背景或者和班主任有关系，或者家长送重礼也行，不然，是不可能得到班主任的关照和喜爱的，所以想要获得荣誉就得靠这些。我一不能拼爹，二不能拼成绩，三不能拼关系，就自认倒霉吧！当时我就是这样想的。如果没有在初中遇到李老师，我将会被这些错误的观念所影响，而且这些错误的观念将成为我的人生信条，我将带着这些偏见走向社会。当选班长的那一刻，我真的很吃惊。同时这也让我改变了曾经的想法——我坚信，只要做人诚实善良，有颗正直的心，老师会给你机会，同学们也会看重你的。是李老师告诉我，品德好的学生比仅仅学习好的学生更可贵吧。给别人带去温暖和感动的人，也会让别人温暖和感动。从此，我牢牢记住了您送给我们的第一句话——'让人们因我的存在而感到幸福！'"

永远记得去做一个品德高尚的人

戢实这个班当时是全年级"问题学生"最多的班，因此以考试成绩而论在全年级也是最后一名。戢实当然不算"问题学生"，不过他成绩一般，按世俗的标准，他也绝对不是所谓优等生。

但是他学习十分认真，一如他的名字"实"——老老实实，踏踏实实。我现在还保留着他一篇题为《如何对待作业》的短文，不长，全文如下——

做作业，对我们来说已经是很平常的事了。我们应该怎样对待每一次作业呢？我觉得可以从三个方面去考虑。

一、做作业首先要做到做题认真，审题仔细。做作业时如果遇上了难题，可以多读几次题，如果还是做不出来，再去问老师或是第二天听老师评讲，千万不要去抄同学的答案。

二、认真听评讲。听好每一次作业评讲，也是很重要的。因为这样不但通过老师的讲解使自己改正了错题，还巩固了做对的题，加深印象，而且对那些一题多解的题更要重视。这样在考试时，也能随题应变，举一反三。

三、对待好每一道错题。对待自己做错的题，不应该在上课时将老师写在黑板上的答案抄下来，更不要去抄同学的答案，应该在上课时认真听评讲，下来后再自己做一遍，如有多种解法，最好用多种解法。要是能找到与错题题型相同的题，也可以找来做一做。

凭着这样老老实实、踏踏实实的态度，戢实的学习虽然谈不上出类拔萃，但一直还不错，而且比较稳定。

关键是他品行善良，性格温和，本质上是一个很纯真的孩子。我的一次表扬，就让他产生了“一定要做一个好人，要对得起老师和同学们”的愿望，这个愿望激励着他越来越优秀。

若干年后，出版社要出版我的一本书，想在封底印一些名家的推荐语。我说，还是请我的学生写吧！戢实写了这么一段话——

我依稀还记得李老师当年对我们说过这样一句话：“我再有能力，我也没有能力把你们每个人送进清华北大，能够读清华北大的一定是少数，但我至少要保证即便是没有考上好大学的大多数学生以后至少是对社会没有危害的。”

“应试教育”的今天，在有些人心中李老师也许不算是“好老师”。他不仅仅教我们知识，还教我们做人，但20多年后的今天，我不再记得书本上的那些东西，却永远记得要如何去做一个品德高尚的人。

李老师或许不知道，其实曾经那些很小的事迹，那些看似很小的理想，很简单的话语，实实在在地积极地影响着某些学生的一生，我便是其中的一个。

经过生命的历险，意识到肩上的责任

戢实几年后的高考成绩并不辉煌，考上的是成都信息工程学院的专科。后来不是太顺，他没读完便去了比利时，在一所旅游学校学酒店管理和旅游管理。回国后的第一份工作——准确地说，不叫“第一份工作”，而是“第一件事”——在成都市的商业闹市区盐市口摆地摊卖首饰，两三个月下来，不但没赚钱，反而亏了不少。然后他又去了一家演艺公司上班，每个月拿

800元的工资。工作平凡，收入不高，但戢实从容面对生活，一直保持着善良、勤劳、坚韧的品格。

20多年来，我和戢实断断续续一直保持着联系。因为曾是班长，所以好几次同学聚会都是他组织的。他曾带着他当小学老师的爱人到学校来看我，我送了她几本我写的关于教育的书。如果不是后来突发的意外，戢实可能会这么一直简单而平淡下去。

因为忙，虽然在同一座城市，可一晃有一两年没和戢实联系了。2015年9月9日教师节前夕，戢实和几个学生请我吃火锅。我看到戢实剃了个光头，感觉很奇怪。席间，他对我说他“差点就没命了”，我们更是震惊，但听他说了他九死一生的经历后，我对戢实肃然起敬。

2014年的2月，离过年还有10多天的一个晚上，正在准备洗脚上床的他突然晕倒了，醒来后已经是第二天，正躺在医院重症监护室的病床上，双手和双脚都被绳子绑在了病床上动弹不得。虽然意识还不是很清楚，但他知道自己刚刚从昏迷中醒来。便问身旁的护工：“我是不是晕倒了？”护工说：“你岂止是晕倒了，差点死去！你这么年轻咋个就脑动脉出血了？”她还安慰戢实说：“幸好你年轻，暂时给你稳住了，两天后给你做手术。”

原来，那天晚上家人发现他突然倒地后，赶紧叫来120急救车把他送到医院，经检查，发现是蛛网膜下腔出血导致昏迷，情况非常危险。医生说，如果当天晚上挺不过来就没救了。幸运的是，戢实熬过了那一晚，生命暂时保住了。

在重症监护室等待手术的日子，他其实神志并没有完全清醒，基本上处于半睡眠状态。每次他都是模模糊糊地醒来，感觉有人给他湿湿嘴唇，然后也不知道醒来了多久就又睡过去了。也有几次是被吵醒的。隔壁躺着的病人，是个年轻的保安，因为太痛苦了，一直在大声地呻吟，戢实听到他的呻吟也感到很痛苦，很想帮他却又没法帮他。还有一次是被一阵吵闹声吵醒了，是对面的一个病人“走了”，他的家人放声恸哭……

这些呻吟和恸哭，让同样躺在病床上的戢实切身感悟了生命的脆弱与坚韧，也深刻感受了生命的平常与珍贵。他说：“这一切让我终生难忘。”

就这样在煎熬中等待了两天，终于轮到戢实去手术了。在被推往手术室的途中，戢实把老婆叫过来，告诉她各种银行卡、账户、手机支付密码等，让她千万不要忘了。其他的，戢实任何事都没提，表情很镇定。“但那一刻，我真的是做好了进去可能出不来的准备。”戢实对我说。

幸运的是，手术成功了。休养一段时间后，当戢实第一次尝试下地行走，右脚接触地面的那一刻，他感觉自己似乎都不会走路了。在朋友的搀扶下，他慢慢地勇敢地跨出了一步，虽然每一步都天旋地转，但戢实切切实实感觉到，自己又一次获得了生命。

“没想到，你还闯了一次鬼门关！”我对戢实说。

他说：“我一直都是一个很怕死的人，在初中时大概知道什么是死亡了，几乎每晚都要想死亡，越想越害怕，然而面对这次真的与死神擦肩而过的经历时，我发现那一刻我其实不怕死。如果我第一次倒下就没有抢救过来，那我也就死了，我是没有任何痛苦的，一点儿痛苦都没有。然而我的家人将经历无法想象的痛苦，我的孩子将过一辈子没有父亲的生活，我的父母老了将没有儿子来关心和关爱，我的妻子在经历痛苦后会再和别人组成新的家庭，但这个家庭注定很难幸福，而且会对孩子带来很不好的影响。”

我感慨道：“看来，这次生命历险让你对生命有了更深刻的体悟。”

“是的。经历了这件事，是真的让我明白了许多许多。”戢实说，“有些平时我们觉得很重要的事，比起生死，哪里是需要操心的事！生命其实就是生活中点点滴滴的细小感受。比如以前的我，忽略了很多家人的感受，我在家不太爱说话，也难和父母沟通，看待一些事情也比较消极，我的情绪也会感染我身边的人，总是会把气氛带得有点阴沉，不那么阳光。在鬼门关转了一圈回来后，我感觉很多事想明白了，没有什么比活着更重要，没有什么比让家人快乐更重要！”

大病一场，让戢实意识到了原来有那么多的人离不开自己，需要自己，他把这理解为责任。他说：“责任这个东西并不是你认为你有责任就是有责任的，而是看有多少人需要依靠你，你的责任才有多大。“死而复生”以后我才意识到，原来依靠我的人有这么多，这不是说物资和金钱上的依靠，而是情感上的依靠，因此自那以后我就变得开朗、乐观了。无论什么困难摆在我面前，我都会很淡定地说一句，反正又不会死人！我连死都不怕，还怕什么呢？经常这样想，这样告诉自己，可能也是一种心理暗示，我的性格也真的发生了变化，变得比以前爱说话，爱与人相处，爱带动欢快的氛围，想事情总会往乐观方面想，遇到困难不会再悲观，不会再觉得有过不去的坎儿。”

戢实想到了初中时我送给他们的一句话“让人们因我的存在而感到幸福”。他说：“既然要‘让人们因我的存在而感到幸福’，那最起码我不能让身边的人因我的情绪而感到不愉快吧。我的这些改变是我家人和身边的朋友明显都能感受到的，而这样的转变成了后来我和我的堂弟一起把‘生如夏花’做起来的基础。”

不知戢实把后来他开的泰式火锅店取名为“生如夏花”，是不是源于大难不死的感悟，但他因此开始了“生如夏花”的餐饮事业，这是确实的。

奋斗者的努力，迎来“生如夏花”的绚丽

一提起成都的饮食，外地人多半会想到一个字“辣”，如果会想到两个字，那就是“麻辣”。而最能体现“麻辣”特色的无疑就是火锅了。虽然外地人接受不了辣味而吃“白味火锅”，但没辣味的火锅终究没有四川味儿。

2016 年 3 月，成都市天府二街的鹭洲里出现了一家既辣又不是很辣的泰式火锅店，它有一个美丽的名字：“生如夏花”。

这家火锅店的主人正是戢实和他的堂弟。

“生如夏花”，这四个字蕴含着“置之死地而后生”的戢实对未来人生的理解，同时他想把这种理解传递给别人。

他给我这样解释店名的由来：“我想，应该给人传递一种积极向上，能代表激情和阳光的东西。于是就想到了花朵和水果，它们都是五颜六色的，很有活力，很绚烂，而泰国一年四季都是夏天，这些花自然都是夏花，于是就取了‘生如夏花’，而这个名字又正好是泰戈尔诗歌的名字，寓意人生如夏花般绚烂。”

“我其实是一步步摸索着往前走，慢慢才做到今天这样。”戢实对我说。

他告诉我，最初开店之前，他只是想做餐饮，但具体做什么并没有想好，于是决定出去看看再说。他去了北京、上海这样的一线城市考察，眼界打开了，知道餐饮其实可以做得很大，而且里面可以去深挖的东西很多。经过市场调查和比较，他和堂弟逐步明确了方向，决定做有特色的泰式火锅。

创业之初自然是很艰难的。因为人手少，戢实亲自去跑采购。其实他也没干过采购，对采购完全是门外汉，但他这个门外汉硬是开着自己的二手POLO 车开始了采购生涯。

回忆那段经历，戢实很是感慨：“一周两至三次啊，每次都是很早就要去各个批发市场，偌大的市场里面，每次要走大概两万多步才能把东西都买齐。还要自己搬货，衣服就没有干净的时候。采购完了晚上还要加班到凌晨做每一笔账。那时没有名气又只有一家门店，押货款的事是想都不敢想。我做采购想在供应商那儿拿点样品回来试，供应商问你们是哪家，我说‘生如夏花泰式火锅’，别人都没听过，然后就说不能开零，只能拿整件，搞得我必须整件样品买回去，不行只有扔掉，造成浪费。没关系，我把这些都看作是交学费。还有，那时因为我们刚起步，做什么都很少有人接招，包括找口岸，想进商场，别人爱理不理，委婉地告诉我：‘不好意思，我们只招连锁店……’不过，时间一长，市场里面的老板都觉得我这个‘员工’很认真！这段经历很辛苦，但也正因为有了这个过程，我对批发市场很熟悉，甚至知道哪个东西在哪条通道第几家铺面，了解各种货物的批发价。而现在，供应商争先把他们最新的样品给我们送过来，商场招商的也是拐着弯地要我的联系电话，希望我们能够进他们的商场开店。”

因为做什么都有第一次经历，所以必须亲力亲为地去做每一件事。戢实不怕吃苦的天性和曾经面对死亡的坚韧，让他始终没想过后退。他说：“不懂的就去学习嘛！虽然过程中真的会有很多的痛苦，但这些都是学习过程中应该付出的代价。刚开始，肯定有很多问题，比如有客人吃了蘸碟直接说：‘老板，你这个蘸碟太难吃了！’当着那么多客人，这么嚷，确实很难堪。但客人的意见就是我们改进的方向，我们就改进嘛！”

作为成都人，我是喜欢吃火锅的，但我选择火锅店，除了味道，更有服务。这其实也是一般客人的心理。戢实当然懂这个，所以他除了在火锅本身的品质上不断改进，还花了功夫打造“生如夏花”的企业文化，重点是站在顾客角度提供体贴入微的人性化服务。

这种理念不是挂在嘴上的口号，也不是贴在墙上的标语，而是一个又一个的细节。戢实给我讲了“生如夏花”员工的小故事——

戢实与“生如夏花”

一天，在临近下班的时候，一个服务员看见一个年长的男士带了一位拄着拐杖的男子走进店里。客人点了菜品后，服务员悄悄地去买了一条鲫鱼，过了一会儿给受伤的男子端上一碗鲫鱼汤：“这碗鲫鱼汤希望对你身体有帮助，也希望你能早日恢复！”那位男子愣住了，不知所措地看着鲫鱼汤，随即很激动地说：“谢谢你们！真的太暖心了！”后来在交谈的过程当中，年长的男士说他儿子由于打球而把脚弄伤了，刚做了手术，今天晚上想带着孩子出来吃饭。“想到你们这家味道不错就来了。没想到还喝上了鱼汤！”

戢实说：“其实，我们并没有规定必须给受伤的客人送鱼汤，但因为服务理念深入员工的心，他们自然就想到了，并做到了。”

还有一次，一对夫妇进了店，妻子喜欢吃泰式火锅，但先生好像不太愿意，只是很勉强地陪妻子进来了。刚坐下的时候，先生还在对妻子说：“要不，我们去隔壁吃川菜吧！”但拗不过妻子，他最终还是坐下来点菜。吃的时候，那位先生还不死心地对妻子说：“不知道去隔壁叫份回锅肉过来可不可以？”我当时就说，可以哦，先生。那位妻子说别管他。后来站在一旁的服务员听到了，便去隔壁给他买了一份回锅肉送上来。先生非常感动，说："太惊喜了！我要拍照发朋友圈！"

这样的小故事在"生如夏花"还有不少，正是这样的点点滴滴，让客人在享受泰式火锅的同时，还享受到家一般的温馨。

就这样一路打拼，也学了不少东西，戢实和他的堂弟以及全体员工，用艰辛的努力和真诚的服务换来了"生如夏花"越来越火的生意。几年过去了，"生如夏花"现在在成都有 5 家分店。成都的泰式火锅并不只有"生如夏花"，但"生如夏花"在成都的泰式火锅店里面口碑不错，越来越有影响。其中鹭洲里店被"大众点评"评为"2019 年成都必吃餐厅"。

"困难是推动你成为更好的自己的最大动力"

为了写这篇文章，我让戢实谈谈他做"生如夏花"的感受。他给我发来了几段文字——

回想起来这四年多时间，最大的感受其实不是有多么的辛苦，而是你认真去做一件事，付出你的所有，终究会有好的结果，不要埋怨困难，困难是推动你成为更好的自己的最大动力。如果没有客人来跟你说东西难吃，你根本不知道，可能还乐在其中。如果不是因为要争口气，希望被顾客和供应商认可，你就不会那么努力地去抠每一个细节，真的把"客户第一"放在第一位。

每个行业都有每个行业的佼佼者，也有更多的失败者，佼佼者总有一些共同的特质，那就是永不放弃、专注务实并且喜爱你的行业；而失败者的共同特质则是面对困难总有一个不可战胜的客观理由，也总爱原谅自己，给自己台阶下。我不知道"生如夏花"可以开到多少家，可以火多久，但我相信，只要我们保持着初心，永远以一个奋斗者和挑战者的态度去面对，我们可以做出很多个"生如夏花"。

就像你面对死亡，如果不相信这就是人生的尽头，那它肯定就不是。

好几次戢实和他的同学聚会，都是在"生如夏花"举行，每次我应邀参加都感慨不已：眼前这些已经成家立业的学生，20 年前谁能够看出他们的今天？

当年并不耀眼的戢实，现在却做出了一番虽然谈不上轰轰烈烈却有滋有味的事业，让我钦佩也让我感慨——

每一个孩子的未来也许都是一个不可思议的可能。

2019 年 11 月 18—26 日

我和学生在大树下合影

王燕青：空中地上，都很幸福

好班长王燕青

看电影《中国机长》，由袁泉饰演的乘务长给观众们留下了深刻印象。她一出场，我就想到我的学生燕青了，她在国航当了六年乘务员、八年乘务长。

所以，出了电影院我就给她打电话，我说："我刚看了电影《中国机长》，看到你了。"

初一时的王燕青就有空姐范

她笑了："怎么可能？"

我说："你不也当过空姐吗？还是乘务长。《中国机长》里面的袁泉，让我想到了你。"

我们便聊起来。那几分钟，我的思绪一下回到了 20 多年前我教王燕青的时候。

王燕青是我在成都市玉林中学时初 98 届 5 班的学生。燕青这个班调皮学生很多，是全年级"后进生"最多的班。但燕青很乖，明显比其他同学显得成熟懂事，所以同学们选她为班长。我记得开学初，我给同学们推荐了一句话："让人们因我的存在而感到幸福。"后来这句话成了我们的班训。王燕青把这 13 个字用毛笔写成大字，并亲自贴在了教室黑板上方。

没想到，这句话成了燕青的座右铭。25 年后，她说："'让人们因我的存在而感到幸福’，初一刚开学李老师定下的这条班训是我用毛笔写了贴在黑板上方的，为此，我也在不知不觉中将它作为我一生努力的行动纲领。”

燕青是典型的乖乖女。她学习上一丝不苟，其认真的程度让老师们都很放心。她曾在班上交流学习方法。我现在还保留着她当年写的一篇短文《怎样做好笔记》。文中，她写道——

要想学习成绩好，最关键的是要认真听老师讲课，课堂上的40分钟绝不能开小差。有很多同学上课只忙着抄老师的板书，像抄写员一样只顾着写，思路却没跟着老师走，老师讲的有些内容就根本没听进去，课后作业就很有可能不会做。所以，如何做笔记是非常重要的。

那么怎样才能既做好笔记又听好课呢？我认为记笔记要有选择性。书上写得很清楚的内容就不必再记，在书上做出勾画或再补充点就可以了。有些比较重要的知识，即使老师没有写在黑板上，只是口头重复了几遍，也应该把它记下来，因为我们的笔记不应该只限于抄写板书。做笔记还必须做到迅速，最好是老师说完自己就写完，这样思路就能跟着老师走，把知识听懂。

这些方法其实也不神秘，但王燕青就是这么做的，所以她很朴实很真诚地给同学们介绍。

王燕青性格比较内敛稳重，没有一般女孩的活泼开朗，她很低调，总是默默地为同学们做着班长的服务工作，在同学中有着很高的威望。当时班上的干部实行“轮流执政”，每一学期都要重新选班干部。到了初二，王燕青被同学们选为班长。

我当班主任，从来都是放手让学生自我管理。我刚才说了，这个班很特殊，“后进生”很多。在有的老师看来，班级民主管理只能建立在学生优秀的基础上，所谓“差班”不能放给学生管，还得班主任自己身体力行。但我不这样认为，正因为学生自律性不强，才需要培养他们的自我教育与自我管理能力，而这里的“培养”，就是让学生“在游泳中学会游泳”。具体的过程和方法在我的许多著作中都谈过了，这篇写王燕青的文章不便赘述。但她对班级的管理赢得了同学们的赞誉，这是事实。宋怡然同学在作文《好班长王燕青》中这样写道——

有一次李老师到长沙出差，我们班的学习与纪律当然就交给了班长王燕青。那时学校即将召开第九届运动会，我们班有许多准备工作，比如要练方队等，但王燕青对我们班的管理井井有条，非常出色。校运会上，我班取得了团体总分第一名的好成绩。在我们同学心目中，她就是班主任“王老师”。我们班各方面也得到了老师们的高度评价，李老师出差回来后也很高兴。

我想起来了，当时我对同学们说：“如果我不在班上，王燕青就是李镇西。”

这句话的意思，不是说王燕青要以老师的威严去“镇住”同学们，而是像我一样为大家服务。当时我为班上十多个特别顽劣的男生一一安排了“帮助人”，即一对一地从课堂记录、课外表现、家庭作业等方面全方位帮助。作为班长的王燕青，不但自己有一个帮助对象，她还要负责全班“后进生”的进步。王燕青天性善良，所以无论多么“难管”的同学，她都以善良之心待之，尽可能发现他们的优点。

那次学校开运动会，恰好我出差在外，王燕青也许是为了管理方便，她挨着一群调皮男生坐。她发现邻班纪律很糟糕，男生们说笑的，打闹的，甚至还有抽烟和说下流话的，而我们班的男生，可能是因为挨着班长坐吧，都很守纪律。于是，她写了一篇文章《我班男生好》，用对比手法，在列举了邻班男生的表现后，把我们班的调皮蛋们大大表扬了一番——

想想我们班的男生吧！没有像别班男生说那么低级下流的话，没有像别班男生那样没有集体荣誉感，没有像别班那么多抽烟违反纪律的……我们班的男生犯了错误，自己能够大胆地主动地认错，而且改正错误。我班的boy们，请将你们的童心保持到永远，我们永远为你们的存在而感到幸福！

记得我出差回来后，在班上读这篇文章时，说了一句话：“男子汉们，可不要辜负女班长的殷切希望啊！”

王燕青肯定被男生们气过，但她总是记住他们让自己感动的进步、对自己的关心，点点滴滴，都让王燕青温暖。有一次王燕青生病住院了，出院后写了一篇文章《班级的温暖》，记录了她住院期间收获的来自班级的感动——

…………

住院的第二天下午，班上七位同学气喘吁吁地进了病房。看见同学们来了，我非常高兴，赶忙坐起来。同学们很关心我的身体，都在询问我的病情。谈话中得知是李老师叫他们来看我的，买水果的钱也是李老师给的，我真不知道该怎么感谢李老师和同学们的关心！那七位同学来看我还耽误了两节课，我心里很过意不去。

…………

第三天上午李老师和他的妻子也来看望我了。他们来到我的床前关切地问："王燕青，病好点没有？""好多了！"师母还对我说："你脸色不好，要注意营养哦！"我点了点头。李老师把带来的营养品递给我，我双手接过，连忙说："谢谢李老师！"那时，"谢谢李老师"几个字已经完全不能够表达我的心情。望着李老师，我不知该说什么，只是默默地听着李老师鼓励我的话语。李老师走后，同病室的一位阿姨说："你的老师和同学太好了！"

在考试的前一天下午，病房门突然被推开。"班长！""班长！"原来是班上平时最调皮的一群男同学来了。他们给我买来了一束鲜花和水果，真的是给了我一个惊喜！我万万没想到平时那么调皮的他们，却如此关心我。

回想起这两天的事，我的眼泪不禁流了出来。我不愿去擦干它，因为那是激动和喜悦的泪。我是一个幸运者，因为我的同学那么好，我的老师那么好，我的班级那么温暖！

现在回想起来，说实话，我还真没给王燕青单独的什么特别"教育"。因为她本身就比较乖，而她的善良和自律显然首先是家庭教育的产物。总之，她不用我操心。印象中，我好像从没批评过她。

如果一定要说"培养"，也许就是我给了她锻炼的机会，充分信任她，放手让她管理班级。同时，我尽可能挖掘班上点点滴滴的温暖去感动王燕青——这份感动是她的工作动力。一方面，她的善良感染着同学们，特别是那一群顽劣的男生；另一方面，同学们对她的尊敬和关心，特别是那群调皮男生的进步，又感动着王燕青。在这美好的良性互动中，一个人成长起来了，一个班也成长起来。

国航空姐、乘务长

王燕青初中毕业后，我和她联系不多。我调到了另一所中学，她继续读高中、读大学。我呢，读博士，当校长，搞新教育……但偶尔她这个班搞同学聚会，我也能见到她，依然文静而雅致。当我知道她当空姐后，我一点儿都不觉得意外，她那么温柔，那么可爱，不当空姐可惜了。

她却说她从来没有想过这辈子会当空姐，因为大学读的是中国民航飞行学院，读到大二，恰逢中国国际航空公司来学校招人。燕青第一次面试就被选上了，毕业后自然就成了国航的空姐。

记得我当时对她开玩笑说："我经常坐国航的飞机呢！其他的都好，就是饭不够吃，太少了。下次我乘坐有你的航班，到时候你多给我一盒饭！""那没问题！"我们都笑了。

在局外人看来，当空姐多让人羡慕啊！虽然在飞机上服务工作也辛苦，但收入高啊，而且每次飞行后都有补休时间。但王燕青说："当空姐其实很不容易的。"她说的"不容易"，首先不是指适应空姐的具体工作，而是心理的调试和心态的摆正。

她说："乘务员大多漂亮，漂亮的女孩子大多骄傲，内心或多或少有着不愿承认却偶尔会流露的优越感。所以，第一大难事，就是你得克服自己的优越感。这也就是为什么越年轻的乘务员越傲娇，就越容易在飞机上跟旅客生气，跟旅客较真儿，而年龄较大的乘务员则更亲切更善解人意。因此，克服优越感是空姐要迈过的第一道坎儿。"

她说，她走这一步用了两年多时间，实现"质的飞跃"的那一步，她至今记忆犹新。

那是在空中飞行的时候，乘客们正在用餐。王燕青却闻到了一股恶心的味儿，后来她发现，在某一排的座位中间，居然有一堆大便！当然是小孩子拉的，但大人干什么去了？王燕青忍不住对那位乘客说："您的座位前面两排就是卫生间，您怎么让他拉在地板上呢，您这样，其他旅客还怎么用餐啊？”

万万没想到，后面一排一位年轻女性说：“没事儿，你赶紧把它打扫干净就好了。”她说这话时埋头吃着饭，都没抬眼看王燕青一眼，语气也非常平静，却透着理所当然的意思。

王燕青的内心一下被击中了：原来，在乘客心中，我就是干这个的啊！她很难受，愣了几秒钟，然而几秒钟后，她的内心发生了翻天覆地的变化。她后来对我说：“那一刻，我想通了，我就是为乘客服务的。”自己说服自己，自己战胜自己。大彻大悟，就这么简单。然后她冷静从容地戴上手套钻进座椅缝，把热气腾腾的大便捡去，然后一遍遍地认真擦着地板，直到收拾干净。

空姐王燕青

燕青在对我说这件往事的时候，说：“记得您经常开一些特别的主题班会，让我们写写类似于“我为曾经的我感到愧疚”“跟那个不好的我说再见”这样的作文，来引导我们反思自己，以避免犯同样的错误。这对我品格的形成其实有着很深的影响。比如这件事情，如果我做得够好，明明可以避免其发生。在旅客登机的过程中，我一定对旅客观察得不够仔细。如果我能发现这个小男孩是和初次乘机的老人一起，那么我是不是可以在他们入座后的第一时间过去关心一下，给老人介绍一下机上设备，告诉她座位前两排就有洗手间、头顶有个呼唤铃有事按响我就会过来帮助她等？是我太粗心了，或者说，根本没有用心！这件事后，我思考了很多，并在后来的航班中随时提醒自己去改变。后面几年的工作明显更顺了一些。其实，是自己的心顺了。”

正是因为这种反思，这种“心顺”，燕青越做越好。

做空姐，意味着服务，这种服务，有时候不仅伴随着“委屈”，甚至还伴随着危险——后来的一次历险让她明白了这一点。

虽然已经过了好几年，但燕青给我讲述的时候，依然让我感到惊心动魄——

那是2006年9月，北京—成都航班。成都区域下降时，客舱乘务员进客舱去致谢以及安全检查，我作为厨房乘务员则开始对厨房进行最后的清理及回收。飞机缓缓地下降着，没有任何的异常，我井然有序地收拾着。突然间，飞机剧烈抖动起来，用我们专业术语来说就是“严重颠簸”，我赶紧蹲下，手紧抓着工作台的边缘。这时的颠簸已经完全让我无法站立，想回到自己的乘务员座椅都没办法。而万万没有想到的是，飞机“噌”的一下急剧下降，至于它往下掉了多少米我没有概念，只知道伴随自己以及外面旅客们“啊——”的尖叫声，我飞了起来，然后顶到了飞机的天花板！我一定像只蛤蟆一样，扒拉着四肢，极力想抓住一根救命稻草。那一刻，我真的不知道发生了什么，我觉得我可能快要死了……大概飘浮了两秒钟，感觉头顶有股巨大的压力把我往下压，然后看见地板又离我越来越近——我和地板像两列相对的火车重重地撞在了一起……

我坐在地上无法动弹，浑身都疼。落地后是由一名男空乘把我背下飞机的。后来去医院看急诊已是凌晨两点，病历本上是这样写的：左足第三跖骨基底部骨折，第2、3、4、5根脚趾脱位，左踝处韧带拉伤。我在医院接骨接了三次，没有打麻药，那种撕心裂肺的痛我至今都不愿去想，我可以很确定地说，比生孩子都痛……

经历了这个，我心存阴影同时也心存敬畏——无论是坐飞机还是坐车开车，我都会随时系好安全带，安全带真的是保命的东西！

以前乘坐飞机，我也系安全带，但我是系给检查的空姐看的，中途我就解开了，觉得舒服些。但听了燕青的历险，从此我每次乘坐飞机都全程系安全带。

就这样，燕青越做越优秀，在当了六年乘务员后，她当上了乘务长。

“电影《中国机长》其实让我有点失望”

那次我看了《中国机长》后，和她在电话里聊时，她对该片却不满意。后来她在微信朋友圈里，写了她对《中国机长》的评论——

简单说说电影《中国机长》，其实让我有点失望。作为业内人士，明白川航这次事件在全球民航史上是多么伟大的奇迹！但是片子好尬啊，网友都在骂关晓彤角色多余，我都没心情理会关晓彤了，就是整个故事都没有达到期望值，张涵予的戏份、台词、面部表情的变化都太少了，完全没有把刘传健死里逃生力挽狂澜的过程和心路历程表现出来！大量篇幅表现的都是空地配合、陆空通话、机组人员的一天……还有最后，副驾驶都伤成那样了，也没有人关心他的伤势，120也不上来抬走，还可以下去撩妹，真是醉了。虽然艺术高于生活，但我觉得它展现得不及真实事件的一半。我看撒贝宁采访刘传健机长以及整个事件的报道时，几度泪流满面……

总的来说就是内心戏太少了！男主太空洞，这么大的事情，死里逃生，刘机长的面部没有变形、头上没有冷汗、眼里没有恐惧，眼神依然那么凛然，最后还跟旅客说抱歉我没能把你们准时地送到拉萨……其实我宁愿他浑身发抖狼狈不堪然后给陈数打电话失声痛哭说活着真好……唉……

我在后面留言：“专业人士的专业评论。”

我们业外人士很感动，燕青对电影却“有点失望”。这就是专业和非专业的区别吧！

我在微信上对燕青说：“刚看了《中国机长》，太佩服机长和空姐了。看的时候老想到你。你太了不起了！”

她回我说：“没有哈，李老师，相信绝大多数经验丰富的乘务长都能和袁泉一样沉着、冷静、专业、有气场。”

我想，她在说这话的时候，一定想到了自己，或者她说的就是自己。

她曾写下一段文字，解说“空姐的工作是什么”——

如果要我对14年的飞行生活做一个总结，我不知道该从哪儿说起。它是凌晨3点半就要起床上了三个闹表仍然心有余悸久久睡不沉的职业性紧张，它是开完航前准备会还剩3分钟也能冲进食堂塞完两个包子喝完一碗豆浆再心满意足出场的麻利劲儿，它是冰天雪地里穿着丝袜踩着高跟鞋也能走出精气神的优雅，它是在飞机尾部自己都被颠吐了赶紧捯饬干净了继续干活的强韧，它是十次过年有八次都独自在外站值班的小小落寞……当然，它更是天真无邪的孩子蹦上飞机冲你笑弯了眼地对你说“姐姐你好漂亮”的喜悦，是我带出去的组高高兴兴上飞机大伙儿分工不分家的团结，是客舱里忙完了回到服务间同事就把热乎乎的擦手毛巾和冰可乐递到你手里的温暖，是延误了7小时的航班旅客上来就唾沫横飞指着你骂你还能安慰他还能全力做好服务下机时他终于对你鞠躬说“谢谢，你们辛苦了”的感动，是日复一日年复一年高标准高强度应急演练只为事故发生时护你周全的底气和决心！

得偿所愿做了空乘专业的教师

几年前的一个傍晚，我在小区楼下散步，听见一个女声似乎是在叫我：“李老师！”我循声四看，迎面一位推着婴儿车的美女正缓缓向我走来。越走越近，我大喜：“王燕青！”她已经是两个孩子的母亲了。巧的是，她就住我旁边的小区。没想到多年师生成邻居！

正是因为是两个孩子的母亲，燕青不得不放弃了飞行——空姐的工作特点和作息时间，显然无法让王燕青成为称职的母亲。有了第一个孩子，她就感到了极大的不方便，但她依然坚持飞行。一直到有了第二个孩子，实在是不可能继续飞行了。她依然犹豫不决。她说：“那段时间，飞还是不飞，成为压在我胸口的落不下也拿不开的石头。”

当然，最后她还是不得不提交了辞职申请。

辞职以后做了全职妈妈，但没做多久，她又成了“兼职妈妈”，因为她应聘去某高校做了一名“兼职教师”。她说：“其实我从小的愿望是当老师，现在也算是得以实现，我很满足。”

她给空乘专业的孩子们上航空服务和安全方面的专业课。她对我说：“我以李老师为一生追求的榜样，在课堂上充分尊重每一位学生，将他们视为自己的朋友，放下所有刻板的说教、批评，我只是将自己 14 年飞行经历中一个个鲜活的案例贯穿在死板的课本中。”

学生们每次听王老师的课都听得非常带劲，眼里都带着光，在燕青看来，那是他们对空乘工作的憧憬与向往，也是对自己教学最大的肯定。

燕青一再说我影响了她：“虽然有时候一天八节课连上下来，回到家连说话的力气都没有了，但内心的成就感给了我不断精进的动力，我一定要把课讲好！也许和李老师当年一样，一站上讲台，那种对学生的爱像是与生俱来的，我迫切地希望通过我自己的经验，让少不更事的大学生们明白一些做人做事的道理，在踏入社会时保持清醒的头脑，少走一些弯路。当然，这似乎理想化了。人这一辈子，有些坎儿是必须要迈的，有些亏是必须要吃的，有些苦是必须要受的，躲也躲不掉。错误、挫折、痛苦，没有这些东西，我们怎么能够成熟？怎么能够成为更好的自己？”

我一直认为，老师对学生的影响是有限的，至少不是我们想象的那么大，而且即使这有限的影响也往往是当老师的我们没有想到的。王燕青这番话说得很真诚，甚至说服了我，嗯，我当年的教育的确不知不觉地影响了王燕青后来的人生。

我已经离开了讲台，可王燕青却走上了讲台。教学内容不一样，但教育是一样的：让每一个学生成为最好的自己！

这是我最大的幸福。

2018 年 8 月 28 日，在成都玉林中学——也就是当年王燕青她们就读的学校，我应在成都市教过的学生的请求，为他们上了退休前的“最后一课”。

在课堂上，我看见下面星空一般明亮的眼睛中，有一双王燕青的眼睛。顿时，我觉得时间回到了 1995 年 8 月 31 日，我第一次见到她和她同学们的时刻……

2020 年 3 月 15 日

附录：

（我写王燕青之前，先请她给我提供一些素材。结果她写的这篇自述，我觉得完全可以独立成章。特此作为附录公布于此，但愿对老师们和所有焦虑自己的孩子的父母有所启发。）

平凡人生一样可以幸福（有删节）

——王燕青自述

一、其实，因为李老师的偏爱，我在班上比较“吃亏”

这辈子最值得骄傲的事情，李镇西老师是我初中的班主任，绝对算一件！我一直都觉得李老师是影响我一生的人，直到今天，若要问我最大的优点是什么，我会毫不犹豫地说，善良。

“让人们因我的存在而感到幸福”，初一刚开学时，李老师送了这样又特别又温暖的一句话给我们，成为我们班的班训，我将它贴在黑板上方之前，用铅笔勾轮廓勾到完美才敢用毛笔去填，毕恭毕敬，生怕对不起它的美。后来的人生当中，我也在不知不觉中将它作为我一生努力而为之的事情。

和李老师相遇是在1995年，我可能是李老师素质教育理论思考和实践探索长河中比较靠前的那几批学生。转眼25年过去了，时至今日，都不禁感叹李老师的教育理念好“前卫”好“大胆”！而正是这与众不同的被教育感受，在我的心中埋下了很多美好的种子，护佑我之后的成长，它们是：善良、正直、勤劳、自省。

我们“前卫”到什么程度呢？初一的时候，我们班大大小小的考试都实行无人监考，成绩好的同学都埋头做自己的卷子，成绩差的同学就算交白卷也不会去抄别人的试卷，如果谁试图去询问、偷看、对答案，一定会被全班视为“另类”。我都忘了李老师具体是使了什么妙招让全班做到的，但这事儿我特别自豪。也许教育的本质不是管束不是训诫，而是师生之间平等的灵魂的交流、人格的尊重以及彼此足够的信任。

李老师的“前卫”还在于，特别会因材施教。作为传统意义上的好学生、乖乖女，我觉得在李老师班上是有点“吃亏”的，因为李老师对“差生”实在是太好了！哦，不对，李老师称其为“后进学生”，嗯，我很喜欢这个词。

对于“后进学生”，李老师的要求会有所不同。比如他们实在不想听课、听不懂课那也就不强迫了，李老师让他们抄小说，既安静下来不影响他人又练了字还可以多多少少体会一些大师的风采。好几个同学都抄过小说，他们之间还互相比赛、较劲，看谁抄得多抄得好。后来，一位叫刘东的同学胜出，他把一部《烈火金刚》抄完了，满满 11 本作文本。李老师还专门带他去吃了火锅以示奖励。我没有看见刘东当时的表情，但我相信他一定笑得合不拢嘴，一定超级幸福。自信满满的感觉，比什么都好！

2018 年 8 月，在玉林中学上李老师退休前“最后一堂课”时，李老师讲到，他至今还保留着这部珍贵的手抄本《烈火金刚》。

二、“我不在的时候，王燕青就是李镇西”

还令我特别开心的一段记忆是，初二我当了一年的班长。李老师对班干部的放手量特别大，赋予高度的信任，李老师甚至对全班同学说“我不在的时候，王燕青就是李镇西”，这让我非常开心地毫无顾虑地展开了拳脚为同学服务、为班级做事情。在这一年里我得到了极大的锻炼，也许还为我后来的服务工作奠定了基础呢。

初二时我生过一场病，在华西住了一个星期的院。那时正值期末考试前期，班上几位班干部第二天就来看望我了，专门带来了他们为我整理的学习笔记。第三天，李老师和他的爱人也来看我了！师母是位温柔知性的女性，举手投足之间都透着书香门第、大家闺秀的高贵。他们在我眼中就像是一幅画，就像是我心中的梁思成和林徽因。

又过了两天，病房门伴随着一阵喧闹声被推开，“班长，班长，班长，班长……”一个个清亮的叫声，我惊呆了，原来是班上最调皮最不爱学习的一帮“后进学生”来看我了！“班长，你怎么了？”“班长，你没事儿吧？”“班长，我们听李老师说你住院了，放学了就约着过来看你。”他们嘴拙，话都特别朴实，依然没心没肺地在8人间的大病房里打打闹闹，但是我好开心好感动！平日，他们是班上最令我头疼的一帮人，我既要在纪律上严厉地管着他们又要在学习上尽心尽力地拽着他们往前走，他们一定没少被我“折磨”。而我没想到他们如此有爱心，如此会关心人，如此让人温暖！从那一天起，在我的心里，再也没有“差生”二字。我们只是在学习态度、考试成绩上或高或低，但在做人方面，每个人都有自己的可爱和可贵之处。

真的很感谢李老师，总是这样用心地让班级每一位学生都感受到温暖，感受到爱。李老师给了我们从未感受过的似涓涓细流般浸润却异常有力的指引，让我们从老师那里、同学那里、家庭里、集体里感受到真正被尊重、被认可、被关心、被爱的力量，我们才能自身筑起正能量的小宇宙，去温暖更多的人。

李老师留给我温暖和美好的回忆太多太多了，要说遗憾，就是我们相聚的时间太短。我有时甚至会想，如果高中三年也跟着李老师，我又会是什么样子？

也许，比现在更好。

三、以前从来没有想过“空姐”这个词

在我幼年以及青春的理想里，从来没有“空姐”这词，然而，我却机缘巧合地成了一名乘务员。我从21岁开始飞行，到35岁离职，14年的飞行生涯是我人生中特别宝贵的一笔财富。我很感恩，我这一路都走得特别顺，我没有经历过抱着一大沓精心设计的简历在人山人海的招聘会现场跌跌撞撞，也没有体会过那么多高学历者谋不到理想工作的失落。我特别幸运，在中国民航飞行学院读大二的时候，航空公司来学校招人，我第一次面试就被选上，然后就在国航勤勤恳恳地飞行，每一步都脚踏实地。老师在我们年少的心里种下务实、勤劳的种子，一定就会开出这样的花。我在之后的职业生涯中，晋升国际线乘务员、两舱（头等舱和公务舱）乘务员、乘务长，一直都走在前端。

乘务员其实并不是多么神秘的职业，虽然有着光鲜亮丽的外表，但我们

真的就是普普通通劳动者中的一员。乘务工作看似不难，但要想把它做好做极致，也非一朝一夕。首先你得对自己有正确的认知，对职业有正确的认知。大家天天都在讲服务要“发自内心”，微笑要“发自内心”，这话喊喊容易，真正做到却需要好几年的时间去感受去沉淀。乘务员大多漂亮，漂亮的女孩子大多骄傲，内心或多或少有着不愿承认却偶尔会流露的优越感。所以，第一大难事，就是你得克服自己的优越感。这也就是为什么越年轻的乘务员越傲娇越容易在飞机上跟旅客生气跟旅客较真儿，而年龄较大的乘务员则更亲切更善解人意。我走这一步用了两年多时间，实现“质的飞跃”的那一步我记得很清楚。

四、一堆大便引起的恶心及反思

那是一个春运期间的航班，深圳飞成都，波音757型客机，满客。深圳—成都这条线和北京、上海线不同，没有那么多商务旅客，反而以打工返乡者居多，大编织口袋装行李的，竹背篓背小孩儿的，一筐一筐提着鸡蛋的，很有特点。那天，在我送餐送水的过程中，闻到了一股很难闻的气味，比普通的脚臭更难闻。我赶紧四处打探，结果，在一排三个座位的中间位置，我发现了地板上的一堆大便。当然，“肇事者”是一个约莫2岁的穿着开裆裤的小男孩，他的监护人是位60多岁的婆婆。我当时脑袋“嗡”的一声，怎么会有这么不文明的行为？！正当这时，婆婆冲我喊道：“喂，娃儿拉屎了，咋个整哟？”“您的座位前面两排就是卫生间，您怎么让他拉在地板上呢，您这样，其他旅客还怎么用餐啊？！”说这话的时候，我的脸色一定不好看，因为我的音量不由自主地拔高了。但是我想到的是：“也好，兴许能引起周围旅客的共鸣呢。”可是，万万没想到，就在这时，坐在他们后面一排的一位年轻女性说话了：“没事儿，你赶紧把它打扫干净就好了。”她说这话时埋头吃着饭，都没抬眼看我，语气也非常平静。我愣了两秒钟，然而在这短短的两秒钟之内，我的内心发生了翻天覆地的变化。

原来，在旅客心里，我们就只是服务员，和餐厅里端盘子的小妹、酒店门口的行李生其实并无不同。我承认，她异常平静而真实的一句话，在一瞬间戳着了我的内心，但是，一瞬间的受伤之后却是如梦初醒大彻大悟般的崛起，我瞬间豁然开朗。冒着热气的便便也不是事儿了，我迅速回到厨房拎着湿毛巾戴上手套就钻进座椅缝里捡屎去了。一遍一遍认真擦着地的同时，我竟然开始同情起他们来——我想象着以后我有了孩子，我的妈妈也老了，如果因为我妈妈见世面不多不懂规则或者因为孩子调皮做出了一些不妥的事情，遭到服务员或者周围人谩骂的话，我会不会很心疼很难过？想着想着，我就觉得自己刚刚做得特别不好。

记得初中时，李老师经常开一些特别的主题班会，让我们写写类似于“我为曾经的我感到愧疚”“跟那个不好的我说再见”这样的作文，并鼓励更多的人能大胆地站到讲台上去朗读，这对我品格的形成其实有着很深的影响。犯了错误，绝对不能一味推卸责任，一定要敢于从自身寻找原因，敢于直面错误并想办法改正。

比如这件事情，如果我做得够好，明明可以避免其发生。在旅客登机的过程中，我一定对旅客观察得不够仔细。如果我能发现这个小男孩是和初次乘机的老人一起，那么我是不是可以在他们入座后的第一时间过去关心一下，给老人介绍一下机上设备，告诉她座位前两排就有洗手间、头顶有个呼唤铃有事按响我就会过来帮助她等？是我太粗心了，或者说，根本没有用心！

这件事后，我思考了很多，并在后来的航班中随时提醒自己去改变。后面几年的工作明显更顺了一些。其实，是自己的心顺了。

五、那一天，上来了一位断腿的乘客

我喜欢乘务工作的很重要的一点是，它使我可以帮助到很多的人。从某种角度说，我觉得飞行员、乘务员更像是“摆渡人”。

2011 年夏天的一个航班，让我至今难忘。那是西昌回成都的航班，在西昌地面过站时，地面服务人员跑上飞机对我说：“乘务长，今天有个旅客，腿断了，有点严重，您看让不让乘机。”我神经一紧：“什么？重伤员吗？意识清醒吗？有乘机证明吗？具体什么情况？”地服人员边把乘机证明递给我边说：“他是在工地上被砸断了腿，已经在西昌市医院治过了，治不好，只能去

华西。我们值机这边不想让他上，他们一直求一直求，我们也为难，就看您和机长这边怎么说。”我一听，凭着职业敏感度，觉得这事儿不简单，我立即进入驾驶舱报告机长，我和机长决定下飞机看看实际情况再说。

我和机长随即下机，停机坪的边缘站着四五个人，中间有人坐着轮椅。我们还没走到他们面前，一个年轻男子就突然冲了出来，在我们跟前一米左右，“嘣”的一声双膝下跪，就开始不停地磕头，嘴里不停念叨着：“救救我弟弟，救救我弟弟……”我被这突如其来的一切惊到了，赶紧去扶他，他闪开我的手，一直不停磕头，不停地说“救救我弟弟”。转眼，我看见轮椅上的弟弟，瘦瘦的小伙子，20 岁出头的样子，双腿从大腿根部起就裹着厚厚的绷带，血渍伴着黄黄的药剂已将纱布渗了一半，小伙子好像已经被疼痛折磨到无法说话和思考，呆呆地微张着眼睛。空气中除了哥哥的哀求无助还有酒精味伴着血腥味的触目惊心。

向医务人员了解到，小伙子两天前在采石场被石头砸了，已经在西昌市医院进行了初步救治，但医疗技术有限，要想保住腿只能转去华西。

我们都知道，只要有伤口，在高空如果遇到紧急释压，创面就会崩裂，就会出血。而像他这种创口面积这么大的，万一遇到紧急释压，那大出血的惨烈程度是不堪设想的。这就是为什么航空公司会有“拒绝运输”的规定，而其中“近期进行过外科手术，伤口尚未完全愈合者”这一条似乎就将这位虚弱不堪的年轻人完全挡在了舱门之外。

我们背过旅客商量了几句，机长按照职业习惯，打了电话去公司报备、请示，似乎没有得到很肯定的答案。哥哥见我们迟迟没有决定，终于挺不住了，开始号啕大哭：“机长，救救我弟弟，救救我弟弟……我妈都还不晓得……他才 19 岁，才 19 岁……”在现实中我从没有见过一个七尺男儿崩溃成这样，眼泪跟着下来了，我觉得心好痛。空气凝固了几秒钟，机长看看我，我看看他，他冲我点了个头，我也冲他点了个头。“走！出了任何事情我一个人负责！”机长坚定地甩下这句话，就扭头上了飞机。因为我看见，他的眼眶，也红了。

飞行过程中，我手持氧气瓶一直在他们旁边守着。机舱内因高度变化带来的压差，好像让他感到了不适，他时不时会发出呻吟。每呻吟一下，我的心就揪一下。我脑子里一边祈祷着平安一边反反复复思考着释压了我该怎么办出血了我该怎么办万一情况突然变糟我该怎么办……短短50分钟的飞行，我从未觉得过得如此漫长。直到飞机平稳地降落在了成都，我才如释重负地长长松了一口气。

后来，这事儿成为飞行部、乘务部大大小小会议上讨论的案例，机长、乘务长、乘务员，很多人都说这种根本就不该拉啊你们胆儿也太大了吧……面对质疑，我没有过多去解释，因为他们没有亲眼看见那种撕裂的无助和痛苦。我只是做了我良心上无愧、无悔的事情。

那之后的很多年，我都时不时想起兄弟俩的样子，好想知道弟弟的腿怎么样了，可惜没有留下哥哥的联系方式。

一定好了吧，我想。

六、依依不舍地告别了蓝天

对于空姐到底可以飞多久这个问题，大家好像都比较好奇。其实这也不是完全所谓的“青春饭”，如果自己愿意，如果自己身体素质足够好，那么我们要飞到50岁才退休呢。这么多年，我们看着一个又一个的前辈飞到50岁功德圆满地依依不舍地离开乘务岗位，真的每次都从内心感到敬佩和感动，恪尽职守，踏踏实实，知足常乐，大抵就是这个样子吧。我的两位师父，也都还有两三年就退休了，真的挺为她们高兴，也真心地希望天下所有的空勤人员都起，落，安，妥。

至于我为什么没有继续飞行，这是家庭原因。我有两个孩子，哥哥7岁，妹妹4岁。哥哥是姥姥姥爷一手带大的，那时哺乳假休了5个月，时间一到我就非常干脆地断了奶回去飞了。虽然我对早出晚归时常驻外不能好好陪伴孩子的困境做了一定的心理准备，而现实偏离轨道的速度远远超出我的预期。儿子一岁多两岁的时候，我每次回到家非常激动地冲过去拥抱他亲吻他，而他，却使尽浑身力气推我踹我：“你走开，你走开，我不要你，我不喜欢你……”头几次，我还劝自己没事的小孩子嘛发发脾气正常的，可后来，这种状况持续了很长一段时间。我有好几次都在深夜的被窝里偷偷哭泣，我好想念儿子牙牙学语时躺在我怀抱里被我逗得咯咯直笑的时光，我好想念他狼吞虎咽吸着母乳然后贴着我的肌肤嘴角上扬满足地睡去的时光。

那时起，飞还是不飞，就成为压在我胸口的落不下也拿不开的石头。其实很多双飞家庭都面临这样的问题，我和先生经常七八天见不了面，有时我四天值班回来正好遇上他四天值班出去，我还能在这架飞机上惊喜地对着停在隔壁机位上的驾驶舱里的他挥手。我们这样在一起了六年才要的孩子，年轻时这样的生活反而是婚姻的保鲜剂，可有了孩子，生活就完全不一样了。

我就这样在亲子关系的日渐疏离、家庭矛盾的周而复始、女人经济一定要独立的鞭策中，苦苦挣扎。直到二宝出生后很久的一段时间，我才终于战胜了自己的胆小和患得患失，顶着父母的压力，做出了辞职的决定。辞职报告交上去的那一天，压在我心口的那块大石落地了，我感受到了自己“里程碑”式的成长——三十多年了，我一直都是听话的乖乖女，从没有像这样大胆地选择自己想要走的路，从没有如此真实地尊重自己的内心！

七、如愿以偿当上老师

辞职后我迅速调整自己，去某高校应聘当了一名兼职老师，给空乘专业的孩子们上航空服务和安全方面的专业课。本来“老师”就是我以前最大的理想，现在也算是得以实现，我很满足。我以李老师为一生追求的榜样，在课堂上充分尊重每一位学生，将他们视为自己的朋友，放下所有刻板的说教、批评，我只是将自己14年飞行经历中一个个鲜活的案例贯穿在死板的课本中，学生们每次都听得非常带劲，眼里都带着光，那是对空乘工作的憧憬与向往。一天8节课连着上下来，回到家我连说话的力气都没有，但内心的成就感给了我不断精进一定要把课讲好的动力。也许和李老师一样，一站上讲台，那种对学生的爱像是与生俱来的一样。我迫切地希望通过自己的经验，让少不更事的大学生们明白一些做人做事的道理，在踏入社会时保持清醒的头脑，少走一些弯路。当然，这似乎理想化了。人这一辈子，有些坎儿是必须要迈的，有些亏是必须要吃的，有些苦是必须要受的，躲也躲不掉。

错误、挫折、痛苦，没有这些东西，我们怎么能够成熟？怎么能够成为更好的自己？

当然，兼职教师的课时量有限，我有大把的时间在家照顾孩子，更像是一个全职妈妈。全职妈妈好像一直深受诟病。而我从来没有觉得这是对女性的不公，或是一种多么了不起的牺牲。我认为我只是为了家庭为了孩子做出了一定调整和改变，而这种调整，在我的小家里，是必要的。女人的一生，应该是由不同的阶段组成的，每个阶段有着它独特的气质以及面临的不同的责任。我当然不能保证说天天陪着孩子们他们以后一定就能非常优秀，但我确实不想错过他们成长的时光，他们每天的喜怒哀乐都应该有我的参与，他们每一个小小的进步都应该有我和他们分享喜悦。龙应台的文章读得多了，内心自然变得柔软，父母与孩子的缘分，其实很短，这注定是一场渐行渐远的修行。而我，只是想在渐行渐远的过程中，尽量与他们靠得近一些，再近一些，让时光，尽量溜得慢一些，再慢一些。

八、平凡人生一样可以幸福

把儿子从父母家接回来自己带也有两年多了，经过锻炼，我已经逐渐在左手守着哥哥练琴右手守着妹妹认字、送完大的上英语马不停蹄送小的学舞蹈、俩人洗完澡喝完奶躺上床我终于坐下来舒口气已是十点半的日子里游刃有余起来。每个周末，我们都会用一天时间回家看望姥姥姥爷。全家人一起插花，包饺子，看电视，其乐融融。这就是生活最好的样子。

这两年，哥哥在脾气、性格、教养方面也有了很大改善，每天，他都会要求我久久地拥抱他后才安心地入睡。而小女儿，因为“一出生就是江湖”，与生俱来的那机灵劲儿，审时度势的小眼神，真是让人欢喜。这大概就是皇帝爱长子百姓爱幺儿的原因吧，哈哈。

白天孩子们都上学去了，你都干什么呀？无不无聊啊？很多朋友会这么问。干的事情可多了！这两年，我读了这辈子都没有读过的那么多书。读书、看报、每天收看新闻联播，这其实是初一时李老师就对我们提出的要求，奈何自己那些年做得不好。长大后，深感自己书读少了，知识匮乏，好在现在自己有了时间，可以做自己想做的事情。其实大家都有共识，高中三年为了应试逼着自己反复做的那些题反复背的那些东西在成人以后其实并没有太大用处，远不如静下心来读的《世界美术名作二十讲》《意大利文艺复兴时期的文化》《艺术哲学》《文化苦旅》《千年一叹》《南渡北归》等来得愉悦和实在。真的，只要想学，一切都不晚！我也真的希望自己能保持这份学习的热情，活到老学到老。

也正是基于这些生活的感悟，从儿子一年级以来，我从没有在分数上对他有任何的要求，惭愧地说，我都不知道他半期考试考了多少分，反正他从来没有得过100分，可我真不在乎。我在乎的是在长期的努力中是否能建立起他主动阅读的兴趣和习惯，在乎他是否懂得老幼尊卑懂得诚实谦虚懂得友善待人，在乎他能否在放学后清楚今天自己要干什么，能不能列得出任务清单并逐一完成。

当然了，我也不是超脱世俗普遍焦虑的那股清风，我承认我也望子成龙，上述期待，依然是他成为一个优秀的人的硬核组成部分。即使嘴上不说，我心里仍和自己憋着一股劲，拧巴着、咬着牙也想要尽可能奋力抓住春秋大梦的尾巴。这让我在一段时间里变得有点狰狞。好在，我能够在问题发生时自省，我总是想起李老师那些年对我们的教育："我不能保证你们每一个人都考上清华北大，但我会尽我所能让你们成为对社会有用的人。"是呀，我这一生不也是平凡得不能再平凡吗？我不也是靠自己的劳动踏踏实实挣钱并生活得很幸福的人吗？怎么我的儿子我的女儿就非得要出人头地呢？

一个人如何在平凡的生活和工作中找到快乐、幸福与平静，才是最重要的能力。

2020年的第一天，我在朋友圈发了一条新年愿望：

"新年伊始，我鼓足勇气对自己说，承认自己的孩子终将平凡，给一个与自己和解的机会。"

王燕青

2020.3.13

吴镝：一直在飞翔

多才多艺、富有修养的男生

1995年8月下旬的一天，我正在给已经报名的初一新生讲开学的一些注意事项。这时，门口弱弱地响起了一声："报告！"

我一看，一个可爱的小男孩微微低着头，满脸红红的。显然，小家伙因为迟到而惭愧。

第一天亮相，不能让这个孩子抬不起头来。

刚上初一的吴镝

于是我笑着大声说："这个同学虽然迟到了，但他真有礼貌！请进。"

小男孩走进教室，坐到了位子上。

开学不久，我在班上搞了一个"露一手"中秋联欢会，让每一个孩子上台展示绝活儿。

这个叫"吴镝"的男孩便一鸣惊人：他拉得一手漂亮的小提琴，虽然我们多数人并不懂小提琴艺术，但萦绕整个教室的美妙旋律，让我们都感到一种享受。后来，他又参加男声小合唱，尚未变声的童音再次展示了他的艺术天赋，不但给同学们带来了快乐，也让大家初步见识了他的多才多艺。

如果以为吴镝仅仅是有艺术特长的文科生，那就错了，他的成绩也很棒，而且不偏科，每门功课都很优秀。虽说他所在的初98届6班集中了全年级最拔尖的学生，如果论某一单科成绩，也许吴镝排不上第一，但论综合成绩和全面素质，他绝对名列前茅。

吴镝还擅长书法，写得一手漂亮的毛笔字。邓小平去世时，班里举行悼念活动，黑板上的“小平爷爷一路平安”就是他写的。

吴镝如此优秀，也有着小男孩应有的活泼，却并不调皮，而是很有教养，特别是他没有一点儿傲慢自负的样子，谦虚有礼，善良豁达，和同学关系都很好。

总之，当年的吴镝是一个聪明可爱、多才多艺、富有修养的男孩。

“这样一个老师，征服了青春期的我”

20多年后，我们重逢，互加微信。在微信上聊到当年的初中生活，他这样回忆——

李镇西老师跟我们共度了两年的欢乐时光，那是青春期从蒙昧到释放，荷尔蒙爆棚的年龄。

刚刚入校，我们参加了六年制实验班的筛选考试，听说学校要搞这么一个实验班，是因为有一位从乐山来的优秀教师，要搞所谓的“素质教育”。在1995年，这个词的出现仿佛就如同今天听到的“IB教育”，既洋气又陌生。因为当时的日本小学生已经成为中国父母培养孩子争相效仿的对象，铺天盖地地报道将这些“身体好、意志坚定、受过挫折训练的孩子”送上了神坛。

可能我父母以为的“素质教育”就是这个吧。于是经过入学考试，我被挑选进入了实验班。

记得张榜的当天，我就迟到了。当看到榜单后我走到教室门口，怯生生地喊了一句：“报告！”正在给同学讲注意事项的李老师竟然表扬这位迟到的同学，说他“有礼貌”。这样一个不看学生缺点、关注学生优点的老师，征服了青春期的我，以及我们。就这样，我们初95级实验班走进了李老师的“素质教育”世界。

在李老师给我们营造的世界里，有语文课上不念课本而读路遥的《平凡的世界》，有去田间树林感受春天的气息，有去府南河边种上班级之树……整个语文课本上枯燥的文字突然变活了，一时间，这门课程成了所有人最期待的惊喜，不知道下周下个月又会安排什么活动，不知道我们又会在课本之外学习到什么。

这让我想起了《银河补习班》的那个父亲，这部让我泪流满面的电影深深描绘了父爱的伟大，而伟大的父爱背后，是让孩子去触碰课本以外的东西，去感知这个充满未知的世界，去发掘孩子的天性和天赋。我记得影片中，当宇宙飞船出现故障时，成为宇航员的马飞记得父亲在小时候就传递给他的思想："利用身边一切可以利用的东西，帮助自己摆脱困境。"于是他勇敢地走到宇宙飞船外，维修好了飞船，安全回到了地球。

在青春期这样一个特殊的阶段，李老师传递给我的，以至影响我的人生选择和对孩子的教育的，就是保持对这个世界探索的好奇心。

现实版的"中国机长"

尽管当年我就知道吴镝的优秀，但也没有想到后来他成了中国国际航空公司的一名飞行员，当上了机长。

吴镝高中毕业考入了中国民航飞行员的"摇篮"——中国民航飞行学院，以"大学英语六级""国家计算机二级""飞行翻译"（民航专业英语最高级别）的优秀成绩到了航空公司。

去年，电影《中国机长》火了。我也被舆论"裹挟"走进了电影院。

当天，我在我的微信公众号"镇西茶馆"推出我的观后感——

惊心动魄，扣人心弦。

这是我看《中国机长》时的感受。

根据真实事件改编的电影，按说已经没有了悬念，但电影依然拍得让观众的心提到嗓子眼儿。我个人认为，至少在这一点上，《中国机长》总体上说是成功的。

无论电影评论，还是飞机驾驶，我都是外行，因此我无法从专业的角度写所谓“影评”，但机长刘传健（影片中名为“刘长健”）给我最深刻的印象是他高度的责任心、非凡的心理品质和精湛的专业技能，这些飞行员至关重要的必备素养，让刘传健创造了史诗般的奇迹。

张涵予演的刘长健很是有硬汉气质，但其实真实的刘传健朴实温和，宛如邻家大哥。但这样的真实更让我感到亲切可信。

不过，要说高度的责任心，恐怕几乎所有飞行员都具备——谁不愿意安全地返回地面呢？但是，如果同样都具备责任心，却没有非凡的心理品质和精湛的专业技能，那就叫作“心有余而力不足”，遇到同样险情恐怕就只能是机毁人亡。

那么，除了责任心之外，心理品质和专业技能相比，哪个更重要呢？我想还是专业技能。技能越高超就越自信，越自信就越冷静，心理状态自然就越好；心理状态越好，技术操作就越沉着从容，最后必然战胜险情取得成功。刘传健就是这样缔造“民航传奇”而成为“英雄机长”的。

所以，说来说去，实力决定一切。这里的“实力”，就是指过硬的专业本领。

我想到了教师。应该说绝大多数教师都是有责任心的，但不一定有与责任心相匹配的专业技能。有的老师真心爱教育爱孩子，但上课一塌糊涂，成绩目不忍睹。这样“好心”地误人子弟，真是可悲。所以我多次说过，爱心，一定要体现在教育智慧上。

刘传健机长最后说的三句话适用于所有职业：“敬畏生命，敬畏职责，敬畏规章。”

教育也是如此。敬畏生命，就是善待每一个成长中的孩子，呵护他们的精神世界；敬畏职责，就是要以小心翼翼甚至战战兢兢的谨慎对待每一堂课和每一份作业，做一个纯粹的教育者，教育就是你的唯一，就是你的天；敬畏规章，就是严格遵守教育法规，不要以“好心”为由去触碰一些底线和红线——近年来这样的例子是不少的，但每次舆论都同情违法的老师，总说他们是“好心”“负责的老师”。

看来，对教育来说，仅仅有爱心，的确是远远不够的。

看了电影《中国机长》后，我想到了我的中国机长吴镝。

我和他在微信上聊《中国机长》这部电影时，他说："艺术永远是来源于生活而高于生活。虽然在某些情节上为了剧情的需要，做了改写，但整个片子体现出了民航人的职业操守。从丢家舍口参加航班飞行，到飞机上乘务员不被旅客理解，最后地面空中通力配合，让航班安全落地，无一不在展示民航人默默奉献、勇于担当的精神。应该说，片子写出了民航人的'精气神'。只是，如果我是编剧，可能剧本还会精彩一些。"

我说："你也是机长，如果你来编剧，会怎样写呢？"

他说："如果我写剧本，会这么写：民航业的特点是千锤百炼终成钢，因此前面会写一些训练场景。我们有句话，叫'把模拟机当真飞机飞，把真飞机当模拟机飞'，是什么意思呢？就是飞模拟机训练的时候要严肃认真，不要认为它是'假飞机'就不以 100% 的心态和标准去对待它，对待模拟机训练要像真实航班一样。而真飞机遇到故障，要像飞模拟机一样临危不惧，就像电影里说的'我们是经过严格的训练'的。所以剧本最前面应该是模拟机训练和机长成长的渲染，然后在遇到这次事件时，让机长想起了模拟机那些场景，千百次的训练才有了这一次的化险为夷。"

这真是专业人士才能有的角度。

其实，在 2018 年川航 3U8633 号飞机克服险情成功着陆后，吴镝就以相当专业的素养写过一篇文章《川航上演生死备降，川分机长为您权威详解！》，在网上广为流传。

最重要的还是高度的责任心

我跟吴镝说了我看了电影的感受，说了"责任心大家都有，但最重要的还是非凡的毅力和高超的技能"的观点，然后问他："你遇到过类似的险情没有？"

他说："我飞行了 12 年。大的险情没有遇到过，小的险情还是有遇到过的。飞行是一个细致的工作，它塑造了我的性格。需要精益求精、严谨和有敬畏之心。这就是为什么片子最后会讲到敬畏生命，敬畏规章，敬畏职责。所以恰恰相反，飞行员最重要的不是非凡的毅力和高超的技能，而是持续的高度的责任心。毛主席说过，做一件好事容易，做一辈子好事难。飞行员也一样，保证一天的安全容易，保证一辈子的安全难。"

和我的观点不同，他认为最重要的还是高度的责任心。我理解他。

他说："航空业是一个与生俱来与风险打交道的行业，只要飞机在天上，就一刻都不可以掉以轻心。因此每一个航班，我都认真准备、仔细检查，上飞机和乘务员事无巨细地交代，以确保航班中遇到紧急情况时万无一失。为了在航空安全管理上进一步提升，在工作之余，我攻读了电子科技大学软件工程硕士，拿下了自己的第一个硕士文凭。"

我为他不断挑战自己而感到高兴。

我让他发几张他身着飞行员服装的照片给我看看："最好是在驾驶舱的工作照。"结果他说："我没有在驾驶舱拍过工作照，因为我认为，驾驶飞机是一件很严肃的事。"

我一下有些不好意思了，这事儿在我们看来"很好玩"，在他看来却是"很严肃"。这就是对职业的"敬畏"。

但他发了几张他和孩子们在一起的照片，他解释说："这几张照片是我给小朋友讲有关航空的科普知识。"

照片上，身着制服的"吴镝叔叔"正在和小朋友们讲述着。看着那些天真无邪的小朋友，我眼前浮现出当年也是"小朋友"的吴镝那同样可爱的样子。

"当我们从'平凡'想要去创造'非凡'的时候"

在我看来，吴镝在飞行事业上已经非常成功了，但他依然在寻求突破自己。

2016 年年底，为了寻求个人的更大发展，吴镝递交了离职申请。离职后跨入保险行业，从一线销售做起，创新地将航空公司风险管控的理念运用于金融风险管控中，获得了客户的认可。取得了保险行业最高荣誉 MDRT

（百万圆桌超级会员）以及华人保险最高荣誉IDA国际龙奖的成绩。

2019年1月，吴镝取得RFC国际认证财务顾问师证照。2019年7月，取得国家一级理财规划师证照，并作为合伙人，成立了自己品牌的“财富管理办公室”。

2019年9月，吴镝参加全国联考，被北京大学光华管理学院工商管理硕士专业录取，目前正在北大攻读自己的第二个硕士文凭。

他在微信上这样写道——

可能有人会问，你这样努力“奔跑”是为了什么？我的答案是：青春期的那一堂课，让我明白了解这个世界，方法有很多种，阅读、行走、尝试、思考、失败，都是途径，当我们从“平凡”想要去创造“非凡”的时候，这个过程已经足够成为孩子的榜样，以及一辈子可以诉说的财富。感谢李老师带给我的成长！

想到当年刚进初中在班会上拉小琴的小家伙，我问吴镝：“你现在还拉小提琴吗？”

他在微信上发给了我几张照片作为回答。照片上，他和一群帅小伙子正在舞台上演出，吴镝正十分投入地拉着小提琴。

他非常自豪地对我说：“那一年，我带领我们乐队——这是中国民航唯一一支由一线飞行员组成的乐队，夺得‘国航达人秀’总冠军。”

2018年8月，我在成都市玉林中学上退休前的“最后一课”，吴镝专门赶来听课。他专注的表情，让我又看到了当年的他。但又不是当年的他，因为现在吴镝已经成熟，而且一直在飞翔。

2020年4月3日

付锐："我的心永不言败"

"你的历史和地理成绩只能以零分计"

2003年6月，我在苏州大学博士毕业。回到成都，市教育局把我安排在教科所任教育发展研究室主任。但我实在是不习惯于坐办公室，便多次向领导提出，让我回学校去。

于是，2004年3月24日，成都市教育局把我调到了成都市盐道街中学外语学校。到了学校，我对校长的第一个请求是："请让我当班主任。"

于是，当年8月，我担任了学校高一（3）班的班主任兼语文老师。这是我博士毕业后带的第一个班。付锐就是这个班的学生。

付锐高一时和我合影

当时我的确是把这个班的每一个学生都当作科研对象来研究的，所以每天晚上开车离开学校后，我便把车停在路边，在车里写当天的教育实录和思考，短则三五千字，长则上万字。

关于付锐的成长故事，我打算以当年我的教育日记（片段）来呈现——

2004年8月20日　星期五　晴

军训已经几天了，烈日下的暴晒，很多孩子都忍受着艰苦，依然精神抖擞。可付锐总是一副不振的样子，本来就黑的脸，被晒得更黑了。常听到他唉声叹气。让人感到他的烦躁不安，比较颓唐。

中午再次找他谈心，鼓励他，他话不多，也许他本来就不太爱说话吧。但他的表情告诉我，他心里的郁闷并没有消除。

付锐是以优异成绩考进来的，因为他分数高，学校还给他免了学费。没想到他给我的第一印象并不太好。

也许他适应要慢一些，过几天就会好起来。

2004 年 9 月 8 日　星期三　阴

开学一周了，付锐的精神状态依然不够振作。

看了看他写的随笔，流水账一般，明显是应付。从书写和语言看，他的作文水平不太理想。不过他的数理化成绩不错。无论课堂学习，还是课后作业，他都很自觉。

付锐也没有明显违纪。他不太说话，很少看见他和其他同学说笑打闹。性格好像比较内向，不够活泼。

2004 年 9 月 18 日　星期六　阴

早晨我在食堂吃饭，付锐和几个男生纷纷坐在我身旁。闲聊中，我问同学们昨晚的寝室纪律怎样，他们都说很好。

但付锐说："李老师，昨天晚上寝室又拉闸了，我们连灭蚊器都无法用，你看我眼皮上被蚊子咬的包块！"我一看，果然。

他又开始抱怨："半个小时根本不够我们洗漱，还有最近作业太多，想在寝室里做作业，可到时候灯就关了。睡在床上还要被蚊子咬！"

我当即表示，今天我一定向学校反映这个问题，争取解决。

2004 年 9 月 29 日　星期三　晴

吃午饭和付锐坐在一起，随便聊了聊。

问他开学以来对班上同学感觉怎样，他说："很好。女生不太了解，但我班男生都很团结。"他举了好几个例子，说明同学对他的帮助。

我说到国庆放假后班里的班干部选举，问他有没有想法，他说没想过。我便鼓励他试试，他表示下来想想。

或许通过竞选班干部，能够激发他的热情。但愿。

2004年10月8日　星期五　阴

晚上，班干部竞选正式开始，先是竞选者的演说。

付锐亮相了，他说："说实话，我不是那种爱说话的人，刚到这个班也没有想到过我在一个月之后会竞选班干部，但是，一个月来，我真切地感到我们班的同学太好了！我们班太好了！这个班的团结让我特别感动，感到自己生活在这个班很幸福！我真心想为这个班做点事情！"

投票结果，他得票数第三，自然当选为班委，分工负责宣传文娱。据说是因为他会吹萨克斯。

2004年10月21日　星期四　阴

应该说付锐工作还是挺负责的，宣传委员主要是负责教室里的板报，但毕竟板报不是每天都要出的，文娱活动更不是每天都有的，所以他的事儿并不多。

晚上找他谈心，鼓励表扬了他。同时给他加了一个任务，管理班级纪律。他表示同意。感觉他看似老成，其实还是很单纯的。

2004年11月16日　星期二　晴

半期考试中，有一个女同学作弊了——她在历史和地理考试中，偷看了同桌付锐的试卷。关键是，付锐并不是毫不知情地被看，而是主动配合让她看自己的试卷。

一问付锐，他承认了。我先表扬了付锐此时的诚实和对李老师的信任，但同时很严肃地批评了付锐："你帮同学作弊，也是在作假。"他表示认错。

我说："你所犯错误的性质和作弊一样的。因此，你的历史和地理成绩只能以零分计。"

他有些吃惊，脸色很不好看。

"既然犯了错误，就要勇于正视，并承担相应的责任，这才是男子汉！"我说，"不过，请相信李老师，我绝不会因此而把你当作坏学生。你现在在我的眼中，是一位犯了错误的好同学！"

他看了看我，然后很诚恳地说："我接受李老师的处罚。"

李老师的作用，是和你们一起学做人

2004年11月19日　星期五　小雨

我给德育处汇报作弊事件的处理时，强调了付锐认错态度很好。但德育主任说："他犯的错不止作弊，前不久我逮着他吸烟。"

这倒有点让我感到意外。

他说："也是发生在半期考试期间，我上厕所偶然发现他在里面吸烟，便批评他，他当时非常后悔，态度很诚恳，说自己给班上丢脸了。看得出来，他非常在乎集体荣誉。后来他主动给我写了一封信，希望我原谅他，还求我别告诉你。"

既然如此，我就不用再找付锐了，也不想让他知道我已知道这件事。不仅仅是为了不"出卖"德育主任，而是我觉得既然付锐已经认识到错误，我没必要再找他了。

有时候，班主任也需要一点儿糊涂的，哪怕是装出来的糊涂。

2004年11月22日　星期一　阴雨

虽然我不会再去追究付锐吸烟的事，但这几天我一直把他挂在心上。

今天看他上周写的随笔——

进入高中以来，我的所有思想，都在进行着翻天覆地的变化。首先是为人，都感觉到以前我还不算个人。其实现在我也不是一个完整的人。我还处在学着、尝试着做人。而对于怎样做人，我还没有资格发表言论。因为现在我接受的新思想太多，但还没有一个明确的中心，就像盘古开天地之前那样混沌，一切可能会的，即将有的事物，能量正在孕育。

付锐说他过去不是人，这话当然说重了，但他过去有许多坏习惯，这是事实。看得出来，付锐现在处于心灵受到冲撞、思想正在变化的过程中，有些迷惑和混沌是正常的。

他还写下这样的话——

开学以来，我的思想、我的精神主流每天都在发生着改变。围绕着纯正的思想而上下波动，李老师宽宏而博大的爱心，已经渗透到了我的内心……

在成长的路上，孩子肯定会有反复，会有一些心灵的“折磨”。所以，他前段时间吸烟，也就是可以理解的了。

我得给他一点儿时间，甚至允许他反复。成长需要等待。

2004年12月3日　星期五　晴

我从生活老师那里得知，付锐、苏畅常常在寝室里吸烟！

这次，我没有犹豫，把付锐和苏畅叫到办公室，然后把处分登记表给他们，说：“这次肯定要给处分的，因为你们不止一次吸烟了。”

放学后，我把付锐叫到教室外面，问他：“这次为什么要给你处分，知道吗？”

他说：“因为我违背了自己的诺言，我给德育主任说过要改正，但说话不算数。”

我说：“对，的确是这样！如果仅仅是吸烟，那你第一次吸烟就该处分了。但我们没有。而且德育处还原谅了你，因为你的检查感动了老师们。当时我都装作不知道，因为我相信你。可是，你说话不算数。对于中学生为什么不能吸烟，我今天不打算说了，其实你也知道的。我今天只是想对你强调，你受处分首先是因为你不诚信。但愿你能够真正吸取这次教训。”

他惭愧地点点头。

对于小学和初中一直是优等生的付锐来说，这是他所受的第一次处分，其精神打击之大，可想而知。但我觉得，他有时候需要这样的“打击”。

2004年12月10日　星期五　晴

最近一段时间，我明显感觉付锐情绪不好，很沮丧。我想再找他谈，但想到经常找他谈，也许他已经很烦了。干脆换个方式吧。

于是我给他写了一封信——

付锐：

你好！

很早就想给你写信，因为我考虑到找你谈的时候太多，可能你都烦了。还是通过写信与你交流，可能你容易接受些。

坦率地说，大半学期过去了，你的表现总体上说让我有些失望。当然，这不能怪你，因为学生嘛，当然有缺点，很正常。

我经常对同学们说：“你们以后考上重点大学或名牌大学，与我关系不大。因为你们的家庭教育、你们的学习基础、你们的勤奋以及你们的天资，使你们即使不遇上我，也可能考上理想的大学。李老师的作用，是和你们一起学做人！”的确如此。我把你们的人格成长看得比学习重要。你可能最近有些郁闷，觉得你自己很倒霉，什么事都不顺心，接二连三挨批。是的，最近你犯了不少错误，但最让我生气的错误，是你明明吸过一次烟挨了批评，你也保证了要改正，可你偏偏不守信用！你这是自己欺骗自己呀！这次教训确实深刻！如果你因此而吸取教训，那么这次处分你就没有白挨。就在你屡犯错误的这几天，我也没有把你看成很坏的学生。我至今感动于你在随笔中写的你要求进步的话，我觉得那是你的真心话。只是要把心里想的变成行动，确实需要毅力，对于你来说，有时很难很难。这也许就是成长的烦恼吧！

但你决心追求纯真的东西，这绝对没有错。我们这个时代，很容易让人迷失自己，让人们在喧嚣浮华的物欲中失去对精神的追求。读书为什么？现在很少有人想这个问题。有人说是为了考大学，考大学是为了找工作。真的这么简单吗？其实你想想，如果你不读书，就没有工作吗？我看不一定吧。如果靠父母，靠父母积攒的钱，未必就不能过上比较好的生活。

但人不是动物，显然不能仅仅满足于吃好的穿好的，仅仅满足于感官的欲求，作为真正的人，还有着纯粹精神的东西。正是因为这个原因，你们才决定考大学，因为考上了大学就可以读更多的书，而读书可以使自己的精神更加充实，视野更加开阔，在更高层次上在更深刻的意义上使自己成为“人”！

我要做的，不是代替你进步，而是在你需要提醒的时候提醒你，在你需要鼓励的时候鼓励你，在你迷惑的时候给你一点儿建议，在你取得进步的时候分享你的喜悦。

再过十几年或者更长的时间，当你长大了，在事业上取得了成功，回头看今天，你会为今天的烦恼而感到可笑，同时也为自己终于能够在人生最关键的时候战胜了自己而骄傲的！

我会时时刻刻注视着你！

祝你快乐！

你的老师朋友：李镇西

2004年12月13日　星期一　阴

早晨来到学校，便收到付锐同学的回信——

李老师：

你好！刚一进校，你就给我留下了深刻的印象。外表看来似乎有些显老，但你的话，风趣幽默深刻，你的思想如灯塔，都显示出了你的活力。我很敬佩你！

在你的教育下，我已经有许多落后的思想被你刷新，我的人生观、世界观也在起着翻天覆地的变化。可以这样说，我对人的审美，被你彻彻底底地颠覆了一次！

更主要的是，你无时无刻无处不在教我怎样做人，什么样的人才算得上一个有道德的公民，这些是我永远都不会忘记的。我想你给我带来的影响我将受益终生。

经过了吸烟的事之后，我想我更加进步了，我明白了诚信两字的含义。我吸烟也有些模仿性在里面，因为我总觉得手上拿支烟，是成熟的标志。但我现在没有这样去想了，因为成熟是一个人的思想上、行为习惯上的规律化，不是体现在抽烟上的。

李老师，你放心！我明白你已经给了我最大的宽容，我也是有血性的，我也懂得知恩图报。我一定会尽最大努力的。（向你诚实地道歉，因为回到家又抽过两支。）

语文课后，我把《杨振宁传》借给了付锐。

要战胜自己，要学会自我反思

2004年12月21日　星期二　阴

慢慢地，付锐从消沉中振作了起来，不但学习劲头很足，而且对自己所

分管的工作也很积极。

今晚上，同学们对班干部投了一次信任票，结果付锐赢得的信任票最多。

班干部会上，有个别获得信任票很低的班干部觉得委屈，付锐说了几句非常有分量的话："我觉得，我们现在不应该抱怨同学们什么，而应该问我们自己做得怎样，我们能做到哪些而没有做到！应该尽快在同学们中间树立威信！这才是最重要的。"

这几句话让我看到了付锐的成长。

2004年12月29日　星期三　阴

语文课上，付锐做值日生演讲，题目是"跨栏"。他说："体育比赛中的跨栏与人生有许多相似的地方，但也有许多区别，体育比赛的跨栏是固定的，而人生的跨栏的可变性很大。从刚出生到学会走路，随着年龄的增加，我们会经历大大小小的考试，这是不可避免的，而且考试的难度是由低到高，这也是不可避免的。以后随着年龄的增长，我们会上大学、毕业然后找工作。现在找工作的形势是非常严峻的，当然，人会遇到不同的工作，会取得不同的成绩，成年以后我们还会有婚姻家庭，有的人在这个栏架上会跨得轻松自如，有的人则会跌倒。总之这个阶段变化有些多。人生就像跨栏一样会经历许多挑战，当你用力跨过以后，你的人生就会非常精彩。有的人从栏的侧面钻过的时候，他会遇到更大的栏，那就非常悲惨了。我们应该勇敢地跨好每一次栏！"

2004年12月30日　星期四　晴

我听生活老师说付锐最近心绪不太好。

中午，我把他请到办公室和他聊了起来。

他说："我对自己总是不满意，心里有时候很烦。刚刚来这里的时候，我很不适应，所以比较心烦。最近对自己更不满意了，常常在日记中反思自己，也做了些调整。还有就是对同学特别是对我班男同学很不满意，整天只知道狂打，实在是太幼稚了。"

我说："你的烦恼，是成长的烦恼。我为你有这种烦恼而高兴，这说明你正在走向成熟。和你一样，我也感到我班许多男生很不懂事，显得比较幼稚。但是，这也是多数男孩子正常的表现，毕竟处于青春期，精力旺盛。作为你来说，应该宽容同学们，不能苛求他人。你要调整好自己的心态。"

我问他觉得自己的行为习惯如何，他说自我感觉还好。

我谈到对他的期望："付锐呀，李老师现在不把你当学生而把你当朋友对你说几句话，我觉得你的确是可以造就的优秀苗子。"我给他谈了谈我以前教过的一些优秀学生的成长，然后继续说："李老师教过那么多学生，以后还会教许多学生，不可能要求每一个学生都出类拔萃，但你应该出类拔萃！不可能要求每一个学生以后都干大事业，但你应该立志以后干一番大事业！李老师教学生有两个层次，绝大多数人我希望他们成为合格的中学生，另有一小部分学生，我希望他们成为真正的栋梁之材。李老师希望你是后者。这不是对你的偏心，而是因材施教。因此，你要理解李老师的心情，理解李老师对你的严格要求。"

在聊的过程中，付锐表现出了对现在班干部的不满，我便问他："如果同学们都拥护你，你愿不愿意承担起班长的责任？"

看似突然问他，其实我早就想过了，如果付锐能够竞选班长，即使落选，这个过程对他也是一种磨炼。

他说："我还没有仔细想过。"

我说："我建议你争取竞选班长，原因有两个：第一，为我们班，一个人应该有点责任感，通过自己的努力为班级建设贡献力量，这是一件很有意义的事，让同学们因你的存在而感到幸福；第二，为你自己，你目前的数理化成绩比较好，但能力还不全面，而未来社会需要的人才必须拥有全面的能力，这都需要现在开始培养锻炼自己呀！"

他说："我担心自己做不好。"

我给他分析道："其实现在的班委做得也不好，如果你当上班长，我可以说，只要稍微尽点力，班上就会有积极的变化，你也会赢得同学们的拥护的。"我还说："如果你真的竞选成功，我建议由你一个人'组阁'，也就是说由你确定班委成员，这样可能更好些。"

他若有所思，过了一会儿说："我考虑一下吧！"

我说："好。我会尊重你的。"

临走，我突然想到一个问题："付锐，看你的随笔写得非常棒！我想给同学们念念，激励一下大家，可以吗？"

"没问题！"这次他毫不犹豫地回答我。

2005年1月4日 星期二 阴

晚上，我拿出付锐的随笔本，对学生们说："最近，我读付锐的随笔，很是感动。当然不是说付锐现在就没有缺点，不，他现在仍然有不少问题，但是他的缺点是前进中的缺点。可贵的是，他能够自我反思。下面，我们听听付锐上周写的随笔片段。"

我开始读——

每次这个时候，我的心情总是很平静的。这个本子，提供给我一个自我的心灵交流。这很好。除此之外，我每天还坚持写两篇日记，我想这对我的写作很有帮助。现在我一天的写作量大概有李老师的五分之一吧！呵呵！还是挺骄傲的。虽然有很多垃圾文字，但都是我心灵的笔迹。我会一直写下去的。

最近我的思维似乎给堵着了，做作业老犯傻，明明很简单的题要想半天。唉，不会是我老了吧！挺恐怖的。躺在床上分析了一下，发现原因还是挺多的。比如说自己的急于求成，过分地去追求结果与效果，而忽视了过程，是一个很大很重要的原因。还有一个就是有点自我封闭的倾向了。所以特思念以前的同学，心里有太多的话语憋着，思维得不到扩散。不过唯一值得庆幸的是，我还明白在文学作品中寻找精神力量。我每次读一篇有思想和内容的文章，都能汲取很多很多有用的东西，这样最好，不然我早就崩溃了。如果以后我事业成功了，要感谢李老师给我推荐的文学作品。

面对众多的困难与挫折，我的心永不言败。每个晚上，我安静地坐在桌前，都会享受子夜最寒冷的空气，秒针最清晰的走动，台灯下，总有一句不断激励自己的话：强者不会在困难中退却。

可惜当我平静下来仔细琢磨，发现这句话也是有歧义的。不退却不代表你就勇往直前啊！所以一下子就联想到自己的学习，发现很多时候我面对困难的确没有退却，但也没有勇敢地向前大步迈进。这是阻止我进步的一个很关键的因素吧！想到一句游戏的台词——我是一个孤独的勇者！（《天王》）

虽然每天的作业都挺多的，但值得我骄傲的是我每天都坚持写日记。我记得以前有个老师对我说过："不管你以后多么忙，别忘了写日记。"这句话我牢牢记在心里了。所以我现在一个星期下来，写的东西（还不算作文）也有五千字了，呵呵！当然只有数量没有质量是不行的。我也要努力使自己的语言简洁有力。

读完后，我说："其实付锐还是有许多烦恼的，有烦恼是很正常的，从某种意义上说，这是走向成熟的体现。付锐他很爱思考，人区别于动物就是人有思想。李老师希望大家各具个性，但是在这个方面——比如一个人要战胜自己，要学会自我反思，这个应该是大家都具备的。付锐现在当然还不成熟，但他正在走向成熟。真正的成熟是做自己灵魂的船长！"

对他的竞选演说同学们给予热烈的掌声

2005 年 1 月 5 日　星期三　晴

那天晚上，我又问付锐对竞选班长的想法，他说他想好了，准备参加竞选，而且有信心获胜。

我说，你也要有思想准备，你能否当上班长，我是无法保证的，只能由同学投票来决定。打个不太恰当的比方，现在我和你的关系好比是离任前的叶利钦和普京的关系，叶利钦可以提名普京为总统候选人，但并不能保证他能够当选。我想可能还会有同学参与竞争的，不过，即使你失败了，竞选的过程也是一次锻炼。他点头表示同意。

2005 年 1 月 7 日　星期五　晴

晚上，班里搞"全班之最"的评选，结果付锐同时获得五个"最"——"学习最刻苦的同学""最稳重的同学""最负责的班干部""最有上进心的同学""最受同学欢迎的同学"。

2005年1月10日 星期一 阴雨

在上周的随笔中，许多同学都对付锐表示了敬意，说听了他的随笔很震撼，也感到一种向上的力量。我觉得我给同学们读付锐的日记，这个做法很好。今天，征得付锐的同意，我又读了他上周的随笔。让同学们再次进入付锐的心灵世界——

昨天因为停电，随笔都没写成，日记也是，心里一直都不舒服。而现在用笔在纸上跳动，我的心无比欢快。我没想到这种心灵的自我倾诉能令我的心如此喜悦。

这个星期上课虽然只有五天，但密度颇大。作业量也非常饱和，发生的事情也不少。一个就是班委的改选。这件事曾一度使我伤脑筋，但经过了李老师的多次开导引上了正轨。

所以我每天以日记的形式不断地警醒自己，我这一天中干过多少缺德的事，我要加以改正。不然我也会随波逐流的，现在这个“波”的流向已没有了以前的纯正思想，更多的是为了硬生生的大学录取通知书。

正当我合上随笔本时，突然发现我还有很多的话要对自己讲，但一开始写，竟又语塞，说不出个所以然来。唉，我的作文啊！何时何地才能为我增光添彩？

前段时间，我自己在脑海中掀起了一大股学习革命的浪潮。我正在尝试着许多全新的学习方法，在各个科目上，都有很多很多的条款。我觉得这也是一种特大的创新。有的同学可能在繁重的作业下，忘记了自己的学习方法针对他自己是否是最有效的，也忘记了一种格物致知的精神，尽管初中曾学过。这使我们仅仅是为了分数而挣扎。

真是一眨眼就到了期末，整个高中生活即将过去1/6了。时间的力量（洪流）真是不可抗拒的。一到期末，便想到了开学时的情景，李老师郑重地将一本本《爱心与教育》递给我们每个人。多么渴望再来一次崭新的开学啊！

这个学期，给我的感觉，很像在杯子下面抽白纸。速度当然很快，但纸上的确留下了痕迹，证明着你过了这个学期。在抽的同时，更有因为失误而将杯子弄倒的，那是一种对生命的挥霍。我是不敢去玩那种游戏了。

小小地总结一下，这个学期，我改变了不少。我还不敢称这种改变是进步或是退步。因为社会需要一个人所拥有的东西，我不知道是正在失去还是得到。看来我对于社会的认识还是太少了，不全面。这里也有学习的因素。压力大啊！但我能保证的是，我在这个学期中，的确锻炼了自己的心理素质、承受困难的能力，以及提高了自己对众生世缘思考的能力。

2005年1月11日 星期二 阴雨

竞选班长的活动如期开始。在第一位竞选者杨晓梅演讲结束后，付锐拿着演说提纲走上讲台：“首先我要反驳杨晓梅的一个观点，就是纪律问题。这几天我们纪律有了很大的变化，还有男生狂打的问题也大有改善，现在大家的兴奋点都转到了五子棋上。昨天我以为第三节自习课纪律会不好，还想这是我发挥作用的时候，但是第三节课纪律很好，很感谢大家对我的支持。好，现在我开始我的演说。如果我当上班长，我有三个基本思想。第一，要保证每一个同学的利益和权利，无论男同学还是女同学。同学之间利益冲突，我应该调节平衡、处理公正，还有同学与老师之间的事情，我也要协调好。这样有利于班上的发展。第二，班干部的职责是提供服务，要对同学提供最好的服务，让同学在班级有更好的发展，创造更有利于学习的环境。第三，对于生活委员，如果我当上了班长，我一定要选好生活委员，不能让一个同学在最后时期生病，生活委员要关心到这一点。我希望大家认可，但是无论大家是否认可，我都希望大家在最后两周鼓起勇气度过黎明前的黑暗——期末考试！”

同学们以热烈的掌声对他的竞选演说做了很好的评价。

裴丹第一个提问：“如果说你当上了班长，但是我们班还是出现了狂打的现象，你还敢不敢阻止？”

付锐说：“这一点我很有信心，我相信男同学会支持我的！”

黄泳问：“在你当班长期间，你会采取哪些措施让我们在学习生活方面更丰富？”

付锐说：“我想下学期在班级内部组织一些小的团社，比如五子棋社、跆拳道组等。”

王楠楠问："大家都知道你不爱说话，和同学沟通比较少。如果当上班长怎么办？"

付锐说："我这几天已经在改变，如果我当上了班长，一定努力去改。请大家相信我！"

我问了一个问题："假如说遇到这种情况，同学们有强烈要求做某件事，但李老师不同意，也就是说发生了冲突，你站在哪一边？"

付锐说："这个要看具体情况。如果是侵犯到了同学的权利，我一定会维护同学的利益，一定会向你发难。"

接下来，是庄严的投票程序。每一个同学都在选票上写上自己所选中的人的名字，然后把选票折叠好交给计票员同学。

然后是唱票时间，最后是计票……

选举结果：付锐当选为班长。

付锐站了起来："我，我很激动！我很感谢大家的支持，我想以后的工作有大家的支持，我们一定会做好！"

我说："我想强调的是，付锐是大家选出来的，这个班长不再是付锐一个单个的人，而是我们班集体意志的象征和代表。李老师都不敢得罪他，因为得罪他，就是得罪全班同学。当然，我不是说如果付锐犯了错误我不敢批评他，该批评还得批评，而是说他如果代表全班向我提意见或建议，我肯定不敢小视，因为我会感到我是面对着全班同学！同样的，同学们也要服从付锐的管理，如果你不服从付锐的管理，就是违背了全班同学的意志。我希望同学们不要以为是在服从付锐，不，不是服从付锐一个人，而是服从全班同学的意志！"

"一定要朝最后的精神殿堂迈进"

2005年1月13日　星期四　雨转晴

中午吃饭的时候，德育主任说他看到今天早晨早读课前，付锐就站在教学楼前执勤。他不停地赞叹："不简单不简单！"

下午，我看付锐本周写的随笔，越看心里越感动，因为他忠实记录了我班同学的进步——

今天是真实意义上的我担任班长的第一天，我真是完完全全地被同学们的热情与支持所感动。很爱讲话的同学在经过我的提醒后都尽了他最大的努力控制，尽管还是有管不住的时候，但我对他充满了信心。最令我感动的还是在最后一节晚自习，因为作业，我的情绪特别差。但，当我坐在讲桌前，看着大家埋头苦干，聆听着细细的讨论声，我的心被大家所感动。最后两分钟我做了很简短的总结："大家在晚自习上表现得非常好，谢谢大家对我的支持！希望大家继续保持！"我的小结还博得了掌声。我无比喜悦。真的，我的情绪会被大家的表现所牵动。

回到寝室，我还逐个逐个寝室地提醒每个室长，要求明天早上不能有一个迟到。室长们都坚定地向我保证，绝对不会有一个人迟到的。我就更高兴了。现在台灯下的我，要怀着一颗美滋滋的心睡觉了。（1 月 12 日晚）

语文课前，付锐找到我："这几天天气实在太冷，早晨能不能推迟 5 分钟到教室？"

"可以！"我想都没想就答应了。

我应该支持付锐，让同学们知道，付锐首先是代表他们的利益的。

语文课上，我对同学们说了付锐这个请求，但我同时说："希望推迟了 5 分钟，就没有同学迟到了。"

语文课，是学习罗曼·罗兰的《名人传》序言，作者谈了他的英雄观。我也借此给学生谈了我对英雄的理解。我从罗曼·罗兰的代表作《约翰·克利斯朵夫》谈起，给同学们推荐了翻译者傅雷的"译者献词"——

真正的光明绝不是永没有黑暗的时间，只是永不被黑暗所掩蔽罢了。真正的英雄绝不是永没有卑下的情操，只是永不被卑下的情操所屈服罢了。所以在你要战胜外来的敌人之前，先得战胜你内在的敌人；你不必害怕沉沦堕落，只消你能不断地自拔与更新。

我让全班同学都把这段话抄下来，然后说："这一段话非常好。我想到付锐，本期开学，他迷惘过，彷徨过，同时他向往正直，追求崇高，经历了很艰难的心灵搏斗，用我的话来说，就是有两个自我在搏斗，但付锐没有被打倒，最后战胜了自己，这次当上班长，在我看来，是他升华自我的一次机会。只要自己战胜自己，就是了不起的人！”

2005年1月17日 星期一 阴

今天，学校广播里正式宣布，撤销对付锐和苏畅的纪律处分。同学们都给他俩鼓掌，表示祝贺！

上周的班长选举和新任班长付锐的表现受到了同学们普遍的好评。在交来的随笔中，马雯婕这样写道——

星期二就是我班的大选之日。就像布什和克里一样，前任班长杨晓梅和候选人付锐各自都要发表演说，还要进行辩论，总之竞选的过程充满民主、友善的气氛。最终付锐赢得了多数同学的支持，当选为班长。

我们班也因这场公正而民主的较量，有了新的起色。语文早自习老师还没来，赵瑞雪已在付锐的提醒下带领同学们早读，门口不时有别班的老师向我们教室张望，偶有一些老师还拉着一两个同学感受我们班的学习氛围。这些细节都让我感到作为高一（3）班的一员是多么自豪！

大选之后的新气象，让我更加感受到民主的氛围，由民主选出的班长才是属于同学的。

王晓菲这样写道——

付锐一上任，就让我刮目相看，我很高兴，没有白投他一票。

我觉得付锐很细心，很关注同学们的细节，工作也很主动，做事也很有责任感，和以前完全不一样了。这说明他在使自己更优秀，走向成熟。

2005年1月22日 星期六 晴

付锐主动把他本周写的随笔给我看。我看了之后，感叹于在如此紧张的复习之际，他仍然操心着班务工作，并不断进行自我反思。他的进步也折射着我们集体的进步——

我越来越累了。可能是临近期末，作业和测验都空前地多吧！这个星期还要考政、史、地。有较多地方我还不熟悉，恼火。有时真的好想堕落，太累了。因为学业，因为班里的大大小小的事务。幸好当上班长以来，班上的每位同学都尽了最大的努力支持我，鼓励我，我才能够坚持。

昨天在往学校的路上，我躺在车里，想了许多事情。其中之一就是把我的思想成长形象比喻了一下。在初中我的思想像人的初始状态，在爬行；后来初三时，经历了一次失败和一次成功，坐了起来；进入高中，我接受了新的理念，便站了起来。但所有的烦恼就是因为我的思想站了起来。因为我接受的仅仅是思想、理论，于是我站了起来，却不知怎样用手去应对突发事件。更痛苦的，我还不知道现在到底是该进一步还是退一步，退一步海阔天空啊！但我是很难地在思想上站起来的，而且站起来的目的是前进。于是我现在在原地踏步。仅仅站起来是可喜的，但也需更加小心，站起来再倒下去比坐着倒下去的后果严重得多啊！

下午第一节课是语文课。下课前 10 分钟，李老师给我们讲了一些有关阅读的问题。我是真的受益匪浅，李老师在看我们的作文《读 ××× 有感》，提到我们现在阅读的东西，太多太多的是垃圾文学。虽然没有坏处，但也没有好处，不能让我们的精神升华。然后李老师说出一个我未曾听过的名词：精神贵族。这同样给我很深的感触，李老师给我的影响是巨大的，"精神贵族"这四个字，让我再一次开始反省自己。我在思考着我的思想、我的精神，然后是我的行为。就像之前写到的，我的精神世界才刚刚站起来，进退两难，不过李老师的讲话，让我更加坚定地下决心，一定要朝最后的精神殿堂迈进。而且李老师的讲话更让我明白了，通往精神殿堂的捷径便是书籍。

我已下决心，在这个寒假里，多读些课外书，多去感悟生活，让自己真正地成为一个精神贵族。

真正的教育，就是教师用自己的心灵在学生的心灵上写诗

2005 年 1 月 24 日　星期一　晴

连续几天写评语。

…………

给付锐的评语：你是最让老师和同学们感到骄傲的人！本期你经历了精

神上的超越，一步步走向成熟。你曾有过成长的烦恼，但可贵的是你在沉沦与奋起的十字路口选择了奋起，并最终战胜了自己，表现出堂堂男子汉的英雄气概！你善良的心灵、正直的情怀和向上的追求，还有强烈的可贵的集体责任感，都使你赢得了同学们的尊敬。在未来的日子里，我们将注视着你！

2005年1月25日　星期二　晴

李文思同学随笔——

每次听李老师读付锐的随笔，我总是会有一种震撼。正如今天，我又一次被惊醒了。

一直以来，总以为生活就是那么一回事，安静地听课，安静地写作业。日子就在安静的忙碌中逝去了，未曾回头，也未曾思考。

而当李老师告诉我们别的同学的心路历程时，我才终于清醒了，我感到莫名的失落，悔恨之中带着几分难过。

总觉得付锐是一个很有思想的人，他总能积极地思考，然后再改进，他的人生也因而是向上的。而我呢？我总感觉自己过于幼稚了，说实在的，我真迷迷糊糊地就到了15岁，从未思考过我在做什么，也没有想过未来的路该怎样走，只是想，随缘吧，随缘吧，随缘吧！

我该这样吗？我能这样吗？

此刻，我反复地问着自己。不，我应该是积极的、向上的，不能相信天意，命运掌握在自己手中！

转眼又是期末了，又一年就这样流逝了。

回头看看，曾经感觉什么都很匆匆，匆匆地结束了中考，匆匆地开始了高一，匆匆地过完了这一学期。

看着自己装着收获的竹篓，我发现自己在精神上收获很多。“让别人因我的存在而感到幸福！”

“我们和他们不一样！”

我一直都记得李老师第一次在我随笔本上给我写的评语：“让我们一起用生命写诗！”

我想，我会努力的，我要写出同李老师媲美的诗！

对于教师来说，教育就是他生命的体现方式；而生命的最高境界就是与事业同行。我越来越感到，真正的教育，就是教师用自己的心灵在学生的心灵上写出心灵的诗篇！和学生一起用生命写诗，很美！

校级表彰名单表最终确定了——

优秀学生干部：付锐

付锐高中成长的故事其实才刚刚开始。但限于篇幅我便不继续摘录日记了。

付锐在西华大学本科毕业后，前往美国肯塔基大学读硕士研究生，然后继续在该校攻读了博士学位，现在正在肯塔基大学做博士后，从事有关机械工程、热流体力学方面的研究。

当我说我正在写他的成长经历时，他说他"深感惭愧"。但一说起高中生活，他给我写来如下文字——

经常会回想起我的高中时光。我一直都记得，第一次进入高中的时候，李老师就显得很特别。当和同学们见面了之后，我们就一起在教学楼下面照了合照。我记得那天真的是阳光明媚，现在看那张照片都觉得每个同学都是充满了青春活力，心灵单纯而又美好。我当时其实是从小城市到大城市读高中，在第一天的下午，我的很多不安和忐忑就被那个美好的下午消除了。李老师给我们的见面礼："让别人因我的存在而感到幸福。"这句话一直都还记在心里。而所有经历过的素质教育，都还记得特别清晰。我记得李老师带我们去过一个特别贫穷的五凤乡，真切地看到了山里的落后是什么样的，那里的小学生是用很旧的铁碗吃的青菜米饭；那里上学的路是泥泞的小路，周围都是五颜六色的花和树。那一次对我们的震撼远超课本和新闻上的文字与图像。

特别怀念李老师的班会课。在班会课上，主要是李老师那么真诚而富有激情，自然而然地展示出他的渊博的知识和热情。在这个氛围下，很容易把自己融入班级大家庭中。班会课真的是一种享受，因为李老师总是会用很生动和热情的语言，把一个理念讲得通俗易懂。在一个强有力而且又特别会调动集体情绪的老师的领导下，所有的同学都成了他的信徒。我们坚信李老师的理念，也愿意去感受并且实践。

感谢付锐，帮助我反思自己的教育

但成年后的付锐，现在对此有新的思考——

不管是在语文课，还是班会课，每个同学都沉浸在李老师的内心世界里。所有的同学作为一个有相同诉求的集体——希望能学习并且成为一个更好的人——开始没有任何批判性地吸收所有的观点。现在来看，如果只是老师一直在向学生播撒自己的观点，不管深刻与否，正确与否，都有可能让学生的思想变懒惰，失去客观判断和批判的能力。当思维变懒惰的时候，学生就不想动脑筋了，就失去了主动发现问题的动力。

不得不说，付锐的思考是深刻且富有力度的，击中了我教育的“要害”！

其实，当时我就已经意识到这一点，在教付锐他们这个班时所写的教育日记中，也记录着我这样的点滴反思——

现在的付锐更加阳光、自信

从表面上看，我班各方面还比较好，当然不是没有问题，但总体上说还算优秀。然而，这一切的背后，都有着我强大的精神存在。换句话说，我在对学生进行人格教育的时候，有没有无意中（甚至有时可能是有意）侵犯学生精神世界的情况呢？（2005 年 6 月 8 日）

这点我过去做得不好，比如，我过去喜欢把学生的随笔拿到班上去读，高一时我就爱读付锐的随笔，尽管我在读之前征得了付锐的同意，但现在想来仍然不妥。我那样做，无意之中给多数学生一种暗示，你们都是不行的，应该向付锐学习。这样不知不觉在让大多数学生感到自卑的同时，又不知不觉在精神上向付锐靠拢，个性就这样在我善良的教育意愿中被抹杀了。因此，从这学期开始，我坚持一个原则，绝不再在班上读哪位同学的随笔。应该尊重心灵原野的百花齐放。（2005 年 9 月 30 日）

今天通过付锐的提醒，我继续剖析——

我是不是有追求"过度纯洁"的倾向？正在成长中的孩子需要一种崇高的精神滋养，但我们不可能要求更不能强制每一个人都成为道德圣人。只要有着基本的人格底线，就应该正视并允许不同的孩子有不同的道德差异，并处于不同的道德层面。如果追求"过度纯洁"，很容易导致虚伪和欺骗的产生，而这恰恰违背了我的教育初衷。本来想进一间屋子，却无意中走进了另一间屋子。真诚却培养出虚伪，教育的悲剧往往由此发生。

感谢付锐，帮助我反思自己的教育。

付锐现在并未从事教育，但他根据其受教育经历对素质教育做出了自己的理解——

在读博后半段我才发现，其实很多能力与当年高考的分数毫无关系。比如我语文分数不高，不代表我无法正确地理解文字；我的数学成绩也不算优秀，但是我现在对数学和应用数学的理解与之前有天壤之别。总体来说，我的博士生涯还算轻松，但是在这个过程中，我认为有更多能力远远比获取知识并应用要重要得多。

我理想中的素质教育，是远远高于，但也是包括了应试成绩的。素质教育，应该包括培养学生的抗压能力，在规定的时间范围高质量地完成学习任务；素质教育，更应该包括应试的能力。素质教育更应该培养思维能力，这种能力不应该是通过题海战术来实现的，而是通过对知识反复消化吸收，由最基础的点散发式地应用。素质教育更不应该局限在语文教育，不管是文科还是理科，如果拥有高素质的思维能力，应该可以轻松地面对各种知识体系。

付锐成长的故事远远没有结束，我想到当年我给他写的一句评语，依然可以用来表达我现在的心情——

"在未来的日子里，我将注视着你！"

2020 年 4 月 17 日

邹冰：昔日的“调皮大王”如何成了我的骄傲

几乎所有“差生”的缺点他都具备了

邹冰是我 20 多年前教毕业的学生，当年，他是一个让我爱恨交加的孩子。

他显然是典型的“差生”——我不忌讳用“差生”这个词，因为他当时就是差！这么说吧，几乎所有“差生”的缺点他都具备了——违纪、打架、上课捣蛋、不做作业、成绩糟糕、不接受批评，还顶撞老师，不止一位女教师被他气哭。

刚上初一的邹冰（中）

我印象中，让我气得发抖的有两件事。一是他曾经邀约一伙男生手持钢钎到成都十九中打架，说是在那读书的表妹被欺负了，他要去帮忙，结果被扭送派出所，最后是我去派出所把他领回来的；二是他曾经把不健康光盘拿到班上传播。

所以，那时候围绕他的批评甚至大发雷霆、停课教育、促膝谈心、守着他补作业、请家长来学校，还有家访等，对我来说简直就是家常便饭，是我工作的常态。

哪天如果他没犯错误，我和科任老师竟然会不习惯：“咦？今天班上怎么这么安静呢？是邹冰没来上学吧？”

开学不久的一天晚上，我接到邹冰母亲的电话，她带着哭腔说：“邹冰到现在还没回家！”

原来，当天下班后，邹冰母亲照例到学校来接儿子。一走到教学楼前，就碰见英语易老师，易老师便把邹冰课堂违纪和不交作业的情况告诉了她。气愤之中，她便冲到教室去找邹冰，没找到。于是，她又在校园里四处寻找。结果在停车棚找到了邹冰，她控制不住自己的情绪，冲上去就给了邹冰一个耳光，并叫他就在原地等着，可等她把自己的自行车推出来时，邹冰已不知去向……

“他到现在还没回来。”电话里的邹冰母亲带着哭声说道，“唉！当时我的确没能控制住自己。其实，看到他俩（邹冰与一个同学）在车棚前鬼鬼祟祟地商量着什么时，我对他们的出走就应该有所警惕，但我仍然太大意了……”

接下来，在蓉城寒风凛冽的茫茫夜色中，邹冰父母四处寻找，我也在四处寻找直到深夜，直到凌晨，仍然没有任何线索。

那一夜，我通宵未眠。

第二天一早，我就赶到学校。令我惊喜的是，我一走到教室门口，便看到了乞丐一般肮脏憔悴的邹冰，和他一起出走的还有一个同学郭锐。原来他俩昨晚是在市中心天府广场的毛主席塑像下和乞丐一起度过的。

“嗬，去当了一夜‘毛主席的警卫员’？”为了缓解孩子的紧张，我轻松地和他俩开了个玩笑。

邹冰说：“我们完成了作业。”

嗯？这让我有点吃惊：“流浪在外，你怎么做的作业呢？”

邹冰说：“我趴在广场的草坪上，就着路灯做的。”

我竟然有了些感动，这说明孩子还是想学习的。接下来我和邹冰谈心，我引导他分析自己有哪些优点，鼓起他向善向上的信心和勇气，鼓励他战胜自己，我还给他找了一个帮助人胡夏融，以随时督促提醒他。

后来在邹冰的反思文字中，记录了这次谈话——

……我记得李老师先说：“我现在要问你们很多问题，你们必须说真话。”

我们答应了。于是他发问了："你们想不想当优等生？"我俩都点头。他又说："为什么呢？"我说："因为成绩好了作业做得快，又不会挨骂挨打。"李老师又说："既然你们有这么强的上进心，那为什么不努力呢？""就是管不住自己，对自己要求不严格。"李老师又问："那你们现在觉得自己有哪些大问题？"我说："就是学习不主动，非要家长监督。""那你们现在觉得还需不需要帮助人写联系本？"李老师又问了，我俩都决定要。

摘录到这里我想起了，刚进校我就决定给邹冰找一个帮助人随时督促他，帮助人通过联系本（后来叫谈心本）记录每天的表现。我和他爸爸妈妈都通过这个本子随时"监控"并教育引导邹冰。可他根本不愿意，觉得那样随时被管束"不自由"。我就没勉强，而是继续寻找时机。现在，他终于同意了。

我最后的几句话是："我不要求你们以后不再犯纪律错误，只是希望你们违纪的频率逐步减少；但是，对于出走，我希望你们是最后一次。"

他们表示绝不再出走，我却有意问："如果以后你们又犯了错误怕回家挨打，怎么办呢？"

邹冰说："我宁可挨打也不出走了！在外面又冷又饿又怕，比挨打还难受。"

郭锐说："我找李老师，请李老师给我爸爸妈妈打电话，他们都听李老师的。"

"好，今后如果家长再打你们，你们就给我打电话。"我斩钉截铁地说，"从此以后，我就是你们的 110！"

后来邹冰果然没再出走了，但依然错误不断。所谓"战胜自我"的方案也没坚持多久——这其实才是"后进生"的常态。那时候，老师们批评犯了错误的同学常常这样说："再这样，你差不多就赶上邹冰了！"或者说："今天连邹冰都没迟到，你怎么迟到了呢？""你这次的分数竟然和邹冰差不多了，要有危机感啊！"有一次，蔡峰同学作文里面写到我班同学参加升旗仪式如何如何庄严肃穆，也有这么一句："就连最调皮、最不服管的邹冰等人，也那么认真，也在用行动证明——我是一名爱国者。"

可见邹冰在老师同学中的印象了。

我的“常规武器”是谈心、跟他玩、表扬和鼓励

但是，别以为老师和同学都歧视邹冰，不不不，恰恰相反，我和各科老师，还有同学们对邹冰等人倾注了十二万分的热情，提供了真诚的帮助，表现出了许多智慧。

通常情况下，我帮助邹冰的“常规武器”是谈心，犯了错误自然要找他谈心，这就不举例了。没犯错误，我会和他聊天，什么都聊。现在想来，虽然我对邹冰曾经怒不可遏，拍着桌子斥责他，但我俩的感情从来都很好。

我有时候似乎是不经意地在教育邹冰，让他在不知不觉中受到触动。比如，有一次开班会课，主题是“要爱你的妈妈”，有一个环节是让同学们说说自己名字的来历。邹冰举手发言说：“我出生那天，正下大雪，天很冷，所以爸爸就给我取名邹冰。”我问：“那天结冰了吗？”他点头说：“结冰了。”我说：“所以你就叫邹冰！”同学们都笑了起来。我说：“爸爸给你取这个名字，大概是希望你记住妈妈生你时的艰难，对吧？所以，你现在可不能对你的爸爸妈妈冷冰冰的啊！”他点头坐下了。我这样半开玩笑地和他说，是因为他经常气他的爸爸妈妈，我要他从自己名字中学会懂事，学会体谅爸爸妈妈。

我还有一个“常规武器”，就是跟他们玩，包括周末去公园玩，当然这是有条件的，就是他们有了明显的进步。我经常在周末让同学们评选“进步最大的同学”，比如这个星期上课纪律有进步，作业也按时交——至少缺得不多，也很少打架，如果被评为“进步最大的同学”，好，我就带他们去公园玩，踢足球、打扑克、摔跤等。邹冰多次荣耀上榜。

记得有一次我和学生在青城山的溪水中打闹，邹冰等十来个男生围成一个圈，把我团团包围，我不幸地成了“圆心”。邹冰一声令下，他们一起攻击，用手拼命朝我泼水。我眼前一片水花，什么都看不见，真是四面楚歌，连招架之功都没有了，更别说还手之势了。而邹冰早已全身湿透，干脆一不

做，二不休，在溪中游来游去，使本来不宽也不深的溪中，多了一条可爱的大“鲸鱼”！

除了谈心和玩，还有就是表扬和鼓励。我从来认为，对“后进生”来说，榜样的力量是有限的，但表扬的力量的确无穷。我让同学们找邹冰等人的优点，只要找出一个，我就不吝表扬。那时候我要求同学们写随笔——类似于谈心本。于是，我常常在这本子上鼓励表扬邹冰。我就一个目的，唤起邹冰向上的欲望，让他相信：我是一个好人！

比如，有一次我读向启的随笔，向启写了这么一件让他感动的小事——

窗外阳光灿烂

窗外，阳光灿烂……

教室里却出奇安静。现在是星期四下午3点10分，我们正在进行着语文考试。

这个星期我坐在门边，这真是一个“有利”的地形，我可以清楚地了解每位同学开门的动作。第一个上厕所的人已经出现，是邹冰。他可是我班的头号壮士！光是看那一米七几的个子和结实的肌肉，没准你会以为他是黑社会的打手，至于开关门那更不用说了，肯定是一声响亮的“砰”，随之而来的必定是奋笔疾书的同学的抗议和李老师的一声“不像话”。

可是，我发现我错了，而且大错特错。邹冰用我察觉不到的脚步声走到门口，再用那只在校运会上创造了铅球冠军的右手轻轻地扭开了门锁，开了一条缝，闪出门去，又慢慢地拉上门，整个动作几乎没有一点儿声音！连正在思考阅读题的我都没什么感觉，更别说后面的同学了。真是好样的！我心里这样想。

然而我还是不免有些担心，为邹冰回来时担心。从理论上讲，从外面开门难度更大，万一弄出点声音，岂不打搅同学们。正这样想，忽然听见门锁很轻地响了一声，随即什么声音都没有了。过了约一秒钟，我发现门锁开始缓慢转动，那是一种什么速度啊，简直比蜗牛还慢。最后，门打开了，却只有最近的几个人知道。我抬起头，看到的是邹冰天真的笑脸。顿时，我心里涌出一种极度的欣慰感：我们的同学这样可爱！不错，邹冰在很多方面还有缺点，但正因为如此，他这种为同学着想的品质才更显得难能可贵！不仅仅是邹冰，所有的同学在很多的小事上都默默地感动着我，感动着其他人。我相信只有我们三班的同学才做得到！

猛然想起李老师常说的一句话：“生活在感动中是一种幸福。”

窗外，阳光灿烂……

这篇文章让我相当感动，我在班上全文朗读，一边读一边评论，表扬向启善于发现身边的美，更表扬邹冰不经意表现出的善良。听了我的朗读，全班同学都被感动了。

营造温馨的班风和不断鼓励“后进生”的舆论氛围

有一天，尹萍也在随笔中写了邹冰对她的帮助。尹萍说，一天早上，她骑车到了学校车库发现忘记带自行车锁了，当时又快要上课了。正在她着急的时候，邹冰来了，他的自行车上有一把软锁，因此邹冰便将尹萍的自行车和自己的自行车锁到一块。尹萍的困难便解决了。在我看来，这似乎只是一件微不足道的小事，但善良的尹萍却被感动了。她写进了随笔，结尾写道：“多亏了‘大救星’邹冰，要不是他，我真不知该怎么办才好。虽然谢谢的话我已经说过很多次了，但是在这里我还是要对你说：谢谢你，邹冰！”这篇朴素的文字又成了我在班上大张旗鼓表扬邹冰的素材。于是，尹萍一个人的感动，便被我放大为全班同学的感动。

所以说，面对邹冰，我不是一个人在“战斗”，而是有许多“同盟者”，他们是邹冰的同学，大家一起营造了温馨而充满正气的班风，和不断鼓励“后进生”的舆论氛围。还有，那时候我班有“一对一”的帮扶机制，就是一个优秀学生帮助一位“后进生”。我记得向启、胡夏融等同学都曾做过邹冰的帮助人。

同学们对邹冰真的很好。班长胡夏融的一则随笔这样写道——

窗外很冷，教室里却飘扬着轻柔的歌声。邹冰和我坐在一起，周围的同学都静静地听着，听我们唱歌。

教室里很安静，只有悠悠的歌声在萦绕，我们的心都很宁静。“我觉得邹冰好纯洁啊！”李翱突然对我说。我看看邹冰，他摇头晃脑的，完全沉醉于自己的歌声之中。我很少看见邹冰如此专注、投入的样子，也很少感到邹冰的心如此平淡如水——没有了粗俗的语言，失去了无聊的疯狂。我感到，我们的心仿佛飞到了一个圣洁的地方，那里只有蓝天、白云、树木、花草，只有清澈的小溪缓缓流淌，空中的鸟儿自由飞翔……

这几天下午，邹冰总是叫我和他一起唱歌。他的声音甚至十分柔和、细腻。每当这时，我总对他说：“你有一颗纯洁的心。”他的脸红了，他有时会摇摇头，有时干脆调皮地对我一笑。但不管怎样，我喜欢和他一起唱歌，此刻，仿佛感受到他内心深处那颗晶莹的童心，于是我的心也似乎被洗涤了一番。

每当读到这样的文字，我都会给邹冰看，让他知道，其实同学们都很爱他，他其实也真的很可爱。

邹冰的成绩不好，但他又渴望取得好成绩，他的办法就是在考试时“搞小动作”。他的同桌张杨记得有一次数学测验，张杨刚交了卷要离开座位，突然被邹冰叫住了：“张杨，告诉你一件事，但有一个要求，不准告诉李老师。”

“可以！”张杨点了点头。

“记住！你千万别告诉李老师，不然，我就完了！其实，我刚才考试，偷看了你的试卷。”邹冰说道。

可张杨并不相信：“别开玩笑了。”她的确不相信邹冰会作弊。

“真的，不骗你，有几道题我真的做不出，所以……”邹冰十分认真地说着，从他的语气中显示出几分不好意思。

张杨一听这话，气极了，不顾一切地大骂邹冰：“你怎么可以这样？你太过分了！你不懂的可以问老师嘛，你太……太，太无耻了！”

邹冰见张杨动了肝火，急忙认错：“我……我，我实在是做不出题呀！在考试的时候，不懂又不能问老师。不过，我保证下次不再这样了！一定！我说话算数的。”

看着同桌认真而天真的样子，张杨忍不住“噗”一声笑了。她不知道她应该为同桌的作弊感到生气，还是为他的诚实感到高兴。

于是，以后每次考试之前，张杨总会提醒一下邹冰：“记住你所说的话。”每次考试完毕后，邹冰也会说上一句：“这次我没看你的试卷了。”

这就是可气又可爱的邹冰。

和同学们相处，邹冰也随时会给同学们带来意想不到的惊喜与笑声。他擅长做各种鬼脸。你看他，舌头顶着下嘴皮，上嘴皮向内一收，眼睛看着自己的鼻梁骨，双手握成拳头在他高高挺起的胸膛上用力地敲打着。这，就是他的拿手好戏，也是他的代表作——扮大猩猩。他是一位表演天才，大家都这么说。的确，他不时地会做出动物的样子，譬如大猩猩、猴子、小猪……

本班的体育健将、运动会功臣

因为邹冰太感谢他的同学们了，同学们对他那么好，邹冰总想有所报答，他希望自己能够为同学们做点什么好事。总之他太渴望为班级“建功立业”了，可他好像无法控制自己，经常违纪，成绩也老提不上去。但他也有一个班上大多数同学没有的优势，那就是他健壮的体格，他魁梧的身躯。每当学校开运动会，就是邹冰扬眉吐气的时候。他出色的运动天赋，使校运动会成了他展现才华报答班级的大好机会。

一次运动会后，张杨在班级日报中绘声绘色地描写了邹冰的赛场风采——

“五号，邹冰！”裁判员大声地叫道。

“到！”邹冰的气势也一点儿不差。他揉了揉手腕，做好助跑的姿势，两眼死死地盯着起跳板。

“预备，开始！”口令一下，只见他缓缓地迈了几步，突然加速，当助跑到最快的速度时，右脚向上一提，随之左脚也腾空而跃，全身尽力地蜷成一团，向前一冲，随之而来的便是“噗”的一声扑在沙坑里。

稍过片刻，他从沙坑中站了起来，拍了拍身上的沙土，转头向起跳板看了看，微微一笑，离开了沙坑。

“哈哈！太好了！他跳过了！”3班的“啦啦队”在一旁又叫又跳的，因为又一枚金牌属于了初一（3）班。

邹冰的体育强项显然不仅仅是跳远，还有短跑、投掷等，他都尽全力为班上夺金牌。每当这时，同学们都为邹冰欢呼，他俨然是我班的“民族英雄”！

但初二的运动会我班团体总分只得了亚军，邹冰给我写了一封短信，表达了自责——

李老师：

您好！

这次运动会我们班没取得好成绩，最后得了96分，与第一名2班相差两分，屈居第二。但这主要是我的失误，我该报的（项目）没报，没能多拿几个第一。另外，最划不来的是20×15接力，一共有三次掉棒，我自己也掉了一次，我很后悔，后悔那天中午没练，如果练了可能不会掉三次吧。我们还有一次机会，我现在下决心初三时我一定要报仇，取得最后一次运动会的胜利。

邹冰

12月15日

邹冰的自责难能可贵，但这不妨碍他在同学们心中的英雄形象，周晓竺同学在班级日报上介绍我班足球队阵容时还特意提到“9号邹冰”——

本班的体育健将，运动会的功臣。作为队长，相信他能带领全队打好每一场球。当了体育委员，希望你继续努力。

看看，邹冰的第一块招牌便是“本班的体育健将”，第二块招牌则是“运动会的功臣”。所以成立足球队，他众望所归地成了“队长”。

可“体育委员”是怎么回事呢？难道邹冰这样的“差生”居然也能进入“班级管理层”？没错，邹冰的确曾被同学们选为班干部，职务是体育委员。

话还得慢慢说。刚才说了，一年一度的学校运动会是邹冰最荣耀的时候，但这一年才一次，邹冰体验尊严和幸福的机会太少了。于是，我便开始动脑筋……

这里，我不得不再次摘录邹冰同桌张杨用第三人称写的一则随笔——

“今天没有按要求完成作业的同学，把作业重做一遍，再写份检查，明天早自习前交给邹冰吧。”李老师把任务交给了邹冰。“啊！”邹冰激动得都快从椅子上跳起来了。大家都莫名其妙地盯着他：他怎么会那么激动？连他的同桌也不知道原因。

第二天一大早，他第一个来到了教室，要知道他从前一直是“迟到族”中的一员。可他今天怎么会那么早就到校呢？只见他坐在了自己的座位上，拿出笔和纸，在纸上工工整整地写下了昨天未完成作业的同学名单，并且还画了一张表格，第一格是“作业”，第二格是“检查”，第三格是“准时交”。哦！看来他是在为李老师交给他的任务做准备。

同学们陆陆续续地来到了教室，没按要求完成作业的同学也陆陆续续地把作业和检查交到邹冰的座位上。邹冰一面念念有词：“请不要急，不要乱放，请把作业放在左边，检查放在右边，女士优先！”一面认认真真地开始检查完成情况：“冷欢，过来！过来！你怎么少做了一道小题，快把它补上。”就这样，邹冰忙过来，又忙过去，终于忙完了一个早自习。瞧，邹冰正在做最后的清理工作，那一脸的认真，嘿！可真是少见。

张杨在一边问他：“你接受李老师给你的任务时怎么那么激动，工作怎么会这样认真？是不是吃了什么兴奋剂之类的东西？”邹冰一下子停住了手中的活，十分认真地说道：“从小到大，我一直在班上是倒数的‘差生’，幼儿园、学前班、小学……一直是这样，没有老师的信任，没有同学的全力支持，只有老师的冷眼和同学的不理睬，除了我的几个哥们儿听我的话，此外，我没有任何权力。可现在不同了，上初中后，我对自己有了信心，我相信我能学好。李老师给我的任务，我一定要好好地完成！你晓不晓得，这个任务对我来说是多么重要！”说完便又开始工作。

张杨在一旁听着，出神地听着，她的心在颤动，她被邹冰的真诚和坦然感动了。此时，在她眼前的是一个纯真、向上的男孩。她为能成为他的同桌而感到快乐。因为她坚信，在这世界上没有比真诚、坦然、纯洁、向上更重更有分量的东西了。

作为班主任，看到邹冰这么认真地为同学们服务，我决定给他创造一个机会。一天上课，邹冰刚好请了病假，我便给同学们说了我的想法："邹冰很想改正缺点，但他需要一个约束，同时他希望为同学们服务，他需要一个机会。我请同学们在班委换届时能够投邹冰一票。"我这么公开为邹冰拉选票，就是想给他一个展示的平台。

我班的班干部都是轮流担任的，一学期一届，到时候就换届选举。那次换届前，我和邹冰谈心，他也表达了想当班干部的愿望，但就怕同学们不拥护。我说，你好好准备一下演说，你有一个别人不具备的优势，就是你的体育特长，你可以竞选体育委员嘛！他开始有些信心了。第二天，他把写好的竞选演说稿子给我看。虽然通篇病句错字不少，但感情真诚，也比较有条理。我给他改了改，让他背下来。

果然，在班委选举中，许多同学都投了邹冰的票。这样，他便如愿当上了体育委员。所以周晓竺在班级日报中对他说："当了体育委员，希望你继续努力。"这也是全班同学的期待。

全班同学都不同意我的惩罚措施

切莫以为一个"后进生"只要当上班干部就脱胎换骨了，教育没那么简单。当然，邹冰当上班委干部后，工作是很尽力的。每次课间操整队他都非常认真，下午课外体育锻炼时间，他也很积极地组织同学们参加。但他上课违纪的老毛病却一直改不了。

一次周五放学后，班长胡夏融特别难受，因为邹冰那一周的课堂纪律一点儿都不好，严重影响了同学们学习，也让老师很生气。胡夏融难受的是，自己作为邹冰的帮助人没能管住他。胡夏融严肃地批评了邹冰。邹冰很真诚地对胡夏融说："我真的错了，很后悔。请你相信我，下周我一定要改正，上课绝不说闲话了。"

不能说邹冰这个表态不真诚，但这样的表态不止一次了。我知道他并非有意说话不算数，而是自控力太差。但他现在是班干部了，对他应该有更严格的要求。我决定给邹冰一个惩罚。

周一中午，我专门找邹冰谈心，从班干部的角度指出他违纪对班级的危害性，我说：“如果你是一般同学，我们可以再次原谅你，但你现在是班委干部了。如何给同学们做出榜样呢？假如这次再原谅你，同学们会怎么想呢？”邹冰承认自己错了，说：“李老师，我愿意接受任何处罚，不会有半点怨言！”

给他怎样的处罚才能“击中”他的心灵呢？当天下午我班将去体育公园活动，我班足球队将和另外一个班比赛。邹冰作为足球队队长，如果不能去参加比赛，这对他来说，是非常“残酷”的。好，就这样。想到这里，我对邹冰说：“我决定对你的惩罚是……”我停顿了一下，咬了咬牙，继续说：“今天下午你就别去体育公园参加足球比赛了，你就在学校教室自习。”

他愣了一下，然后点头：“好，我认罚。”

我突然意识到，我这样做，只是我个人给他的惩罚。集体的因素何在呢？为什么不把这次惩罚转为集体对他的惩罚呢？

于是，我又说：“当然，这只是我个人的想法。下午再征求一下同学们的意见，如果大家都不同意李老师的想法，那你就去参加比赛吧！但如果同学们都认为应该给你这样的惩罚，那你还是得服从。”

邹冰再次点头：“好！”

下午上课前，我讲了邹冰上周课堂频频违纪的情况，并说了我的惩罚设想。我说：“但是我在想，邹冰不是我李老师的，而是我们这个集体的，大家都很关心邹冰，平时给了他很多帮助。因此，他这次犯了错误，应该不应该受到处罚、应该受怎样的处罚，都应该由我们这个集体决定。我现在想听听同学们的意见。为了让同学们能够没有顾虑地表达意愿，这样，邹冰同学回避一下。”

邹冰乖乖地从座位上站了起来，然后走出了教室。

我说：“下面我们搞个表决吧！凡是同意李老师的想法，赞成今天下午停止他参加足球比赛的同学，请举手！”

没有一个同学举手。

我又说：“不同意李老师的想法，觉得应该让邹冰参加今天下午足球比赛的同学，请举手！”

全班同学的手臂齐刷刷地举了起来。

这多少有点让我感到意外。我请同学们谈谈理由。胡夏融首先发言：“邹冰上周五下午给我说，他一定要改。我们惩罚他的目的，是要他认识到错误。既然他现在已经意识到错误了，就没必要惩罚他了，应该再给他一个机会。”

还有同学说：“邹冰今天上午每节课都没有说闲话，都很认真，这说明他真的在开始改正了。”

还有同学说：“邹冰虽然上周课堂纪律不好，但他作为体育委员，工作是很负责的。不能因为他上课违纪，就不要他参加足球比赛。”

还有同学说：“邹冰作为我班足球队的队长和主力，如果缺席，这对我班是一个重大损失，这是对我班的惩罚。”

也许最后一个同学说的最能代表班上同学的想法，我服从了同学们的意见。说实话，每一个同学都让我感动。

我说：“请同学们把手重新举起来！”

我来到教室外面，邹冰正坐在远处墙角等待着“判决”。我故意没有任何表情地说：“进教室吧！”他很想从我脸上看出结果，问：“结果如何？”我依然表情麻木地说：“进去你就知道了。”

邹冰随我走进教室，迎接他的是全班同学林立的手臂。我说：“这是同意你参加足球比赛的同学！”

那一刻，邹冰很激动。他站在讲台前，只说了两句话：“我对不起同学们！我一定要好好表现报答大家！”

20多年后的今天，我对让全班投票决定是否处罚某一个同学，有了更深入更成熟的思考，这里不展开说。总之，如果是现在，我不会采用这种方式。但毫无疑问，回到当时特定的情境看，50多只高扬的手臂，无疑对邹冰造成了强烈的视觉冲击——其实是心灵的冲击，这来自班集体而不仅仅是来自李老师的宽容，让邹冰再次感动。他的违纪，损害的是整个集体的荣誉，而现在连李老师都决定处罚他的时候，班集体却宽容了他，因此如果说要报答，的确应该是“报答大家”。

帮助邹冰的一个重要载体是家校联系本

我和同学们帮助邹冰的一个重要载体便是家校联系本。每天由帮助人胡夏融填写，主要给邹冰的爸爸妈妈写他的在校表现，同时通报当日作业，以便家长督促邹冰完成作业；同时，邹冰的爸爸妈妈也通过这个联系本向我通报他每天的回家时间和在家的表现。后来，我通过让邹冰每天在这个本子上写自己的表现，来和邹冰谈心。于是，这个家校联系本后来演变成了谈心本。

写这篇文字时，我去故纸堆里翻了翻，居然找到了当年邹冰的谈心本，看着发黄的纸上邹冰、胡夏融、我以及邹冰爸爸妈妈的字迹，我真是激动不已。这本谈心本记录了老师、同学、家长对邹冰的共同帮助，也见证了邹冰点点滴滴的进步。

李老师：

您好！

今天邹冰是 6 点 30 分回家。晚饭后，认真完成作业。按时睡觉。

家长：况莲

李老师：

您好！

邹冰今天 18：05 分回家。在家表现较好，做作业，按时起床、睡觉。存在缺点，我已批评。

邹茂强

上面是邹冰的妈妈和爸爸留下的文字。邹冰的妈妈每天都要写，有时候爸爸也写。应该说，邹冰的爸爸妈妈当年和我配合得很好，和胡夏融的配合也很好。邹冰的进步，的确和他爸爸妈妈与学校的密切配合分不开。遗憾的是，现在并不是每一位“后进生”的家长都能这样和老师配合。

李老师：

您好！

今天我表现较好，上课认真，上英语课还主动发言。

我现在很担心我的眼睛，我已经配了眼镜，75度。如果继续下去的话，飞行员就与我无缘了。

邹冰

邹冰一直想当飞行员，因眼睛开始近视而着急。我在这段文字后面的批语是："当飞行员首先要学习好！"当时他学习不够努力，虽然有了进步，但成绩依然不好。我这句话含蓄地告诉他，如果你成绩不好，就算你视力非常好，也当不成飞行员的。

李老师：

您好！

我今天表现很好，特别是课堂纪律，比以前有了较大进步，认真听讲，还能主动争取发言，积极思考。

李老师，我现在迷上了小说，原因是我有一天看了王立炜写的小说，觉得挺有趣，如果是自己写的，那就更有一番味道了。所以，我也在写，虽然我的语文不好，但我自写自看。可我对它用的心思太多了，有时上课（自习或副科）时都在写，我怕会影响学习。胡夏融也提醒过我，李老师，我该怎么办？是继续写呢，还是停止不写？我又怕放不下，我该怎么办，请您告诉我。

邹冰

邹冰的语文并不好，其写作能力显然离写小说还差得很远，但我没有打击他的积极性——要知道，他对自己有信心的时候并不多，何况他这么信任我。我的批语是："把时间安排好，抽空让我看看你写的小说，我帮你指导一下。"

过了一段时间，他的想法又改变了，他在谈心本上对我说——

李老师：

您好！

这一周我表现一般，没什么重大违纪现象，但迟到是个老毛病，就课堂纪律、作业情况来看都不错。

关于那本小说，我现在打算不再写下去，等考完试，在假期中写会使我更能发挥我的脑子，写出一些好的小说。我不再写下去还有一个原因，现在这本的内容不太好，写的是黑社会，起初我是想写警察的勇敢与机智，但写着写着就写到一边去了（要写警察的勇敢与机智，就要写出一些犯罪活动）所以不再写了。其实我这个人比较喜欢玩危险的东西，所以我就想出了三个内容，请您帮我选一个，这三个分别是：科幻、恐怖和到野外探险。

邹冰

1998 年 12 月 27 日

我给他写的批语是：“建议写探险。”

李老师：

您好！

今天我表现一般，主要是早上迟到。其他时间表现较好，特别是数学课，我主动发言，上黑板做题。

我现在发现自己的接受能力好，前段时间的数学简直一点儿也不懂，但我看了一遍书，很快就掌握了，但没发挥我的这一优势，主要在于自己没有学习动力。

今天放学后到我妈妈那里去的路上，简直人山人海，他们有的戴着圣诞老人的帽子，有的手上戴着荧光手环……看到后我真为我是中国人感到内疚。他们连自己的节（如春节）都不放在眼里，宁愿去过老外的节日，真是太傻了。

邹冰

12.24

这是邹冰在圣诞节那天写的谈心本，除了给我说他的表现，还写了自己的“优势”，这让我很感动，因为这说明他对自己有信心了。同时，他还发现了自己的问题所在，是“没有学习动力”。写谈心本也是自我反思的过程。邹冰还谈了对一些人热衷于过洋节的看法，这表现了他朴素的民族情感。

记得那次我找他面谈，充分肯定他对自己的分析，继续给他鼓励。

李老师：

您好！

今天我表现可以，上课认真，积极思考，没有和别人讲话，但有时注意力不太集中。

胡夏融到我家和妈妈交换了意见，鼓励我不要放松自己，继续努力就会取得好成绩。

邹冰在谈心本中多次提到班长胡夏融，对他的感激之情，也是他进步的动力之一。

有一天，邹冰在谈心本上给我说了很多要我“一定保密”的心里话，我在当天的谈心本上给他写道——

邹冰：

你好！

很感谢你给我说了你的心里话，这证明我确实是你的好朋友。放心，我是不会把这些话说出去的。

一个人要进步，必须经过许多痛苦的磨炼，你现在正在经受磨炼。我为你加油！只要你战胜自己，就一定能成为一个优秀学生！千万不要后退！

我的鼓励让他特别振奋，第二天的谈心本上，他这样写道——

李老师：

您好！

今天我表现较好，上课认真。课间不狂打，英语听写也合格。其实我认为赖老师对我的要求太低了，我有四个地方错了，她还说我合格，别人胡夏融只有一处错了都不合格。我并不是高估自己的实力，确实如赖老师对我要求不严格的话，我可能就只满足于那一点，所以麻烦你帮我给赖老师说，我以后的听写如果错了三处就不合格。

本来我和科任老师对邹冰适当降低学习要求，是一种“因材施教”，也是为了增强他的学习信心，没想到邹冰却认为老师对自己“要求太低了”。我太高兴了！给他写了五个字：“很有上进心！”

“我要对得起李老师”

拙著《爱心与教育》的出版，引起了许多媒体对我和我学生的关注，一时间采访者多了起来。中央电视台《读书》栏目打算就我的《爱心与教育》做一期节目，把该书推荐给全国观众。在和主持人聊我的各类学生的时候，自然聊到了邹冰。我决定把这次访谈也当作一次转化邹冰的机会，于是我便有意让邹冰“出镜”。面对摄像机，他读了他写的随笔：“李老师：你好！我认为我今天表现一般，犯了一个错误——在走廊上追逐，作为班委，我应该带头遵守班规。其他方面我觉得还可以，无论是交作业、上课纪律等方面，都还不错……”

主持人和编导参加了我们的一次户外活动。在望江楼公园，邹冰和我在竹林里疯狂打闹，完全忘记了主持人和编导的存在，他放肆地朝我发起偷袭，一把将我推倒，使我四脚朝天仰面躺在地上，然后从地上爬起来向他扑过去，几个回合下来，他被我死死地按在了地上……

后来节目播出后，观众反响热烈，电视台又重播了。我对邹冰说：“你看你都上了中央电视台了，全国观众都认识你了，是‘电视明星’了。大家都看着你呢！你要更加有进步啊！”

一次，北京《中小学管理》杂志的沙培宁老师专程从北京来采访了我两天。结束采访时对我说：“今天中午，我到你班教室里去，随便找了几个孩子聊天，有一个叫邹冰的孩子对我说：‘同年级的其他同学都很羡慕我分在李老师班上。我也觉得很幸运，因为我在小学表现也不好，但我从来没有遇到过像李老师这么好的老师。我犯了那么多的错误，李老师还是对我这么好！’”

后来沙老师写了一篇《一位苏霍姆林斯基式的教师》，发表在《中小学管理》杂志 1999 年第 5 期上。文中专门写到对邹冰的采访——

真没想到，李老师班上最大的“闹将”竟是那么热衷于参与我对李老师的“调查工作”！一个叫邹冰的男孩，到李老师班上不久便离家出走。后来，在李老师多次“全方位”的关怀与帮助下，他被大家评为“进步最大的同学”，并当上了体育委员（当然还时常有反复）。邹冰对我说："我最佩服李老师不歧视'后进生'。我每次犯错，只要承认错误，他都原谅我，并给我改正的机会。现在我觉得有心里话跟李老师说最保险！因为家长不理解我，就知道问我的成绩，而李老师不仅关心我的学习，还关心我的其他方面。他总是对我说：'做人第一，学习第二。'我要对得起李老师！他还特别喜欢带我们出去玩，和我们一起摔跤，打成一团。""他是不是像你们的朋友？"我插了一句。"嗯，是好朋友！"他把"好"字咬得很重。

《今日中学生》杂志要我为他们推荐几个孩子拍封面，我推荐了胡夏融、邹冰等同学。于是，我们的邹冰，成了《今日中学生》的封面人物！

很难说邹冰的进步是从什么时候开始的，因为他不是在一个早晨完成转变的，也不是进步之后就"浪子回头金不换"了。不，三年中，他断断续续一直犯错不停，同时也一直在进步。用我少年时读的哲学普及读物上读的一句话来说，叫"波浪式前进，螺旋式上升"。

初三时，班上成绩好的同学每天晚自习后都留下来给邹冰等成绩不好的同学补习，这让邹冰很是感动。他在随笔中写道："如果我有了进步，首先应该感谢这些为我辅导的'小老师'，是他们使我的成绩有了进步。他们的成绩很好，本来可以不上晚自习，可以早点回家，给自己更多的时间学习，可他们却主动给我辅导，牺牲了自己本来就不够用的时间来帮助我们取得进步，这样的精神实在是太令我感动了。"

在我班的班级史册《花开的声音》中，邹冰写了对未来的幻想——

2010年9月10日，我驾驶飞机来到石室中学。我到办公室找到了李老师、徐老师、熊老师和赖老师，他们都认不出我了。"是邹冰！"还是李老师最先认出我。我和老师们闲聊了一会儿，突然想起怎么没见到方老师呢，李老师说方老师正在上课。于是，我跑到教室窗口外面等她。下课了，方老师出来了。她虽然已经人到中年，但仍然很漂亮。我向她问好："方老师好！"她没认出我："你是……"我说："方老师，我是邹冰啊！就当年上数学课把您胃都气痛了的邹冰啊！""哦，是邹冰呀！"她笑起来了。我说："我今天特意来向您赔礼道歉的！我还要接您和其他老师一起去玩呢！反正今天是教师节，你们下午不上课。”于是，我用我的飞机载着老师在空中转了好大一圈，玩得非常高兴。最后，我送了一套西服给李老师，送了赖老师一根高级领带，其他几位女老师我也各送了一套漂亮的时装。老师们都很惊讶，想不到当初那么调皮捣蛋的我竟然还会想起他们。

全班同学都知道邹冰的理想是长大后当飞行员。呵呵，现在邹冰居然幻想以后开着飞机回母校！想象力真是丰富。不过，这个想象表达了他美好的愿望。当时我在班上读了这段文字，同学们都笑了。但这不是嘲笑，而是真诚的祝福。

实际上，邹冰是在毕业前提前离开我们集体的。因为他成绩的确不好，父母想让他降一级多读一年初三，便把他转回老家雅安。我记得那是2000年4月5日晚上，邹冰专门来我家向我告别（写到这里，我的鼻子开始发酸）。我当时送他一本《朱自清散文全编》，在扉页上写道——

亲爱的邹冰：我永远注视着你。愿下次见面，我们还能摔跤、斗鸡。

你永远的朋友李镇西

后来我和他基本上没有联系了。他继续读书，我也去了苏州读博士。大家都很忙。

“只要每天能够在校园里看见李老师，我就满足了”

四年后，已经在盐道街中学外语学校任教的我，突然接到邹冰的电话，说他高考落榜，现在一所学校补习。他听说我在盐道街中学外语学校之后，就和爸爸妈妈说，想转到我学校来补习。“我真想再做李老师的学生！”他说。

我却告诉他，我现在教高一，就算他转到我校，我也不能教他的。

邹冰却说了一句让我至今感动不已的话：“没关系！只要每天能够在校园里看见李老师，我就满足了！”

于是，我说服了校长，让他来到我校插班补习。

当时我担任高一班主任，我觉得邹冰也是我的教育资源。于是，我把邹冰请到班上给我的学生讲他的故事。

邹冰对大家说：“我是李老师教过的学生，但不是好学生，我当时各方面特别差，但李老师从来都是耐心地找我谈心，我心里感到李老师真是从心底里为我好！到现在我都特别怀念在李老师班上读书的日子！你们能够做李老师的学生，真的是一种幸运！”

说实话，听了邹冰的话，我很感动。我虽然教过许多后来考上清华北大的学生，但许多成绩并不好也没有考上大学，甚至在学校还特别惹人生气的学生，后来和我都有深厚的感情。这是我的骄傲！

邹冰又回忆了当时我们班上同学之间的真挚友情，特别谈到在我们班根本没有成绩好的同学看不起“后进生”的情况，相反，他特别谈到班长胡夏融当年对他的帮助，和临近毕业时，班上成绩拔尖的同学是如何在每天晚上为班上落后的同学补课的事儿！

邹冰的话一直吸引着大家。眼看下课时间快到了，邹冰只好停止了他的讲述，他说：“要讲在李老师班上的事儿，实在太多太多，根本讲不完！”我说：“反正我们还要在这个学校同待一年，以后还有机会请你来我班嘛！”

最后我对同学们说：“邹冰虽然只讲了几个小故事，但同学们已经感受到了李老师以前的学生是如何营造温馨的班级氛围的。我坚信，这也是我们在座每一个同学所期待的班集体，而这样的班集体一定能够在我们的努力下建成！”

同学们热烈鼓掌。这掌声，首先是献给邹冰的。

但遗憾的是，补习一年后，邹冰还是没考上大学。他当兵去了。

有一年春节期间，有人敲我的家门。打开门一看，这不是邹冰吗？他一身戎装，憨憨地对着我笑：“李老师，我来看看你！”我赶紧握住他的手把他往屋里拉：“快进来！”

他却挣脱我的手，说：“不了，出租车师傅说不熄火，等我呢！”

我一愣：“怎么回事？”

他说他今天探亲刚回成都，一下火车便上了出租车准备回家，但他叫司机先绕行到我家，说要先看看我再回家。于是，司机便在楼下等他。

我说：“哎呀，邹冰，来都来了，就坐一会儿吧！”

他却一边退着走，一边对我说：“不了，我看到李老师了。我得走了。过几天再来看您！您多保重！”

“李老师没有放弃我，找到了一种适合我的教育方式”

再后来，我和邹冰联系就少了，但时不时也想到他。

有一年，我听说他在国航工作，便设法给他打电话，我刚说：“你好，是邹冰吗？”

他一听我的声音就激动起来：“是李老师！我一听就是李老师的声音！”

我俩都很激动，便聊了起来。

他现在果真在国航工作。我问他：“是在开飞机吗？”

他说：“不，先是做值机，现在做调度。”

我跟他开玩笑：“也不错，毕竟每天都可以看到飞机。”

机场邂逅工作中的邹冰

我问他是不是当兵回来后便到国航了，他说：“不是。我当兵回来后，通过函授拿到了电子科大本科文凭。先在电信工作，后来才到的国航。”

“电子科大本科”“国航”……退回十多年前，我无论如何不会把这些词和邹冰联系在一起。

2017 年 11 月，苏霍姆林斯基教育思想研讨会在成都举行，大会邀请我做一个演讲。我确定的题目是“教育要有儿童视角”，我想讲讲邹冰等学生的成长故事。

在准备演讲提纲的时候，我给邹冰打电话，想征得他的同意。他毫不犹豫地说：“可以呀，没问题！”

我突然产生了一个想法，便问他：“我演讲那天是周末，如果你没其他事，也听听吧！”

他还是毫不犹豫：“好呀！我一定去。”

演讲那天，我一边讲邹冰的故事，一边把他当年的照片、作业、我和他的书信交流……一一打在屏幕上。邹冰在下面坐着，目不转睛地听着。那份专注，是我见过的他最认真的听课表情。

演讲结束后，我对数百听众说：“今天，我把邹冰也请来了！”

在热烈的掌声中，邹冰大大方方走上演讲台。

他说——

这十几年来感触比较深，非常感谢李老师对我这么关心，充满爱心！能够遇到像李老师这样的班主任，我感到非常幸运！我以前小学时身边也有很多朋友，跟我差不多，他们可能读初中没有遇到像李老师这种老师，所以，最后没有走向正轨。所以我非常非常感谢，这十几年来，包括我的家人，每次提到李老师都是非常非常尊敬的。我和李老师这种感情，不是一般的师生情了，说不清是什么感情，总之很真诚很深厚。刚才李老师讲我的事儿，我都觉得有点内疚，当年太让李老师操心了。不过，我现在还算可以，为什么这么说呢？这跟李老师当时的培养是分不开的。当时在很多家长和老师眼里，我就是一个纨绔子弟，就是一个无可救药的“差生”，但是李老师发现了我很多优点，他没有放弃我，找到了一种适合我的教育方式，让我学会了做人。李老师当时教育我的观念在我心中生根，我现在是两个孩子的父亲，大儿子已经 4 岁了，我教育我儿子的一些理念和观念，都和李老师当时教育我有密切关系。感谢李老师在我人生最迷茫的时候给了我正确的引导。谢谢大家！

下面再次响起了热烈的掌声。

那一刻，我为邹冰而骄傲，也为自己而自豪。

2013 年 4 月 1—3 日写成

2017 年 11 月 18 日补充修改

崔涛：追求爱与自由的教育

带伤参加唱歌比赛

我第一次见崔涛，就喜欢上了这孩子。

那双眼睛特别大，特别亮，特别有神，清澈而温暖，仿佛通过这双眼睛就能看到他纯净的心灵。他皮肤黑黑的，但正因为如此，那双眼睛就显得更加明亮了。我相信不只是我，任何老师和同学第一眼见了崔涛都会喜欢他的。

初一时的崔涛

崔涛是我在成都市石室中学任教时的学生。1997 年秋天，孩子们刚进初中不久，便迎来了学校的“艺术节”。崔涛报名参加卡拉 OK 比赛。说实话，我当时对崔涛能否获胜并没把握，可据从小学一年级就和他是同班同学的潘琴说，崔涛的声音很好，在小学时，就是音乐老师的宠儿，只要代表学校参加唱歌比赛，老师都叫崔涛去。于是我对他有了一些信心，鼓励他好好准备。

谁知道就在艺术节快开幕的时候，崔涛在课间踢毽球时把脚摔骨折了。同学们都在叹息，这下完了，卡拉 OK 比赛参加不了了！可崔涛说他一定要参加。但我还是不放心，问他：“崔涛，你真的行吗？要不还是换一个人吧？”

但他坚定地说：“没关系，我能唱，放心吧！”这句话让大家也放心多了。但我们还是担心他连走路都一瘸一瘸的，唱歌就更不方便了。

那天下午天气很热，卡拉OK比赛在学校“逸夫艺术楼”开始了。这是艺术节中最受欢迎的节目，礼堂里座无虚席，连过道上都坐满了人。终于轮到崔涛了。报幕员说：“下一个节目由初一（3）班崔涛表演，请听《长江之歌》。”

只见崔涛被卢星月扶着摇摇晃晃地走上了舞台，站在台子中央，他只能一只手撑着拐杖，用一只脚站着。看着他带伤参赛，全场响起了热烈的掌声。音乐响了起来，他开始唱了：“你从雪山走来，春潮是你的风采……”刚唱了两句，掌声就再次响了起来。他的声音是那样高亢，那样悠扬，回荡在大厅，震撼着每一个人的心。一曲终了，满堂喝彩。

那次是崔涛第一次在全校亮相，他为了集体荣誉而拖着伤腿登台演出的风采，征服了所有的人，更赢得了全班同学的尊敬。

崔涛的确颇富艺术天赋，他不但歌唱得好，而且还弹得一手好钢琴。我班参加学校歌咏比赛排练时，我担任指挥，他担任伴奏。这也算我和他的一次合作。

坚持帮助同学，为班集体服务

别以为他是因为成绩不好才学艺术的——如今这样的“艺体生”不少，好像学艺体是迫不得已的选择一样，真是悲哀！崔涛的成绩那可真是棒，而且不偏科，可以说是门门优秀，包括语文。他的作文在班上不算最好，但也不错，而且有时写出一些颇有灵气的句子，比如有一次我让同学们以“阳光”为内容写诗，崔涛写了这么两首小诗——

（一）

一束束阳光，
似那一根根琴弦；
一阵风吹过，
便弹奏出缥缈而又美妙的声音。

（二）

宛如金色的小溪，

在那树叶上流淌……

没有哪个老师不喜欢既聪明又纯真的孩子，崔涛正是这样的学生。他特别善良，只要是为了同学，为了班级，他随时都愿意效力。

开学第一天，我给孩子们送的见面礼是一句话："让人们因我的存在而感到幸福！"崔涛记住了。开学后，我给孩子们推荐的第一本书是《爱的教育》，崔涛同样记住了并认真阅读。有一天，他来找我："李老师，请您把安超同学安排来挨着我坐吧！"

"为什么？"我问。我感到奇怪，因为安超成绩不太好，又很调皮，如果和他同桌，学习肯定要受影响的。然而，崔涛居然主动要求和他同桌。

崔涛说："我看安超上课不认真，经常说话，或开小差，如果我挨着他坐，就可以随时提醒他。"

我真是被崔涛的纯真的爱心所感动，答应了他的请求。从此以后，不但每堂课崔涛都要提醒安超认真听课，而且几乎每天下午放学后，崔涛都要把安超留在教室里，检查他当天的功课是否听懂了，给他讲解他还没弄懂的问题。

天天如此，我更感动了。但常常很晚才回家的崔涛，却让他妈妈不高兴了，她给我打电话，要我把崔涛和安超调开，她还请我劝劝崔涛，把自己管好就行了。我找到崔涛问他是否同意把安超调开，崔涛坚决不同意，他决心继续帮助安超。我又问："是不是你妈妈不让你帮助安超了？"他说："是的，我妈妈担心我受影响。"我说："你是对的，应该坚持！我支持你！"

班上选班干部，崔涛踊跃报名，并积极准备竞选。他妈妈又打电话来了，要我劝劝崔涛别当班干部。我当然理解崔涛妈妈，谁不爱自己的孩子呢。作为一个母亲，担心儿子学习成绩被拉下，也是很正常的。但是，我还是给她说："当班干部也是一种学习，而且是更重要的学习，不仅培养爱心，还培养综合能力，不吃亏的，也不会影响学习的。"

我对崔涛说："你的选择是正确的！我支持你竞选班干部！"

热爱班级、热心助人的崔涛自然赢得了同学们的拥护，他如愿当上班干部，任学习委员。但他的服务绝不止于学习方面，只要什么地方需要，他总是二话不说挺身而出，并全力以赴。我有午休的习惯，每天中午都要眯一会儿。一天，我在家休息了一会儿后，来到学校，刚进校门，看到远处操场上，崔涛正在大声地喊着口令带领全班同学做广播操——因为学校马上就要举行广播操比赛。后来听说，崔涛对同学们说，李老师睡眠不好，我们要好好训练，别叫李老师操心，让李老师安心休息！办公室的老师对我说："你看你班的学生多乖！"

很多年过去了，崔涛中午带领同学们练习做广播操的场景还常常浮现在我眼前，让我感动不已。

"初三，让我们去拼搏，去友爱，去战胜自我"

初三的一天早晨，我刚到学校办公室，教我班数学的方青老师便对我说："李老师，最近我发现每天晚自习下课后，你班一些同学都没回家，而是在教室里继续学习。"经过了解我才知道，原来包括崔涛在内的一些成绩优秀的同学，每天晚自习结束后都留在教室里为成绩不好的同学当小老师，为他们补课。

这实在让我感动。哪个学生的时间不珍贵，哪个学生不面临激烈的升学竞争，而崔涛们这样的付出又是一种怎样的牺牲？数学方老师也感动地对我说："只有你们班的同学才能做到这一点！"在升学竞争的巨大压力下，为了个人的利益和前途，有的学生往往容易产生自私自利的思想，学生之间可能会出现钩心斗角的现象。我一开始就警惕这种现象在我班发生，如果真的出现了这种现象，这将是我教育的失败。而崔涛们的行为让我无比放心——我的学生是不可能那么自私的。直到临近毕业的最后一天，我们的集体都洋溢着一种同学之间真诚的爱。面对应试教育的惊涛骇浪，"风雨同舟"成了我们共同的信念。

崔涛带头给"后进同学"补习功课，但他给他们补上的绝不仅仅是知识，还有一种不惧困难的刻苦精神。我至今保存着崔涛初三时的一篇作文——

初三是青春的摇篮

“初三”这个词，原本听来是多么的可怕——作业多，学习压力大，老师很苛刻……可真正进入了初三，充满内心的却不仅仅是这些，更有无数欢乐与喜悦！

初三是青春的摇篮！早晨，一踏进教室门口便看见许多同学或奋笔疾书，或演算习题，或抱着书背英语单词……一股激动的暖流涌上心头，自己便放下书包，迅速地投入“战斗”。在这种时候，即使你还想睡会儿懒觉，难道你睡得着吗？不会的！你一定会学习的——青春在召唤着你！课堂上，一双双眼睛都盯着老师——全神贯注的，一只只耳朵都竖了起来聚精会神地听老师讲课。在这种时候，你会去找别人讲话吗？你会开小差吗？不会的！你一定会专心地听课——青春在感动着你。晚自习时，虽夜幕早已降临，可石室中学许多教室的灯都亮着。黑暗的天幕更衬托出灯火的辉煌。在这种时候，没有一丝风，学校里的树叶和花草更是静谧与芳馨，它们也在聆听教室里“沙沙”的写字声，怀着一种羡慕久久注视着教室……你难道不感到这是种幸福和甜美吗？青春在温暖着你。

初三，是这样的青春！它让我们去拼搏，去友爱，去战胜自我。“沧海横流，方显英雄本色！”让我们这些青春的同学，扬起风帆，冲破重重阻碍，共渡中考难关！让我们携手共进，去热爱，更去挑战这青春的初三！

崔涛读高中后，我读博士去了，没有再教他。两年半后我回到成都写论文，崔涛已经进入高三，而且再有三个月就要进入高考考场了。

一天早晨，我在学校教学楼碰见崔涛，他正吃力地背着一位同学上楼。我仔细一看，那同学腿上打着绷带，显然骨折了。原来这位同学打篮球不慎摔伤。于是，崔涛便每天去家里接他，先坐车到学校，然后背上他从一楼走上五楼。

当天晚上，我又接到崔涛母亲的电话：“李老师，崔涛就听你的话，你帮我劝劝他，别每天都送那个同学了，马上就要高考了，时间耽误不起啊！”

我一听就火了，我说：“你居然不知道，你有一个多么优秀的儿子啊！”

“李老师既对整体又对个体进行全面的品德教育”

高考结束后，以优异的成绩考上中国科技大学的崔涛和向启、蔡峰、王立玮、卢星月等同学请我吃火锅。记得当时一坐下，我就说今天我买单，因为你们是学生，还没有收入呢！可学生们说：“不可能！今天我们要感谢你！”崔涛说：“李老师生日那天，我们就想给你庆贺生日，可你在苏州。今天算我们给你补贺生日！”

我们一边吃一边聊。崔涛说他也听到个别人对我的教育思想不理解甚至反对。“但是，我认为，李老师的做法是否有效，李老师的教学如何，李老师是否爱我们，作为他的学生，我最有发言权！一个老师好不好，首先应该听学生的。”他说，他正在写一篇文章，专门谈他所感受到的李老师的教育。

崔涛像大人一样鼓励我：“李老师，坚持你的理想，不要管别人说什么！”

我说：“那当然！”那一刻，我觉得崔涛俨然是我的老师。

不久，崔涛果真把他写的文章发给我。不过，这篇文章远不止是谈我对他的影响，而是很宏观地对中国教育进行反思剖析，他特别谈到他对素质教育的理解——

素质教育不是叫学生玩，而是教会学生怎样更好地学，怎样克服学习生活中遇到的困难——排除一切干扰学习的因素，并且让学生不自我满足，不断地挑战自我。应试教育却只管学生的学习，而忽略了影响学习的因素。

素质教育是让人终身受益的，而应试教育只是一种不负责任的表现——只在中学阶段看着满意，而不管学生的未来。

更准确地说，素质教育包括做人教育和常规教学。做人教育便是培养学生的基本素质，包括坚强、自信、自立、自强、乐观、善良、正直、尊重师长、爱护老幼、积极好学等，而常规教学便是引导学生学习，教他们怎样学习，教会他们知识点……

从学术上说，崔涛的这些论述也许不那么严谨，但却非常朴素地说到了素质教育的一些本质内涵。作为刚毕业的中学生，能够有这样的理解，难能可贵。

崔涛还分析了为什么今天在中国搞素质教育那么不容易——

因为这对老师而言，很难，很累。因为首先老师必须自己具备这些素质，其次就是要做太多的教学以外的事情。本来老师备课上课批改作业就够辛苦的了，还要做比这些更累更苦的事情，自然是不好做的。但这毕竟是方向，是老师的目标，老师都是为教出自己满意的学生而欣慰和自豪的，我想这也许就是老师追寻自己快乐的方式，也是老师的责任。但这也是做得到的。

由此他谈到了我——

我至今仍对我初中时的班主任李镇西老师充满敬意和感谢。他便是这样做的，不管多忙多累，都要通过跟学生谈心、家访等及时了解每个学生的情况，了解他们的兴趣爱好、当时的朋友等，以了解这个学生的性格等，做好每一个同学的工作。而且利用班会课等不断地对我们进行思想教育，既对整体又对个体进行全面的品德教育，当然学习这一块也没落下，最后我初中班的中考成绩也是相当好的。这种细致入微的作风是我从未见过的，效果也很好。做好了思想教育，全班的凝聚力有了，学习生活上互相帮助。我感觉自己就受益匪浅，因为那时更强化了我的一些品质，在高中时我就靠着这些品质获得了今天的一点点成绩。有时我自己想想，如果初中没有遇到李老师，那自己到现在就是另一个人了……

你就是那种“仰望星空”的人

2004 年春天，我去中国科技大学讲学，又和正在科大读书的崔涛见面了。我邀请他来听我的讲座。于是，第二天，面对崔涛，我在讲座中讲了他的故事。

我曾经请崔涛和李之到我当校长的成都市武侯实验中学给学生们做讲座，崔涛以聊天的方式，结合自己中学时代的经历谈学习，给学生们谈成长、谈人生，最后，他提到了美国一个叫福尔姆的哲学家所写《我们得回到幼儿园》中的一个忠告——

1987 年 5 月，75 位诺贝尔奖获得者在巴黎聚会。有人问其中一位老人："您在哪所大学学到您认为最重要的东西？"那位老人平静地回答："在幼儿园。""在幼儿园学到什么？"老人回答，在幼儿园学到：

要乐于同别人分享你的一切东西；

要公平正直、光明正大地与别人竞争；

永远不要打人；

把你找到的东西放回原处；

你弄乱的一切要由你来负责整理得井井有条；

不要拿不属于自己的东西；

在你伤害别人时要道歉；

吃饭之前要洗手；

要知害羞，要有廉耻之心；

热牛奶有利于身体健康；

要让生活过得丰富多彩；

不仅在每天都要有所学，有所思，还要在工作的同时作作画，唱唱歌，跳跳舞；

每天下午要小睡一会儿；

在踏入社会的时候，要随时注意交通安全；

要互相团结，彼此扶助；

要始终保持一颗惊喜、好奇的心。

其实，崔涛一直都保持着一颗童心。他大学毕业后，很顺利地在上海有了一份不错的工作，但半年后回成都过春节时来到我家，对我说他想改行。我吃惊地问："怎么了？对现在的工作不满意？"他说也不是，但他更想从事教育。我追问为什么，他说，他感到现在的教育有问题，培养了很多自私的人，他想通过自己的努力或多或少改变一下这种情况。他当然不会天真到以为靠自己一个人就能改变中国教育，但他说做一点算一点，尽力而为。——

当时他的原话我记不全了，但意思就是这样的。

我当时很感动，说："崔涛啊，你就是温家宝总理所说的那种'仰望星空'的人！"

后来我给他介绍去了我的好朋友杨东平先生工作的 21 世纪教育研究院。记得那次杨东平第一次见到皮肤黑黑的崔涛就说："呵呵，整个一个成都奥巴马嘛！"

在北京，崔涛追随杨东平先生学习、研究和工作。在那里，崔涛进入了一个相对陌生但富有挑战的领域。他跟着杨老师学习，同时作为项目官员，参与了 21 世纪教育研究院的许多项目的实施，比如"地方政府教育创新奖"，每年的"两会沙龙"，还有关于"在家上学"的研究。崔涛在 21 世纪教育研究院只待了两年，但这短短的两年，对他的人生道路影响极大。正是在杨老师身边的研究与实践，他看到了教育发展的趋势。"我觉得我可以这样去做点事，而不仅是看。"他说。于是，他回到了成都，加盟了被民间称作"中国的夏山学校"的先锋学校，先是做教师，后来担任副校长。

先锋学校是一所充分尊重学生天性、根据不同学生创设课程的学校，孩子们享受着精神充分舒展的自由。我把先锋学校称作"中国的夏山学校"，虽然先锋学校的创办者刘晓伟说他之前并没听说过英国的夏山学校。但自由的理念却同时照耀着追求自由的学校。

在先锋学校，崔涛几乎 24 小时都和孩子们泡在一起，经常晚上都有孩子来找他聊天，他晚上也都和孩子们住在一起。旁人可能觉得他很累，然而，崔涛却对我说："先锋学校是我想办的理想中的学校。这样的学校让我想到夏山学校，想到巴学园，这里的娃娃都很自由，我觉得在这里我能够做我想做的，我能够实现我的理想，我在享受。"

我们要遵循教育的常识

夏山学校的创始人尼尔说："自由是爱的保证，而只有爱是整个世界的希望。"

崔涛说，他自从回成都做了教育实践之后至今，越发体会到尼尔这句话的意义。

并非师范专业出身却在先锋学校待了七年的崔涛，现在已经成为对教育有着比较深刻的理解且有着亲历实践的教育专家了。特别是在创新教育方面，他常常在国内一些论坛上表达自己的教育观点。

他在微信上对我说——

首先，我对爱的定义更清晰了，很简单，爱就是无条件地接纳，有条件的都不是爱。中国很多家长和老师所谓的“为了你好”其实都是有条件的。我所在的先锋学校常被人称作中国的夏山学校，应该是因为我们是中国最自由的学校。自由本身就是允许和接纳很多人接纳不了的东西，比如晚睡晚起、打游戏、吃“垃圾食品”等，当你接纳了孩子们的这些并没有影响他人的行为，你发现他其实一直在很好地成长。先锋的刘晓伟校长曾说，孩子们总是比我们想象的更好。所以这爱的背后也是相信，相信每个人。

其次我自己也更能做到接纳了。以前虽然看尼尔、尹建莉老师等的书知道是这么回事，其实受过李老师的影响，大学里我当班长就和几乎每个同学都谈过心，后来做实践孩子们也很喜欢我，但我知道要做到无条件地接纳还是很难。一是对自己，越接纳自己，自己也越成长，是个正向的循环。二是看到周围人的变化，不论是先锋的各种所谓“问题学生”，还是以前的初中同学邹冰、安超等，其实大家都在变成更好的自己。

最近这个疫情其实也是对人类的一个提醒和调整，我们没有照顾好环境和自己。前阵子看了一部纪录片《万物一体》，也在讲这方面的问题，如果我们对环境对动物没有真正的爱，我们的生活也会缺乏爱。我们对万物的态度是我们对自己对生活的一个映射。

2017 年 11 月，我在成都做一个关于苏霍姆林斯基教育思想的讲座，因为讲座中我要以几个学生的成长为例，便请这几个学生到现场来，其中有崔涛。

讲座结束后，已经是先锋学校副校长的崔涛上台说了几句——

听了李老师讲我当年的故事，我非常地感慨！我现在也当老师，也当校长，李老师当年对我的教育给我留下的印象很深刻，李老师当年怎么教我的，我现在就怎么教学生。今天李老师强调教育要回归常识，是的，不管是李老师，还是苏霍姆林斯基，遵循的都是教育的常识。

2019 年 10 月，我组织了国内一批苏霍姆林斯基的追随者前往乌克兰帕夫雷什中学，崔涛与我同行。

我俩在苏霍姆林斯基雕像前合影。那天天气特别晴朗，在帕夫雷什中学，我感觉苏霍姆林斯基教育思想的阳光，同时照耀我俩，并幸福着我俩。

曾经是师生，现在是同行，并同时享受着教育。这为我的教育生涯，抹上了一份浪漫而传奇的色彩。

2013 年 3 月 15 日

2020 年 4 月 15 日补充

2019 年 10 月，我和崔涛一起前往乌克兰瞻仰苏霍姆林斯基

柴粒："我是军人嘛！"

顽劣孩子成了"最可爱的人"

2011年7月27日，武侯实验中学面试招聘老师，所以我去了学校。

下午结束后，我正要回家，办公室的门被推开了，进来一位魁梧的军人。我惊讶他怎么不敲门，正要问"您找谁"，突然认出他来了："哎呀，这不是柴粒吗？"

初一时的柴粒和我

他说："我出差来成都，今天下午是自由活动，我就来看老师了。"

我问："怎么不事先打个电话？这是假期，你怎么知道我在学校？我刚要走，再晚一点儿我就走了。你运气真好！"

他说："我也没想到李老师今天能在学校，我只是先从地图上找到地址，打的过来先把路找到，然后打算以后再来。没想到李老师居然在学校。"

好多年不见，我们开心地聊了起来。

柴粒那个班，是我教育生涯中非常特殊的一个班。那是1995年，我刚带完一个高三毕业班，下来教初中。在我的建议下，学校把当年初一新生中最差的几十名学生编在一个班，办真正意义上的实验班。当时学校还交给我一个由成绩好的学生组成的班。我对这两个班的孩子都倾注了全部的心血。

柴粒这个班的孩子一直和我特别亲热。要知道，这个班的学生，特别是男生，大多相当调皮，成绩极为糟糕。柴粒就是这个班“杰出代表”之一——他在班上是出名地顽劣。为了教好这个班，我是花费了九牛二虎之力，十八般武艺全用上啦！柴粒的特点是好动，不学，上课要么捣蛋要么睡觉，有时候还和同学打架。

可是现在，他成了一名光荣的军人，是部队一名副营职参谋。

我上次见他是在2003年，那时候我在成都市教科所工作。一天，我办公室进来一名英武的战士，定睛一看，柴粒啊！我真不敢相信，几年前那个顽童，居然成了我们国家“最可爱的人”啦！记得他当时给我讲了不久前在大巴上见义勇为的事，我非常感动。

今天，我又问他这事，我说我要给我现在的学生讲你的故事。他说，那时他在西安武警指挥学院上大学。一天上街办事，坐公交车，他发现一个小偷在偷乘客的钱包，已经偷了两个了，除了那两个被偷的乘客，满车人都看见了，但没人敢说。于是，柴粒便大喝一声：“住手！”

我问：“你不怕吗？”

他说：“我是军人嘛！当时我穿着军装，我不站出来，说得过去嘛！平时在军校老师都教育我们，军人就是要保家卫国，如果这时候不站出来，算什么保家卫国啊！”

“那小偷当时和你打了吗？”我问。

柴粒笑了：“我是军人嘛！他不敢。我当即让公交车司机停车，我把小偷带下了车，还把那两个被偷的乘客叫下车，然后我在街边的电话亭打110，等派出所的警察来了，我就把他们几个交给警察了。”

我说：“后来部队给你记功了吗？”

柴粒说：“嗨，小事，小事！”

我问：“如果你当时没穿军装，也会挺身而出吗？”

“那当然了！我是军人嘛！”柴粒不假思索地说，“军人就要保家卫国。”

我再次感慨：当年那么让我头疼的孩子，现在成了一名真正意义上的军人，最可爱的人！对学生的确不能因为当时的优缺点就轻易否定孩子的未来。每一个孩子的未来都不可估量，每一个孩子都有成为英雄的可能和潜力。

语文课手抄长篇小说《烈火金刚》

他说："李老师，当时我的确让你操心了！"

我说："那是！我为了让你们改正缺点，费尽了心思，比如你们稍微有点进步，我就在星期天带你们去公园玩，奖励你们的进步。"

"是的是的。"柴粒点头，"想起来了，那时候我上课坐不住，听不懂课，你就叫我手抄长篇小说《烈火金刚》，要我们学习书中的英雄人物，把字好好练练。每天你还把我抄的本子拿去看，给我写批语，鼓励我。"

这个我倒忘记了，不过他一说，我就想起来了。"对的。当时叫你抄书，是因为你听不懂课，又要捣蛋影响别人听课，我那样做就一个目的，让你在课堂上坐得住，不影响别人，同时你多少也有收获。"

"李老师，我们那时特别喜欢上语文课，你经常给我们读小说。我现在印象最深的是《烈火金刚》和《悲惨世界》。"他回忆说。

能够给孩子留下这么美好的记忆，我很欣慰。

他又说："我妈妈经常提起你，说如果不是李老师，我就没有今天。她还记得你当时每天都写家校联系本，让她知道我在学校的表现。后来我到高中，就再没遇到您这样的好老师！我到现在都很不喜欢我读过的高中，因为那里的老师只喜欢成绩好的学生，不喜欢我们这些调皮的学生，学校把我们这类成绩不好又调皮的学生单独编在一个班，不管我们了。"

我说："把你们单独编班并不错，因材施教嘛！我教你们的时候不也把你们这些顽童单独编班吗？但我们请了最好的老师来教你们，比如当时教数学的郭老师，还有教英语的张老师，都是学校一流的教师。所以，根据学生成绩分班我认为并没错，关键是不管你们就不对了。"

"我最受益的，一是在李老师班上读书，一是上军校"

柴粒说："我这一辈子最受益的有两次，一次是在李老师班上读书，李老师对我的教育；一次是我后来上军校。”

我又想起一件事，当时我给学生送我编的《恰同学少年》，罗兰同学的书却被人偷了，后来我结合语文课给学生讲课文《皇帝的新装》，对孩子们进行关于童心的教育，结果那本被偷走的《恰同学少年》出现在了我的办公桌上，让我特别感动。

今天，柴粒承认，那事是他干的。“当时我觉得那本书特别好，我就想多要一本。”他有点不好意思。但我再次感慨，没有人不犯错误，尤其是孩子，但孩子犯了再大的错误，也不能说明他以后就是个坏人。孩子犯错误没那么可怕，他们可塑性很大。犯了错误，只要老师教育得当，今后他们一样会有出息。

我要回家了，请柴粒坐我的车，我送他去宾馆。上车前，我们在学校大门口照了一张合影，我指着大楼上的一行大字说：“喏，这是我当年给你们常说的一句话，现在是我们学校的校训了！”他抬头看那行字，点头称是。那一行字是：“让人们因我的存在而感到幸福！”

2019 年 10 月，我和柴粒

车上我们继续聊当年的事儿。柴粒下车时说：“李老师，下次到成都我再来看您！到北京时跟我联系啊！”

2019 年 10 月 28 日，我在北京再次见到柴粒。他已经转业，目前在北京市规划自然委员会朝阳分局工作。

2011 年 7 月 27 日写成

2020 年 4 月 9 日修改

苏畅:“我要做一个精神贵族！”

别人帮不了你，只有你自己能帮你

2003 年 6 月，我在苏州大学博士毕业后回到成都，教育局将我安排在成都市教科所任教育发展研究室主任，我对局长说，还是让我到学校去做我得心应手的事。于是，成都市教育局便将我调到了成都市盐道街中学外语学校。

高一时的苏畅

见到谢丹琦校长，我提的唯一要求就是:“请让我当班主任！”于是我如愿以偿。苏畅便是我在成都市盐道街中学外语学校时教的学生。

苏畅瘦瘦的、高高的，明显感觉是营养跟不上生长的速度。不过要论品德和学习，当时他不但在我心中是一个优秀学生，而且在同学心目中也是一个优秀的同学。

苏畅是彝族人，很善良，很刻苦。记得有一次，和他同寝室的卢露学习不努力，我找他谈心，卢露就说很佩服寝室里的苏畅，他说:“我就是缺乏毅力，时间就抓不紧，不像我们寝室的苏畅，他就非常刻苦，时间抓得很紧。”

我当时也以苏畅为例激励他:“你要向苏畅学习，看到他你就应该感到紧张，进而迫使自己向他学习。周围紧张的环境对你是一种外在的压力，这种压力让你感到不应该放纵自己，而应该奋起直追！”

但就这么一个优秀的孩子，也曾犯错误。我发现他偷偷在寝室里吸烟！

按学校规定，那肯定是要给处分的。记得那天早晨在食堂吃饭，和苏畅坐在一起。说起吸烟给处分的事，他诚恳地表示接受。我问他是什么时候学会吸烟的，他说在他的家乡凉山，彝族人很小便吸烟，在他们老家的学校吸烟很普遍。

我说："那你现在到了成都，可不能把这坏习惯带来。且不说《中学生守则》规定不能吸烟，就是从健康和经济的角度说，也不能养成吸烟的习惯。现在我的一些朋友，每个月买烟都要花掉一千多元钱！"他点头，表示以后不再吸烟了。我又问他是否已经吸烟上瘾，他说那倒没有。我说这就好。

但是仅仅给处分是不够的，还得让这个处分深入学生的心灵。后来我多次找他谈心，非常诚恳地开导他。后来他交给我一篇随笔，写到了他吸烟——

"要想人不知，除非已莫为！"这句话我今天终于领会到了，我吸烟已经有七八年了，而且上了初中以来吸烟吸得特别厉害。我自己也深知这个是我最大的一个弊病。我其实早就知道有一天李老师会知道，但是身不由已呀！老实说，我在老家凉山看到吸毒的人多不胜数，前年我小学最好的一个朋友就是因为吸毒死了的。我真的是伤心透顶了。我恨毒品，细想下来，我这个吸烟距离那个吸毒还有多远呢？

既然已被发现，我决心已定，不会再在盐外吸一口烟了，若有再犯自动退学离开。这次我真是狠下了决心，我也担心以后真的很想吸了的时候怎么办，我不敢说我百分之百地可以克制，但就算真的克制不住了，我也决不会去吸一口的，男人要的就是那个定力！

这次学校处分了我，我也没有怨言，自己做的事就要扛起来。"知错能改，善莫大焉。"但我已经错了好多次了，这次被抓住也未尝不是一件好事，能早点结束我在盐外吸烟的日子。面对李老师的严厉批评时，我希望他真能把我训斥个痛快，让我受到最大的惩罚！

我在后面批道：别人帮不了你，只有你自己能帮你！还是那句老话——"战胜自己"！

苏畅果真是个男子汉，后来他真的战胜了自己。

“我衷心地感谢小雨，他在我心中那么淳朴”

我经常就我的语文教学征集同学们的意见，每次苏畅都能直率地给我提出他的看法。记得有一次期末，我问同学们：“你们觉得李老师本期讲得最好的一节课是什么？”同学们都异口同声地说：“鲁迅的文章。”

苏畅急切地举手，站起来补充说：“还有史铁生的《我与地坛》，李老师的确讲得好。”

但苏畅可不只是说我的好话。有一次，我结束了一个单元的教学，课后苏畅对我说：“李老师，我觉得你最近的课上得不如以前。”

我的学生中，像苏畅这样直言帮我的学生，可不止一个两个。正是他们帮助我不断提高自己的教学水平和教育境界。

苏畅可能不知道，他还曾经帮我转化过一个“后进生”。多年后，这个“后进生”对我当年的帮助很是理解，对我也很尊敬，可当时却让我很是头疼。请允许我隐去他的真名，用化名称之为“小雨”吧！说起小雨我真是一言难尽，总之几乎中学生所有的缺点，他一样都不缺。

苏畅每到冬天，手上都会生冻疮，整个手就像灯笼一样肿得发亮。记得那天下午第二堂课下课后，苏畅和小雨急匆匆地跑到我办公室，我以为发生了什么大事：“怎么了？你们这么着急？”苏畅说：“李老师，我的手太疼了！写字都很疼。”他把手伸到我的面前，我一看，他的手指和手掌都肿胀着，有的地方已经溃烂。

我问：“去医务室看了吗？”

小雨帮他说：“医务室的医生说，必须去医院看看。李老师，让我陪苏畅去吧！应该去四道街的皮肤病医院，我熟悉路。”

看小雨的表情，那么急切，仿佛是他的手生了冻疮。

“好！你们去吧！”我问苏畅身上有没有钱，苏畅说有。我给他一百元：“多带些！”

本来我想开车送苏畅，但我一会儿还有课；又想请学校车队师傅送一送，但怕学校没这规矩，便只好把他俩送到学校大门，让他们去赶公共汽车。我一再嘱咐他们："路上一定要小心啊！"

当时小雨正好已经有了转变，我特意允许他陪苏畅去看病，就是想让他有一个机会体验帮助人的快乐。

已经是晚上七点了，可苏畅和小雨还没有回来。正在我异常着急的时候，突然看到他们回来了。原来返校时正是下班高峰期，路上堵车，所以回来晚了。

我说："回来就好！怎么样，苏畅？"

他说："拿了些药，有内服的也有外敷的。"

我对小雨说："小雨呀，今天你能主动陪苏畅去看病，让李老师特别感动！"

小雨说："因为我想到苏畅对成都街道不熟悉嘛！我是成都人，很熟悉环境。"

我说："我很高兴你的进步！你应该知道，对你的每一个进步，没有谁比李老师更高兴的了！"

小雨非常纯真地笑了。

然后我单独把苏畅留下来，对他说："感谢你的配合！"

他没明白我说的意思，眼睛充满疑问。

我说："我为什么安排小雨陪你去医院？你知道小雨各方面表现都不好，让我和同学们头疼，我特意安排他送你去，就是让他在帮助别人的过程中体验一下自己的价值，然后我们再表扬他，而你受伤的手正好创造了一个让他受表扬的机会！"

聪明的苏畅一下明白了我的用意。第二天语文课上，苏畅发表值日生演讲，题目是"爱心"，他说他首先要感谢小雨昨天下午陪他进城看冻伤的手，在他最需要帮助的时候给了他爱心。

下课后，我又让苏畅把他对小雨的感谢之情写成文章。我说："我会把你写的文章送给小雨看，继续强化他的幸福感。"

苏畅果真写了一篇随笔，我把这篇随笔打印出来给了小雨，让他感受一下助人的余香——

昨天我的手因冻伤而痛苦难忍，苦于自己又不是成都人，连东南西北也搞不清楚，正当痛苦与惆怅之际，同寝室的小雨毫不推托地自愿带我到城里看医生。感激，那是当然的了，我还抱歉耽误了他半天的课程。坐车到了城里，看着车来车往的大街，穿梭在喧闹的都市里，我们两个都有种被遗弃了的感觉。到这个医院看了不行又到另一个医院，拥挤的汽车让我俩有无穷的累意，可是小雨没有一句抱怨。在医院又是挂号又是排队，真的没想到上个医院都这么麻烦。在街上听着小雨的话："朝左拐，直走，我们要坐16路车……"他就像是我的一个导游，可这种"导游"的爱心让我感到了人间自有真情在，他的存在让我感到了幸福。李老师"让人们因我的存在而感到幸福"的这句话我刚听到的时候觉得似乎很遥远，用今天的话来说就是不现实，但事实证明我错了，从这时起我在心里也督促自己时刻谨记"让人们因我的存在而感到幸福"，我也想像小雨那样帮助需要我帮助的人。

我衷心地感谢小雨，他在我心中还是那么淳朴。

小雨看了苏畅的随笔，嘴上没说什么，但表情很感动。我想，此刻他的内心深处一定特别暖，特别亮。

"我要让高中成为我精神崛起的起点"

苏畅的语文成绩不是太好，我便鼓励他多读课外书，还特别赠送了他一本龙应台的《野火集》。他果真听从我的建议，开始大量地读课外书。期末，他写了一篇随笔，总结他一学期来阅读的收获——

我立志也要成为一个精神贵族。李老师最成功的一点，就是为我们多争取了几节阅读课，我不会为高考多几分而放弃阅读书籍，我现在也正充满了课外阅读的欲望，虽然这学期我阅读的文字不是很多，但我已经被感染。这两个星期把阅读课用来复习，我还是很感到沮丧的，书散发出来的那种香味，我很想浸泡在里面，每天都不断地吮吸着其中的精髓从而提高我人格上的修养和得到精神上的慰藉。

一本书可以影响一个人的一生，这一点儿都不假。我现在甚至认为要想提高精神层次，课外阅读是必经之路。我现在明确了，高中这三年，我不只是等待大学的录取通知书，我要让高中成为我精神崛起的起点。我真的想丰富精神世界，我不愿让我只以一个躯壳的形式存在，我要使感情丰富，内心的旋律流畅不息，能感受到优秀文字的真谛，为之振奋或沮丧甚至是冲动。在我们有限的时间里，我应该尽量去读些精品文字，那些既无害处又无益处的文字还是应该回避为好，那些消遣的文字与我们现在宝贵的时间不匹配，就好比是浪费生命。

这次放假，我不会再像从前一样让我的生命虚度，我要阅读，我要更亲近文字，更亲近作者。目标：看完剩下的《鹿鼎记》《林则徐传》《杨振宁传》《家》，如果时间还宽裕再看完巴金的《春》《秋》，虽然作业会很多，但我不会因此而停止我的阅读。我要区别于一般的高中生，我的精神必须多姿多彩。我不愿麻木，不愿一天浑浑噩噩地过日子！

读到这样的文字，我说不出地高兴，因为学生开始喜欢阅读优秀的经典书籍了，这是他们精神成长的必经之路。

期末，我给苏畅写评语——

你是最让老师感到骄傲的学生之一，也是最让全班敬佩的同学之一。你来自大山，有着大山一般的坚强与纯朴；你对人特别善良，只要是为同学为集体，你总是不遗余力。你给同学们留下最深刻印象的是你紧迫的时间观念，你总是抓紧分分秒秒学习，正是靠这种精神，你的学习取得了很大的进步。你还富有正义感，对一切邪恶的现象表现出深恶痛绝！愿你永远保持你善良而正直的童心！

2006 年 7 月，教育局把我调到成都市武侯实验中学任校长。我不得不离开了只教了两年的苏畅和他的同学们。

但我和苏畅一直保持着联系。2012 年 2 月，他来我学校看我。他说他从西南石油大学本科毕业，将去加拿大继续深造，临行前特意来看我。

几年不见，我俩聊得很欢。

他说他对我印象最深的，还是给他们读书，开拓他们的视野。他说他喜欢上我的博客读我的文章：“看见你的博文我似乎又回到了高中时期，既感到时光的飞逝，又觉得那一段岁月是我人生中最快乐的日子。我的快乐当然与李老师是分不开的，因为您给我带来了语文课的乐趣，扮演了我思想的启蒙者。”

我笑了：“有点夸张吧？怎么启蒙？”

他说：“您要我们读书啊！以前我是不太爱读书的，除了教科书。正是在高中时代我慢慢喜欢上了阅读，领略好作品的魅力与智慧。因为您不断给我们推荐书，也经常给我们说您最近读了什么书。”

2019 年 8 月的苏畅

他还记得我给他们读的一篇日本短篇小说《一碗清汤荞麦面》：“您在课堂上给我们读过很多好文章，我最喜欢的是《一碗清汤荞麦面》，这篇短短的文章一直鼓励我在人生路上勇往直前，尤其是在困境的时候，很感谢李老师给我们介绍这篇文章，否则我的精神世界会打折扣。”

他回忆我给他们上语文课的情景：“特别记得您不止一次把我们带出校园上语文课，有一次还在菜花地里讲课，那次讲的是陶渊明的《归去来兮辞》，真的是很浪漫，很让人开心！但今天想起来，又有一些感伤，因为这样的日子已经一去不复返了。”

他又说到我当年送他的龙应台的《野火集》：“我觉得李老师给我最大的帮助是让我学会独立思考，我觉得这是让我一点一点成熟的关键。虽然我不认为我现在是一个成熟的成年人，但如果没有李老师启发，我肯定连现在都不如。李老师送我的《野火集》对我触动很大，让我学会了观察与思考。民主是一种生活态度而不是一些形式上的东西，我们可以点点滴滴从自己做起。所以真的感谢李老师培养了我阅读的习惯，教会了我独立思考。"

我曾在博客里转载了苏畅高中时写的随笔，他说他看到了当年自己的文字："我真的是有种说不出的感动。看到那些文字，我为当时我的单纯而感到骄傲，但我并不为现在学会了一点儿世俗的我而感到愧疚。我不认为世俗是一个贬义词，这是每个人都多少会有一点儿的，只要保持着当年那颗赤诚的心，就不会是一个丧失良知的人。"

苏畅明显比过去更富于思考，而且心中装着天下："还记得高二的时候李老师给我们讲鲁迅的《呐喊·自序》，说实话当时我不能很好地理解，后来读了很多鲁迅的杂文后，我慢慢理解了《呐喊·自序》的魅力。鲁迅作为一个先觉者，看着'铁笼子里熟睡'的国人，想唤醒他们，虽然唤醒了几个，可能反而会让他们觉得痛苦，但这就意味着有毁坏'铁屋'的希望。他说'希望是不能被抹杀的，希望在于将来，绝不能以我之必无的证明，来折服了他之所谓可有'。这让我联想到李老师正在从事的新教育实验，希望李老师能不屈不挠地坚持下去，让更多的人能获取学习的快乐，真正地享受好的教育，终有一天摧毁坏教育的'铁屋'！"

几年不见，理科生的苏畅显然成了一个思想者。

"利用有限的时间与精力做有价值的工作"

2018 年 7 月苏畅在加拿大里贾纳大学获博士学位，于同年 8 月正式入职中海油上海分公司，他是该单位第一个海归博士，具体工作是参与东海油气田的开发设计、调整设计、开发方式优化等。

最近，为了写这篇文章，我向苏畅了解他回国后的情况。下面是他给我发的微信，说："从回国至今工作一年半的时间，主要还是以实际工作来学习、适应、长见识为主，工作上还未有大的成就，但我相信未来我会为东海的开发发挥更大的作用。"

他一如既往地信任我，向我谈了他目前的一些思考——

在过去 10 年的专业学习与工作中，有过迷惑、迷失、不知所措，也有快乐、获得感。现实很困难，尤其当看到一些社会现象的时候，很容易就改变初心、寻找捷径、失去自己的本真以迎合外部世界获取利益。

曾有几次深刻的内省，问自己：到底想创造什么样的价值？怎样利用自己的时间？跟随本心要带我去的地方还是追随我看到的外部世界？现在答案很明确：我只想做有价值的工作、享受生命、写有价值的文章，作为博士我写得文章不多，但我的每一篇都有价值的创造，都在具体谈一个问题，不会浪费时间去"造"文章、重复发表，更不可能抄袭。我认为人的时间和精力都有限，利用这有限的时间与精力做出有价值的工作，是对自己最大的尊重与回报，也是对我们的社会与国家最真的回报。

很多时候觉得自己很幸运，在这喧闹的世界中时常有一些思考，最大的感恩无疑是高中三年的教育！我有机会获得开放、玩味似的而非枯燥的语文教育，感受大自然的亲近，就像孔子说的"浴乎沂，风乎舞雩，咏而归"，也有机会接触到很多课外读物，例如《一碗清汤荞麦面》这样温暖的作品。由于阅读量的增大我也养成了阅读的习惯，一直保持至今。总结起来高中的教育让我建立人生的态度，发现自己的初心，其实现在回想起来就是曾国藩说的"天下之致诚"，东坡说的"试问岭南应不好，却道，此心安处是吾乡"的心安，杜甫说的"细推物理需行乐，何用浮名绊此生"的快乐，做自己喜欢的事，快乐地享受大自然与人世间的美妙。

现在中国的教育，我个人感觉是有点走偏了。但同时我也理解现在的学生，追求优秀、出类拔萃本身是很好很有志向的表现，只是如果这一切都是带着非常功利的色彩，那么往往会事与愿违，不但最后可能结果不好而且这个过程也是痛苦的。比如现在小学生都学习美术、音乐，这些艺术本身非常好，但如果家长抱的心思是用来考级，为以后进一个好中学加分，而非真正培养学生的气质、情操，那就本末倒置，把艺术当手段，把学生当机器，这样很残忍！

今天的教育是不是应该加一点儿学生对大自然的热爱、对人生的热爱、对诗词艺术的热爱的培养？这样将来在他们人生道路中风雨兼程困难前行的时候，这些东西可以支撑他们走下去，保持初心，坚信自己的道路，坚信美好的未来。一味地训练应试，对以后的创造力是一种伤害，更担忧的是学生完全以目的为导向，不达目的不罢休，少了一份真诚。少了这一味，不管多聪明，我想都很难创造出真正的好东西。

苏畅的专业是油气田开发，但他如此思考教育，如此思考人生，如此思考未来，我很欣慰。

我想到当年他在作文中说过："我要做一个精神贵族！"

2012 年 2 月 5 日写成

2020 年 3 月 23 日补充

补记：刚刚写完本文，苏畅在微信上发给我一份他单位的文件。大意是"鉴于苏畅同志在科研、学术等方面的突出贡献"（文中有详细成果罗列），破格给他晋升职称。里面有许多专业术语我看不懂。但我看懂了苏畅的进步。我祝贺苏畅。但他说："我觉得我还有很多不足，还得努力。您对我的教育我一直不忘，踏踏实实，做好工作！就像您讲的《一碗清汤荞麦面》一样，当年好感动！30 岁以后，再看那篇文章，更让我感动。"

2005 年春天，油菜花地里的语文课

安超：学会尊重每一个人

调皮男生要转学

那天我在博客文章中展示了两张我当年在石室中学任教时和学生的照片。结果我看到后面一条评论："呵呵，两张照片上都有我。我为我是李老师的学生而自豪！"

是谁呢？我重新看博文上的两张照片。呵呵！是安超！

初三时的安超

现在想起来，当年的安超白白胖胖，模样十分可爱，但实话实说，很多时候——注意，我说的是"很多时候"，他的表现却并不"可爱"，上课好动，虽然很聪明，但因为贪玩，所以成绩不好，没少让我生气。

最让我生气的是那次他不尊重我班的一个女同学。那次我班照合影，结束后回到教室，我听有同学在气愤地议论："安超太不对了！居然说挨着某某女同学照相，晚上要做噩梦！"这话明显是对那个女同学的侮辱。我可气坏了，不尊重同学，这是我最不能容忍的缺点。我在班上狠狠批评了安超："你有什么理由看不起同学！"我还告诉同学们："人的善良从尊重别人开始。"后来我单独找安超谈心，语重心长地教育他要尊重同学。后来他真诚认错，还给那个女同学道了歉。

安超虽然调皮，有时候也犯这样那样的错误，但本质上还是很单纯的。平时活泼可爱，完全就是一个小孩儿形象。记得那次在望江楼公园的竹林里玩捉迷藏，同学们用红领巾蒙上我的眼睛，有一个同学在我背后用手捶我的背，还戳我的头，弄得我晕头转向。后来看照片，才知道那是安超在捉弄我。

同学们对安超可是很关心的。崔涛同学有一次来找我："李老师，把安超安排坐我旁边吧！"我问："为什么？"崔涛说："我看他上课一点儿都不专心，老开小差，如果他坐我旁边，我就可以随时提醒他，帮助他。"我被崔涛感动了，便把安超安排做他的同桌。从此，崔涛真的用心帮助安超。常常在下午放学后，还把安超留在教室给他辅导当天的功课。

但安超以前欠的"债"太多了，再加上他依然不够刻苦，所以他的学习越来越吃力。1999 年 3 月初的一天，也就是初二下学期开学时，安超和他妈妈来到学校，我习惯性地准备给他报名，可安超妈妈说："李老师，安超学习实在是吃力，我想给他转个学校。"我吃了一惊，心里真的舍不得，而且还有些内疚，因为安超是因为成绩不好才转学的，作为班主任我觉得自己有责任。但转念一想，也许安超需要一个更适合他的学校。石室中学作为著名的重点中学，虽然初中也是划片招生，但因为地处市中心，生源相对还是比较好的，安超在这里很难找到自信心。想到这些，我也就理解安超和他妈妈了。

我们班是一个相当温暖而富有人情味的集体，同学之间相亲相爱，听说安超要转学，大家都非常舍不得，怀着依依惜别的心情和他告别。安超的妈妈不住地说感谢我一年半来对安超的教育，安超也含着眼泪向我告别。我勉励安超到了新的学校要好好学习。我特别说："你可以随时跟我联系，有什么困难，我愿意随时帮你。"

安超所在的小组组长尹萍同学，也是一个非常善良的女同学，她在班级日报《石室晨报》中这样写道——

中午当我走进教室时，便听到同学们在议论："安超同学要转学了……"顿时，我惊住了，半天搞不清楚是怎么回事。听李老师把话讲完后，才搞清楚是怎么回事。

不知怎的，心里特别不是滋味，甚至有点难过。虽然安超成绩很差，平时纪律也不大好，没少让我这个组长怄过气，但听说他要转学了，想到的竟全是他的好。毕竟大家在一起学习了一年多，就算是再怎么与他接触不多的人也会有感情，况且我又是他的组长，怎么会舍得！不过，既然他选择了走这一步，且会对他有些帮助，尽管有种种的不舍、许多的留恋，我们还是要衷心地祝福他——一路顺风！

尹萍这真诚的文字，代表了全班同学对安超的情感。安超走了，同学们都在心里默默地祝福他。

转学两天后又转回来了

安超走后的第三天晚上，我正在家里备课，突然有人敲门，我打开门一看，是安超和他妈妈！我很惊喜地说："是安超呀！快进来，你们快进来！"我请他们在客厅坐下，三天不见——其实只有两天半，安超的情绪明显不佳，他妈妈也欲言又止，好像有什么话不好意思说。

我估计是办转学手续还需要我这个班主任做点什么吧，于是便问："转学手续还没办完吗？"他妈妈说："办完了，当天就办完了。"

我心里想：那还有什么事需要我帮忙呢？她不说，我也不好问。便转头问安超："怎么样？到了学校还适应吧？"安超低着头不说话。他妈妈开口了："李老师，我们安超想……想……想转回来……"

我几乎是不假思索地说："好呀，欢迎欢迎！"

我这脱口而出的话，让安超和他妈妈很是感动。应该说，我的欢迎的确是真诚的，我当然知道安超成绩不好，而成绩不好的学生对我这个班最后的考核意味着什么，但没有什么比来自学生及其家长的信任更可贵的了！何况，安超原本就在我班，我就当他没转学嘛！就当他请了两天病假，现在又回来了。这有什么关系呢！

安超对我说，他不喜欢新学校，更不喜欢新班，因为那个学校的校风不好，那个班的班风很糟。我说："没事儿，不喜欢就回来吧！"

我说得这么轻松，其实我心里一点儿都不轻松：转走了的学生又要转回来，有那么容易吗？再说安超成绩这么差，我同意，校长同意吗？在四川，要想进石室中学可是相当相当难的，作为全国名校，这么一个同学转走了又想回来，的确是不可想象的。

安超妈妈也知道这一点，所以她也担心学校不同意安超再转回来。我说："放心，我会尽我最大的努力去说服校长的。这事你们就不用操心了，我去办！"

我真的去找了王校长，希望学校同意安超转回来。不仅仅是因为王校长被我对学生的爱打动了，更因为王校长本人也是一位非常富有人情味、更富有良知的校长，他爽快地答应了我的请求。

就这样，离别仅两天半的安超又回到了我们的班集体。同学们自然非常高兴，我们还专门给安超举行了一个热烈的欢迎会。在欢迎会上，我特意请安超讲述他在那个学校的感受，安超大大方方地站在讲台上给同学们讲述着他两天半的经历，以及他为什么要回来。安超的语言很朴素，但每一句话都饱含着对我们班集体的爱。

同学们在下面聚精会神地听着，从安超的口中，他们进一步体会到我们集体的可爱。我正是想通过安超的讲述，让同学们珍惜班级生活的每一天，珍惜彼此之间纯真的友情。

欢迎会结束后，我对安超说："你把今天你讲的写下来吧！"

"我更会珍惜在这里的每一天、每一秒"

不善作文的安超，第二天便交上一篇近九百字的文章，这是他写得最好也最长的作文——

转学又"转"回来了

人们说：一个人一旦失去了才会知道要珍惜，比如我。

我在石室中学读了一年半，由于成绩没什么长进，我妈妈就打算给我转学。那天去办转学手续，我和妈妈去跟李老师告别时，我的眼泪止都止不住。

我去 ×× 中学报名的那天下午，刚下了车进校门，就被政教处的老师抓住。一顿臭骂之后，还让站在操场中央晒太阳。后来是一位老大爷把我放走了。我好不容易找到了自己的新班，同学们都拥了上来看稀奇。这时，一个同学竟然拿出打火机打燃火后在我面前晃，差点让我的头发烧燃。有两个同学为了抢什么东西还打了起来。真是乌烟瘴气！

我上的第一节是政治课，我坐在一个叫马 ×× 的同学后面，上课时我亲眼看见他在吸烟，老师看见了，也当作没看见。下课了，我听见同学们谈的都是一些庸俗的话题。有几个女同学穿得一个比一个时髦，像社会上的时髦女郎。男生没有一个穿得整洁，身上的衣服好像穿了几年都没有换，上面油呀饭粒呀什么污渍都有。

第二天上课，第一节是音乐课，老师没有教课本上的歌，而教我们唱刘德华的《笨小孩》、任贤齐的《对面的女孩看过来》，全部都是流行歌曲。特别是语文课，不能和石室中学的李镇西老师上的课比。那个老师上课，不管下面的同学怎么闹，他都只顾讲他的，又枯燥又乏味。在那里，学习用的设备更不能和石室中学比，电脑室只有一间，而且电脑全是“386”的。

我感受最深的是，那里的老师对学生十分冷漠，所以那的学生也都冷酷无情，没有一点儿爱心，这也一点儿不像石室中学。那里的班主任也姓李，但远远不像石室中学的李老师和蔼。那个班主任李老师十分冷漠，看学生时眼睛是三角形的，对我这个新转来的同学说话一点儿都不客气，让我感到很压抑。

我回家对妈妈说了我的感受，妈妈就又把我送回了石室中学，于是，我又重新回到了我亲爱的班集体。我一回到班上，就感受到同学对我的关心。比如李翱见到我的第一句话是：“你走了，我们好想你！”我听了心里十分激动。还有同学说：“你又长高了！”我才走了两天半，居然说我长高了。郭锐开玩笑说：“那里谁欺负你，给我说！我带人去捶他！”

我转学又“转”回来了，我十分感谢同学们对我的关心，我更会珍惜在这里的每一天、每一秒。

越来越懂事的安超在学业上一路狂奔

读了这篇文字，同学们再次被感动了。后来安超这篇饱含真情的作文被收入正式出版的反映我班三年难忘生活的著作《花开的声音》。

回到班集体的安超在同学们的帮助下，在各科老师的帮助下，经过他自己的努力，顺利地完成了初中学业。在我看来，这已经是他的一个可喜可贺的胜利了。

但他的“胜利”只是“初中毕业”，再后来，越来越懂事的安超在学业上一路狂奔，最后堂堂正正地拿到了成都理工大学的文凭。

再后来，他成了一家国企的中层干部，他很自豪地告诉我：“现在成都天府新区所有有关电力、通讯的活儿，都在我手里。”我故作一本正经地说：“哇，安部长！”他不好意思地说：“哎呀，李老师真会开玩笑！”

2019 年 9 月，安超在马来西亚

是的，我的确是和他开玩笑，因为他在我心目中还是一个可爱的小男孩，哪像个什么“部长”？有一次，他给我打电话说他当爸爸了，我目瞪口呆：“什么什么？你都还是个孩子，当什么爸爸！”但我仔细一算，人家安超都 30 多岁了，怎么不该当爸爸？

有一年春节期间，我参加学生聚会，再次见到安超。虽然还是胖乎乎的娃娃脸，但安超言谈举止透出了成熟。分别的时候，安超一直把我送到车前。他帮我提着包，一边走一边说：“李老师，你是我做人的启蒙老师。我印象特别深的是，你要我们平等地尊重每一个人！所以现在我在单位上无论对谁都是一样尊重。”我听了，特别高兴：“好！你还记得吗？当年你不尊重同学，我曾狠狠批评过你。”他说：“记得。正因为记得，我现在才懂得要尊重每一个人。”

我说不出地欣慰——安超真的长大了。

2012 年 7 月 3 日

尹萍：善良最美，幸福至上

勤奋、认真、善良的女孩

和同班同学胡夏融、崔涛、李之等人相比，尹萍似乎没有什么过人的天赋。成绩当然也不错，却并不名列前茅；能力也行，但并不出类拔萃。当然，她也有显赫之处，那就是个子挺高的，站在同学中便“鹤立鸡群”。但这么高的个子，居然没有什么体育特长。总之，尹萍应该是一个很普通的同学。

1999 年，课间的尹萍（右一）

我这里说“应该是”那就意味着她实际上并不普通。在我的印象中，尹萍学习勤奋，做事认真，性格温和，品行善良——而且是特别特别善良。尹萍是一个几乎没有缺点的学生，至少从 1997 年至 2000 年教她的三年期间，我是从没有批评过她的。所以，就凭这一点，我可以说她其实还是不普通。

我还要特别强调的是，她之所以特别善良，和我的所谓“教育”没有关系，而是源于她良好的家庭教育。她的爸爸妈妈都是成都五〇二厂的普通工人，善良而勤劳，后来都下岗了，依然坚韧乐观地对待生活。这些对尹萍都有一种直接的感染与影响。

可见，家庭教育的好坏，和父母的文化程度也没有必然的联系。

初三转到我班的成梅，第一天便碰上数学考试，因为两个学校的教学进度不一样，考试内容成梅没有学过，所以考下来没有及格。同桌尹萍见新同学难受的样子，便安慰道："没事儿，我原来也有过不及格呀！只要你努力，就会有进步，赶上大家，你还是先主动找老师谈谈吧！"成梅说："可我不熟悉老师啊！"尹萍说："那我陪你去吧。"下课了，尹萍陪着成梅去见数学方老师，方老师也给了成梅许多鼓励。回到教室里，尹萍又翻开书，耐心给成梅讲解她没学过的知识。开始成梅老听不太懂，但尹萍没有一点儿不耐烦，反而更认真，更仔细。

后来，成梅在一篇作文中记录了这件小事，她写道："当时，我鼻子酸酸的，真差点哭了，一个和我才做了一天同桌的同学，竟这样像自己好朋友一样关心我，我的运气真好！"

"尹萍这个人很善良，这是公认的！"这是成梅听同学们对她说的，幸运的是，她第一天便感受到了。

尹萍曾经担任生活委员，负责班里的清洁扫除，但她从来不对同学们指手画脚，也不仅仅是检查卫生，更多的时候，她是和同学们一起打扫教室，常常最后一个离开教室回家。

叶诚同学在作文中写过这么一件事——

这一周，轮到我们组做清洁。作为组长的我，当然对此不得不重视。分工情况，各组员已经知道了；具体的时间和另一些琐碎的小事，都计划得头头是道了……我们三小组的六个组员，随时做好了每天拿满分的准备，以续写前几周小组连续第一名的光荣……

星期一到星期六的每天早晨，我们都来得挺早，便开始了马不停蹄的清洁工作——教室内、教室外、阳台，我们尽量不漏掉每一个细微的地方，一丝不苟地、有条不紊地使一处处尘埃销声匿迹。组员的积极，使得做清洁的效率极高，生活委员尹萍的不断指导，更让大家弥补了很多遗漏之处……

在这不断的重复中，大家感觉是那么轻松。其实，我更明白，尹萍对我们的帮助很大。星期五下午，我和她一同到医务室去查分，才发现有一天并不是 100 分，原因是阳台水槽不干净和门上有灰尘。没说的，肯定要重做一个星期！"不可能吧！怎么会不干净呢？"我不知不觉地低声说着。"看来，下个星期得按班规重做一周了……”尹萍也带着极惋惜的口吻说。当我把这个消息告诉给齐心协力的组员后，他们惊呆了！

“没关系，组长！我们风雨同舟！”记不清了，那时到底是谁对我这样说。此时，我的心情是悔恨那天的失误，还是被这句朴素语言所鼓舞？不，应该是感动。自习课上，李之传给我一张纸条，打开一看，竟是尹萍写给我的一封短信。我惊叹，她居然密密麻麻地写那么多；我惊叹，她居然想得那么周密细微；我惊叹，她的语句是那样充满对工作的热情、负责，又是那样的使人倍受鼓舞，充满信心；我惊叹，她的每一个字，都如涓涓细流那样雅致、流畅，况且，她又是在怎样的一种情况下写出的呢？

尹萍曾经在随笔中提到，自己左手臂骨折后写字的困难。可是现在，她却以如此一手漂亮的好字，向我们展示了她美丽的心灵！

尹萍的善良简直“无孔不入”，她对每一个同学都充满善意，包括老师眼中的“后进生”，尹萍也尽可能帮助他们。安超同学因成绩不好而转学了，尹萍难过了很久。她在当天的随笔里写道——

听说安超转学了，不知怎的，心里特别不是滋味，甚至有点难过。安超虽然成绩很差，平时纪律也不大好，没少让我这个组长怄气，但听说他要转学了，想到的竟全是他的好。毕竟大家在一起学习了一年多，就算是再怎么不多与他接触的人也会有感情，况且我又是他的组长，怎么会舍得！不过，既然他选择了走这一步，且对他会有些帮助，尽管有种种的不舍、许多的留恋，我们还是要衷心地祝福他——一路顺风！

尹萍的善良赢得了同学们的尊敬，我也经常表扬她。可尹萍却觉得班上的同学比自己更优秀。她总是善于欣赏周围的每一个同学。有一次，我又表扬她了，她在班级日报上写道——

下午李老师在上课前提到我们班上有许多好同学，对工作认真负责。其中说到了我，李老师的称赞让我觉得很不好意思，我觉得我做的只是分内的事，又有什么值得称赞？因为我的工作重，所以大家看到我很忙，认为我很负责。我想如果换成是另一位同学，他也会像我一样认真。每个人都有自己的工作，认真做好它，是每个人应尽的义务，并不奇怪，也没什么值得赞扬的。相反，真正需要我们去学习和赞扬的是那些默默无闻为大家提供了方便大家却不知道，没有掌声、没有称赞，但仍一心一意为大家服务的同学，他们才是我们的榜样。

接着，尹萍一一列出了好多她认为同样认真负责而又默默无闻的同学的名字，希望同学们给他们掌声。

尹萍以自己许多琐碎的事给同学们带去温馨和感动，她总是想到别人对自己的爱，带着感恩的心对待父母、老师和同学。我至今保存着她 1999 年 6 月 28 日写的一篇文字——

献出你的爱

朋友，你可知道，你是怎样地被别人爱着，你是怎样地被爱包围着。可是你为什么如此冷漠，面对别人的爱，只是淡淡地走过。

天冷了，妈妈要你多穿件衣裳，小心着凉，你却嫌妈妈太啰唆；爸爸为了让你专心学习，不让你看电视，你却大呼在家没有自由；老师为了让你赶上其他同学，牺牲自己的休息时间为你补课，你却埋怨老师占了你的休息时间，偷偷地逃课；为了让你有所悔悟，同学指出了你的错误，你不但不感到惭愧，反而对帮助你的同学恨之入骨。

朋友，你可知道你是怎样地被别人爱着。也许在你看来，这样的爱让你很不舒服，可恰恰是这些“不舒服”的爱才是真正的爱。

朋友，你可知道，你周围的人是怎样地爱着你，而你为什么要如此冷漠，这样吝啬地去爱别人？醒醒吧，朋友！大胆地走上前，献出你的爱。

把爱献给生你养你的父母，哪怕只是洗洗碗，父母也会感到你是爱着他们的。

把爱献给辛勤培育你的老师，不用过多的语言，只要认真完成老师布置的作业，就是老师最大的安慰。

把爱献给你的同学，哪怕只是一声谢谢，也会传去你最美好的祝福。

不只是他们，还有为你开门的门卫师傅，为你守车的叔叔阿姨，为街道清扫的清洁工，为你排忧解难的人民警察……所有，所有为你学习和生活带来方便的人，所有为了他人幸福生活而奉献自己的人，不管是认识的不认识的，不管是远的近的，不管是喜欢的讨厌的，你都应该把爱献给他们，哪怕是一声谢谢，一句问候，都会让他们觉得自己被爱着，是幸福的。

爱让一个人成长，爱让一个人有了依靠，爱让一个人更加自信，爱让一个人充满了希望。朋友，请伸出你的手，献出你的爱。

记得当时我在班上朗读这篇文字时，全班同学都被感动了。

尹萍也不乏活泼甚至调皮，那就是我们一起玩的时候。记得一次在公园荡秋千，我和尹萍同时荡一个秋千。我俩面对面抓着秋千使劲地晃荡，秋千大幅度地摇摆，我和尹萍在半空中飞翔。尹萍的尖叫声和同学们的笑声同时回荡在上空，惊心动魄而又心旷神怡。

还有那次徒步春游，我带着孩子们踏着原野的青草，一路走一路给他们讲故事，尹萍就走在我旁边认真听着。后来遇到一片开阔的草坪，我们便就地歇息。尹萍和几个同学把我围在中间，把各种野花野草往我头发里插，还说是“插花艺术”。“嗯，这再插一根！”“不行，这样不好看，后面再来点！”“嘿嘿嘿嘿……让我插一根，让我插一根！”“哇，李老师，好漂亮！”……孩子们一边捉弄我，一边还赞叹着，同时拿着相机“咔嚓”“咔嚓”地拍照。很快，我的头上便成了一个“盆景”，孩子们哈哈大笑，我也特别开心。

性格温和的尹萍批评了我

我前面说过，三年中我从没批评过尹萍一次，但性格温和的尹萍却批评过我一次。这次批评，让我刻骨铭心。

一天早晨，我来到班上向一位女学生借改正液用，我发现她好像在抄同学的作业。虽然我知道这个学生有抄作业的习惯，但我还是怕冤枉了她，所以当她把改正液给我拿来时，我小心翼翼地问她：“你刚才没抄同学的作业吧？”她说：“没有啊！绝对没有抄同学的作业。您看，这都是我的本子。”她当即把手中的本子给我看。我看果然是她自己的本子。“哦，那是我看错了，真对不起你。”我说这话的时候，的确是感到对不起她，因为我差点冤枉她了。

过了一会儿，在还改正液时，为了表达我的歉意，我亲自走到她的桌前把改正液递给她。就在我说“谢谢”的时候，我突然发现她的确是在抄同学的数学作业！当时，我极为愤怒，不仅仅因为她抄作业，更因为她欺骗了我——应该说，是愚弄了我！面对我严峻的眼神，她无言以对，低下了头。

我马上回到讲台上，当着全班学生狠狠地批评了这位学生的欺骗行为：“她这样做，既是自欺，也是欺人！”想到刚才我心里对她的“歉意”，我真是恼怒到了极点，于是我越说越气：“大家都知道，×× 抄作业是一贯的！她如此弄虚作假，我就有理由怀疑她过去的作业是否都是她自己做的，而她每一次的考试成绩是否都是真实的！”

第二天，尹萍给我写了一封长信。在信中，尹萍首先向我做自我批评：“昨天的事，也有我的错，因为是我把自己的作业给 ×× 抄的。现在，我知道自己错了，我以后一定会改正的。请李老师原谅我。”接着她又对 ×× 提出了批评。但是，这封信主要还是对我提意见——

李老师，我觉得您昨天批评 ×× 同学有些过火。当然，我理解您当时的心情，×× 对您撒谎，欺骗了您，您心里当然不好受。但是，您批评 ×× 时，为什么要说她以前所做的作业都可能是抄袭的呢？您还说您怀疑她过去的成绩是否真实。当着全班同学这样批评一个女同学，多伤她的自尊心啊！您知道吗，昨天整整一天，×× 同学都很自卑。吃午饭时，也不好意思和同学们在一起，而是一个人孤独地吃。李老师，我和同学们都很尊敬您，把您当成朋友，因为我们都能感到您是真心爱我们的。但既然是朋友，我就给您说心里话，相信您能接受。我知道您当时也是冲动，但这可能会影响 ×× 同学以后的上进心啊！……

读完这封信，我的愧疚是难以形容的。是啊，一个崇尚爱心的教育者竟然如此失去理智地伤害了一个学生的自尊心，这是多么富有讽刺意味啊！我当然有权利也有理由批评 ×× 的欺骗行为，但是，我有什么权利和理由因她犯这一次错误就怀疑了她所有真诚的努力呢？我有什么权利和理由要因这件事而摧毁她向上的勇气和信心呢？

怎么挽回这难以挽回的教育失误？当时我想，没有别的办法，自尊心只有靠自尊心换回——我决定用自己的尊严换回学生的尊严。我当即在班上把尹萍同学的信读了一遍，并叫班长把这封信张贴在教室里。我真诚地对学生们说："昨天，×× 抄作业是该批评，但我对她的批评显然过分了，我武断地说 ×× 以前的作业都是抄袭的，更是极端错误的。我向 ×× 同学诚恳道歉。我还要感谢尹萍同学，是她帮助我意识到了我的错误，是她提醒我改正错误。希望同学们向尹萍学习，随时监督我！"

当天，我又找 ×× 个别谈心，再次向她表示歉意。她非常感动，并且也向我承认了她的错误。我说："我们来个比赛吧，看谁先改正自己的错误。"

从那以后，每当我面对犯错误的学生怒不可遏的时候，我就会想起尹萍对我的批评。于是，我便会冷静下来。

"我有哪些优点值得李老师学习"

其实，尹萍给我提意见不止一次了。记得这个班的孩子们刚进初中时，我曾经要每一个同学给我写一写：我有哪些优点值得李老师学习？我之所以这样做，一方面是真的想向孩子们学习，我一直认为，其实学生比我们老师要纯洁高尚得多；另一方面，我是想以此让每个孩子看到自己的优点，增强自信心。

尹萍是这样写的——

说真的，我也不知道我最值得李老师学习的一点是什么，不是因为我没有优点，而是因为我不知道李老师在哪方面不足。想来想去，还是只有用善良这点来跟李老师相比。当然我并不是说李老师不善良，只是觉得我比李老师还善良。我们有时说李老师心太软，其实如果我们换一下位置，到时候，也许我比李老师还心软。当然，善良有时会是一种错误，但一般情况下它还是好处多一点儿。至少善良的人他的本意不是想害人。

李老师很善良，这是每个同学都认可的。但某些时候就不善良，比如批评同学的时候，虽然常常是语重心长，但有时会大发雷霆，每当这时都很可怕。即使我们非常理解你为什么会生那么大的气，但是理解归理解，我们毕竟只有十多岁，这种大发雷霆往往会留下后遗症，在我们心里也会留下不好的印象，因为无法忘记。在我们遇到李老师你以前，不是每个老师都像你一样关心和尊重学生，曾被老师辱骂过的同学，心灵上往往会留下对老师不好的印象。过于严厉的批评，只会让这些曾受到过伤害的同学误认为天下的老师都是“同一货色”，破坏你在我们心中的形象。当然，这种情况（指严厉批评同学）并不是常有的，甚至我也不清楚是否有过，只是我的一些看法，更不是有意无意地说李老师不好，只是由善良不知不觉地谈到了这种情况。请李老师参考。

这篇短文写得实在有些跑题，与其说是告诉老师最值得学习的一个优点，不如说是给李老师一点儿建议。这个建议虽然太离谱了，但有总比没有好！

尹萍这篇非常认真甚至可以说是郑重其事的文字，把我逗乐了。尹萍不知道她的这篇文字存在逻辑问题，因为她毕竟还只是一个刚上初中的小女孩呀！但这么一个幼稚纯真的小姑娘，是那么真诚地给老师提建议。我也很真诚地感谢尹萍，因此这几张纸片，我珍藏至今。

“我们爱你，舍不得你，但同时我们也理解你”

记得最后一学期，我要去西安学习三个月。临别前，尹萍和几个女同学来到我家里，把她们写给我的信交给我。尹萍的信是这样的——

敬爱的李老师：

你好！

前几天，突然听到了你要走的消息，脑子里一片空白。我以为这只不过是说笑，可是现在终于知道这是真的。那天中午，你告诉我们你最近“比较烦”，说我们还小，有许多事不懂。我知道你是尽量地隐瞒这件事，也在努力地让自己的眼泪不要落下。

星期六，没有看见你的身影，我以为你走了，就这样无声无息地走了，没留下一句话，也没有说上一句“再见”。可是，今天早晨，我又看见了你。

我高兴极了。从来没有这么高兴过！是真的，从来没有过！早晨的语文课，你居然可以照样上得如此轻松，看不出有什么异样，还笑着逗我们。你的笑让我好心酸。可以想象，其实你的心里是多么难过。

不错，刚听说你要走的消息时，我很难过，无法接受这个事实。确切地说，我很恨你，恨你在这个时候离开我们，恨你丢下我们不管，更恨你不告诉我们一声……

可是现在，我想通了。你说我们小，不懂事。可是我要说我们不小了，也懂事了。你要走，相信你心里也不好受，很舍不得我们。你是被迫离开我们的，对吧？所以我们也不能太自私，我们爱你，舍不得你，但同时我们也理解你，支持你。我要让你知道，这三年来，我们已经从一个不懂事的孩子长大了，而我们之间的情感，也不会因为你的不辞而别而淡去。

在临别之际，我只想说：李老师，我们已经长大了，你真的可以放心地离去，我们会想你，等着你，永远爱着你；而当你也想念我们的时候，请看看满天的星星吧，那是我们在对着你笑。（对不起，我还是让你担心了，因为这封信是在课堂上写的。我保证，这是第一次，也是最后一次。你相信我吗？）

永远爱你的学生、朋友：尹萍

2000年3月13日下午3点45分18秒

教尹萍这个班期间，我写的《爱心与教育》《走进心灵》等书出版了。尹萍还有一本我的签名版的《走进心灵》呢！该书扉页上有尹萍等同学和我在公园的照片。读了《走进心灵》，尹萍写了一篇感想《珍惜每一天》——

今天我翻了翻李老师的新书《走进心灵》，里面有许多关于我们班的故事。虽然我只是在看，但我的脑子里却忙得不得了，完全沉浸在无比快乐的回忆中。

真的，看了这一个个动人的故事，我感触特别深，觉得我们大家能够在一起，能够遇到李老师，能够生活在三班这个温暖的大家庭里，应该是一种幸运，更是一种缘。

也许大家每天都在一起，不觉得有什么，但是真正分开，就会感到很不习惯，很不舍。现在在我们身边的每一位同学、每一位老师，看起来都是那么平凡。大家的每一个笑、每个动作、每个故事，都是我们学习生活中一个再简单、再平凡不过的小插曲，但在以后，10 年、20 年、30 年或者更长的时间后，这些发生在我们身边的事、这些人，将是我们最美好的回忆、最让人快乐的往事。

或许这样的话题还说得太早，也说得太多。但是我们应该意识到，“天下没有不散的筵席”，总有一天，我们的每一位同学都会各奔前程，而留给我们的时间也不多，既然还能天天相见，为何不好好珍惜？我们不应该有什么遗憾，因为我们始终是最快乐、最幸福的，我们也不会后悔，因为我们拥有过，也珍惜过，不是吗？但愿吧，有那么一天，所有的同学都会自豪地说：青春无悔！

明天依旧是简单、平凡的一天，可爱的同学们又会再相见。如果每一天都是这样简单地过着，那又有什么好珍惜的，可是这样的日子，又有多少呢？

“我人生中最美好的时光”

不得不说一句套话“光阴似箭，岁月如梭”。当年尹萍所想象的“10 年、20 年、30 年或者更长的时间后，这些发生在我们身边的事、这些人，将是我们最美好的回忆”很快变成了现实。

2010 年春节——刚好是尹萍这个班毕业十年，我们又聚在了一起。哎呀，我离开的时候，他们十五六岁，现在二十五六岁了。当年的小男孩小姑娘都变成帅哥美女了！尤其是尹萍，真是长成漂亮的大姑娘了。

大家回忆着美好的往事，不约而同提到我们班的班级史册《花开的声音》。尹萍翻开这本书，朗读了她当年写的一篇日记，这篇日记写的是我上语文课给孩子们朗读雨果的小说《悲惨世界》。

1999 年 5 月 27 日　星期四　天气晴

胆战心惊的 40 分钟

这几天的语文课同学们特高兴，又特别紧张，因为李老师为大家读小说

《悲惨世界》。无论是看过还是没看过的同学，都全神贯注、聚精会神地听着——

“一天，冉·阿让正在教珂赛特识字，突然听到有人上楼梯的声音……”大家都屏住呼吸，目不转睛地盯着李老师。胆子小的女生还发出“啊——”的叫声。李老师“嘿嘿”地笑了一声说：“放心吧，现在是大白天，不会有事的啊。”又进入小说中去：“冉·阿让从门缝里望去，看见一个身材高大的男子，……那个熟悉的背影正是沙威警官……”“啊呀，好烦哪！”听到这儿，同学们都拍桌子瞪眼，骂道：“那个沙威好讨厌哪，他咋不死嘛！”在场的每一位同学都非常气愤，觉得那个沙威总是阴魂不散地跟着可敬又可怜的冉·阿让，大家都为冉·阿让是否能逃此一劫感到担心。

“脚步声越来越近，冉·阿让唯一的办法就是翻过这堵墙。要是只有他一个人还好办，可是小珂赛特怎么办？……要是有一条绳子就好办了！……”在这紧要关头，下面的听众们恨不得钻进书中给冉·阿让一条绳子。可是这是不可能的呀！大家只有安静地待在下面听着。说到静，教室里也真够“静”的，59双眼睛都死死地盯着李老师。但是我们可以看出，每个人的心里是不平静的，如波涛汹涌、黄河泛滥，是一波未平一波又起——空前紧张！

“冉·阿让爬上墙，……拉起小珂赛特，翻到了墙的另一面。”“啊——”听到这里，同学们那颗悬着的心终于放下了，长长地叹了口气。进入下一个场面……

李老师绘声绘色地读着，同学们专心致志地听着，像这样师生默契地配合，本身就是一种享受。

“突然……”念到这儿，我们刚放下的心又提起来了：又怎么了？我们更加专注而紧张地看着李老师，希望他快接着往下念——可就在这时，“丁零零……”该死的下课铃响了。“嘿嘿，今天就到这儿了。”李老师笑着说。“哎呀，念嘛念嘛！”同学们不罢休。“嘿嘿，这是没办法的事，下课了嘛，耐心等待下节课吧！”

看着大家那种急切想听故事的样子，李老师的脸上露出了“幸灾乐祸”

的表情。

这就是我们的语文课，胆战心惊的40分钟！可是，我们却仍然盼望着明天语文课早点到来……

大家都静静地听着，随着尹萍的朗读，每一个人都回到了当年的语文课堂上。

那以后有了微信，我就常常在微信上和尹萍联系。有一次，尹萍在微信上对我说："有次参加运动会，比赛前两天我的手摔骨折了，结果没参加成比赛，到现在我都觉得好遗憾。骨折那段时间同学们都很照顾我，我还记得我当时肿着手到你办公室请假，你看到我时吓惨了，后来还安排同学照顾我，我觉得好感动。"

尹萍把感受到的哪怕点点滴滴的爱都记着，感动的应该是我。

几年前，我在博客里发表了关于崔涛的文章，尹萍看了给我在微博上发私信说："看了你写崔涛的博文，又想起许多读书时的事情，那时真的是我人生中最美好的时光！"

是呀，和历届学生度过的日子，也是我人生中最美好的时光！

"她是我们私人银行的财富顾问"

这一晃又过去10年了。当然，前两年我也见过尹萍，那是2018年7月28日我在玉林中学为成都学生上退休前"最后一课"的课堂上。因为那天人太多，我基本上没有单独和尹萍聊。但在课堂上，她一直专注地听课，宛如20年前。

尹萍大学毕业后，就进入了银行工作，在一线基层网点工作了12年，主要的工作是客户服务。作为千千万万银行职员之一的她，每天的工作单调而平凡。恰恰因为这个平凡，我决定把她也作为本书的主人公之一。

我在微信上给她说了我这个想法，她很爽快地回复我："感谢李老师选中我作为写作对象，也不知道我算不算李老师众多学子中成功的教育案例，但是从我内心来讲，这么多年我一直非常感谢李老师，感谢在我成长的路上遇到了您，让我在往后的人生道路上始终坚持做‘让人们因我的存在而感到幸福’的人。”

她和我在微信上聊的时候，这样回忆起当年的初中生活——

其实我并不是一个爱学习的人，性格比较内向，也不算聪明，骨子里还是爱玩的。小学时成绩还算名列前茅，进入初中后学科增加就有点跟不上了。可是那个时候最喜欢上的就是语文课，因为语文课最轻松，您总是会变着花样地来上课，一节课40分钟，30分钟都在讲故事，10分钟讲课文，课后作业很少，唯一的要求就是让我们多看课外书，每天写日记，也不限内容，哪怕是记录一天的流水账。我们每堂课都有一个环节是李老师给我们念同学的随笔，这是我们每堂课最期待的时刻。我们的班会常常是在室外开展的。对于一群十三四岁的少年来说，玩性自然是有的，李老师真的太了解这个阶段的孩子了，知道我们学习任务重，所以会想着法儿地帮我们松绑：我们背诗是在杜甫草堂开的诗会，春天到太平寺机场徒步郊游，班会读父母给孩子写的信，课间到府南河边放放风，也许就是这样的方式，让我们班有爱而又有凝聚力。

尹萍在“最后一课”上

看见她有这样的回忆，我很开心。教育，从某种意义上说，就是给学生也给自己留下充满情趣的温馨记忆。

不用采访我都可以想象天性善良的尹萍是如何工作的，绝对是很受顾客欢迎。但我还是决定去她工作的单位亲自体验一番。

2020年4月3日上午，我来到尹萍所在的银行营业网点。

尹萍正在她办公室等我。我说：“十年没见，你一点儿都没变化，还是那么漂亮！”

她问我：“身体还好吧？”

我说："还行吧，再活个三五年应该问题不大。"

正在给我沏茶的她，一下抬起头，迷惑地看着我："怎么……"

"哈哈！"我笑了，"跟你开玩笑的。我身体很好！"

我问她每天具体做什么，她说："每天接待各行各业来银行办业务的客户，帮客户解决各种各样的问题。因为是服务行业，需要耐心细致，微笑服务；有时候还要跟投机取巧的人斗智斗勇，防控风险；同时我们还要完成上级下达的任务指标。回想自己的整个职业生涯，没有什么大起大落，就是一份平凡普通的工作。"

我问："印象中，你的性格温和而有点内向，好像不太擅长和各种人打交道的。"

她说："嗯，做业绩，我有自己的一套方式，当然，你刚才说了，按我的性格，不是那种争强好胜的人，所以我不太喜欢为了业绩去争，我不会强求。"

"那你这样，怎么完成业绩呢？"我问。

她说："我让客户信任我这个人，和客户建立起信任关系。要做到这一点，就不能仅仅考虑自己的业绩，还要考虑客户的利益，绝不能损害客户的利益。"

我有点听不懂，问："你们做业绩还可能损害客户的利益吗？"

她说："我们有存款任务，而存款来源于客户。但客户存钱是为了有收益，比如利息啊，包括理财产品也要有收益。月底我们要拉存款，就希望客户把他的理财产品赎出来，然后放到活期里面算存款。这个其实是损害了客户的利益的。遇到这种情况，关系好的客户就愿意帮我，他认可我这个人，就会把他的理财产品赎出来，帮我完成任务。而有的客户更在乎利益，就不愿意，那我也就绝不强求。"

我说："这其实是矛盾的，有时候为了完成任务，你得损害顾客的利益。但是不损害客户利益呢，有时候又完不成任务。"

她说："是呀，但我的性格就不强求。有的客户不愿意，有可能这一个月我就完不成任务，但我宁肯自己完不成任务，自己被扣钱，也不能去损害客户的利益。”

我说：“是不是有以损害客户利益而换来自己很好的业绩的同行呢？”

“有的。肯定有。”

我有些不明白，问：“人家客户不愿意，难道还有什么手段让人家服从你吗？”

她说：“很简单，就是在需要完成存款任务的时候，跟客户说最近这个产品收益不太好，可以转出来换一个，这样，就让客户把原来的产品赎出来，赎回产品再买新产品往往有几天空档期，这个空档期钱在活期上刚好可以算存款。其实，原来的产品也不是不好，换出来一来一去其实还损失了几天利息，但因为客户不了解产品情况，一般都会听取客户经理的意见，就用这种方式完成了存款。”

我说：“我想，即使客户一开始不知道，他后来总归会知道真实情况的，这样一来，你的信誉就破产了，他就不会再信任你了。以为赢了业绩，其实是搬起石头砸自己的脚！”

她说：“不是，客户不会知道，他不会去关注的，因为银行产品很多，上千种啊，他不可能知道哪个好哪个不好，都是靠客户经理推荐的。而且客户也习惯了到期了又买，什么高买什么。”

“是这样的呀！”我有些吃惊。

“是的，其实都是这样的，客户经理一般会给你讲这个产品的好处，不好的会刻意回避，也会选择对自己业绩更有帮助的产品给客户推荐。”

我很感慨：“也就是说，误导了客户，不存在被识破的可能，自己也就不会因此失去信誉，因此你宁愿完不成业绩，也坚持维护客户的利益，就完全是凭自己的良心。那么，看见别人的业绩比你好，你会不会心理不平衡呢？”

“不会的。因为从长远看，我赢得了更多客户的信任。总的来说，跟着我的客户都特别信任我。我原来在另一个店做，那边的客户有的已经维护了十多年，我过来后，他们跟着过来了。这让我很感动。”

我说：“我也很感动。我想到我原来在大石西路住的时候，常去双楠理发，那个师傅不但技术高超，而且特别善良，我后来搬到九眼桥住了，可十多年来，我依然每周都从城东跑到城西，依然请他理发。”

她说：“是呀，很多人到银行办业务都图方便，都喜欢去家门口的银行。可我过来后，他们宁愿放弃家门口的银行也要跟我过来。这就是我的成就感！虽然我前面说，有时候为了考虑客户的利益而损失我的业绩，十多年中我也经历了挫败，尝到了许多辛酸，但后来我离开了，客户却跟着我走，这的确让我感觉到成就感。要知道在国有银行，要客户跟着你走是很困难的，因为客户到你这里办业务，并不是因为你这个人，而是因为银行这个品牌。要说客户经理的服务，无论你到哪个银行，服务都是非常好的，仅仅看服务是很难选择银行的，因为都一样。而我干了十多年，离开后有客户愿意跟着我走，他们选择的已经不仅仅是银行的品牌了，他们选择的是我这个人。就这一点，我还是感到很骄傲的。”

我问：“你有没有遇到过不讲道理或者说比较刁蛮的客户？”

她说：“不讲道理的客户没遇到过，但遇到过不讲诚信的人。他提的诉求你满足了他，可他最后却失信跑到其他银行了。还有很多客户是很势利的，他直接就找你要钱，说我帮你完成了这个任务，你给我多少回扣。这种人我一般都不会和他打交道。”

她又说：“我当然要考虑自己的业绩，但在这过程中，我和客户之间不只是工作关系，我们还可以做朋友。我和很多客户就是朋友关系，很多和业务没有关系的，生活中我们也相互帮忙。我有老师朋友，有医生朋友，还有律师朋友……这次疫情发生后，买不到口罩，结果有客户给我送口罩。从某种意义上说，客户变成了朋友，就是我作为客户经理的成功。”

在和我聊的时候，尹萍时不时接电话，或者看微信。她给我解释说：“疫情期间，好多业务都是通过电话或微信完成的。”

我说我理解。趁尹萍出去忙碌的时候，我特意和她的主管领导聊了聊。

主管说：“尹萍在工作中最大的特点，就是有韧性，通过和客户做朋友，长期和客户保持联系。她很懂客户的心理。”

我问：“您如何评价尹萍的综合素质？”

他说：“她人品很好，综合素质在我们行业当然是很强的。对了，她还是我们私人银行的财富顾问。”

我没听懂：“什么叫私人银行？”

他解释说：“八百万以上的高净值客户就叫私人银行客户。而私人银行财富顾问就是服务于这些客户的，都是由业务素质很高的人担任，这样的私人银行财富顾问很少，一般只占银行员工 8% 或 9%。对人品和素质的要求很高，首先看人品，而尹萍就是私人银行财富顾问。另外，她还被评为优秀共产党员，多次被评为先进工作者，内部考核更是经常被评为优秀。”

过了一会儿，尹萍又回到办公室，和我接着聊。

她说：“总体上说，我还是感觉到了自己的能力与价值。”

“不只是能力与价值，首先是你人好。”我说，“我看你一直很平和，你的工作应该不会这么平和的吧？”

她说：“是的，有客户满意的赞扬，也有客户撒气的委屈，有领导器重的鼓励，也有业务拓展的挫败。但不管生活和工作中遇到什么困难，我始终坚持选择平凡而乐观的生活，始终坚持做一个有用的人，做一个让身边人幸福的人。”

尹萍是平凡的，却是优秀的，更是幸福的。对此，我一点儿都不意外。她把自己的善良投射到自己的工作当中，辐射到自己的客户身上。她默默无闻的付出，赢得成功的幸福，是很自然的。

2013 年 4 月 1 日写成

2020 年 4 月 3 日补充

李之：聆听花开的声音

会弹琵琶的女孩门门功课都很优秀

记得刚进初中时，个子高挑的李之站在同学中便有点鹤立鸡群。不过，比她个子更引人注目的是她那一头乌黑的长发。按学校德育处“男平（头）女短（发）”的发式规定，李之留着长发显然违规。当我告诉她学校对学生发型的要求时，她说：“我会弹琵琶。”她的意思是她有艺术特长，而学校对艺术特长生的发式则网开一面，允许留长发。要知道，那个年代擅长乐器的孩子已经不稀罕，但那些孩子大多学的都是钢琴小提琴之类的西洋乐器，而会琵琶的孩子不多。所以，每次学校演出，高高的李之抱着琵琶登上舞台，总能吸引不少敬佩的眼光。不过，我印象中李之在学校弹琵琶没弹几次，后来她也把长发剪短了。

郊游中的李之

在不少人心目中，有艺术特长的孩子大多成绩不好，或者说正因为文化课成绩不好，才学点艺术，为的是将来升学时能够加分，考大学文化考试的门槛也要低很多。学艺术不是着眼于素养而是为了应试加分，艺术教育被绑在了应试教育的战车上，学艺术的人文化素质却很低，这也算是基础教育的悲哀。但也有例外，比如李之。

李之的学习成绩那可是非常优异。门门功课都很优秀，就连女生往往不容易学好的数学之类，她也学得很棒。她一点儿都不偏科，理科好，文科也优秀。尤其是她的写作，常常让我这个语文老师拍案叫绝。她的文笔温婉细腻，比如：“年轻的我拥有所有的欢乐。尽管年轻的我走得并不怎么稳，但我脸上始终灿烂。暖暖的阳光照在我的脸上，我闭上眼睛。一片梧桐叶落下来吻了我年轻而不安分的头发，点点温柔如水一样。”这样的句子我显然是写不出来的。同时，李之的语言也不乏诙谐活泼，比如，她有一次写在放学回家路上，肚子正饿，“忽然闻到一股烤香，我精神顿时大作，定睛一看，原来一家烧烤店，生意还挺红火。我立刻将卫生知识抛到了脑后，停了车冲了进去”。这样的叙述非常富有生活气息，且符合少年的心理。

李之的心非常细腻，能够从生活的点点滴滴中收获感动。比如下面这几句关于烧烤的句子，写的就是一位普通劳动者工作的细节以及李之的感动：“叔叔不停地用作料调味，将土豆翻动着。谁知，大概用力过猛，其中一串上的一个摇摇欲坠的土豆掉进了炭火里，我心里暗想：这下倒霉了！叔叔没说话，又重新拿了一串放到火上烤起来。‘好了！’终于等到了这句话，叔叔给了我两串，我付了钱。谁知他又拿起那串只剩下三个的土豆，递给我，说：‘拿着，拿着。’我被搞得莫名其妙，又不好拒绝，只得再掏钱，可叔叔却硬是不收。”

再看李之这篇文字——

大概现在很多少女都很喜欢浪漫，拿本班来说，潘琴是最好的一个例子，她总是设想：在一片绵绵细雨的世界中，自己穿着长长的白裙子，撑着一把美丽典雅的小伞，风吹过来，头发飘飘……

我想我也是一个爱浪漫的人，但我的观点和潘琴不同，我认为，真实的感动、平凡的温馨就是浪漫。

我曾经在一辆拥挤的车上见到过这样一幅情景：

一对老年人互相搀扶着站在我对面，而我稳稳当当地坐着。汽车颠簸得很厉害，我心里暗自思忖：要不要让个座？我考虑了很久，最终还是没动。

车里的人挤得更加热闹了。

我始终看见，白发的丈夫努力用手挽着满头银丝的妻子，那双饱经风霜的手并不十分有力，但很顽强。丈夫的目光里流露出的丝丝温存，将他们带到一片宁静的世界，那里没有嘈杂，没有拥挤。

其实，这只是生活中很平凡的一幕，绝没有琼瑶故事的大起大落以及那些山盟海誓与天长地久，却让我产生了一种特殊的感动，这里没有鲜花，没有月光，没有小河，也没有俊男靓女，更没有缠绵泪水，而浪漫却在这里停住了脚。

我想起潘琴，想起了她认为浪漫的“雨中情调”，不禁笑了。我明白了：浪漫是一种真情，是一种心与心的碰撞，甚至，它可以成为一种岁月的象征。它在任何角落都可以找到，不需要花前，不需要海边，也不需要在月下。

“如果失去了童心，我们真的一无所有”

我曾说过，我欣赏天赋很高同时又特别纯真的人，李之正是这样的人。前面我说了，她学习成绩非常好，又有艺术特长，但她从来没有表现出一点点傲慢与虚荣，她非常纯真，非常善良。

有一天晚上，我突然接到她的电话，说明天是一位女同学的生日。我说：“是呀，我已经给她写了生日贺卡了。”她说：“哦，我怕你太忙，把她的生日忘记了。”我说：“怎么会呢？”那一刻我很是感动。那位女同学是一个相貌平平的女孩，成绩不是太好，李之对她却非常关心。在同学生日前夕，李之怕我因为忙忽略了给她生日祝福而让她心灵受伤，于是特意打电话提醒我。这就是李之。

读了李之三年的作文，我印象最深的是这一篇——

不能一无所有

这几天下午的太阳很大，让人口干舌燥。昨天放学后，我和竺商量了一下，决定到校门外的小卖部去买水。

竺没有带钱，我摸摸裤包，翻出了仅有的3块钱。于是，我们急切地走到一家小卖部前，我抽出一个最大的纸杯，问竺：“你想喝什么味的？”她说：“随便——来杯苹果汁吧！”

这时，来了一帮穿得很“耐克”的学生，他们很高，自行车也很漂亮，看样子家里很有钱，我和竺有意识地朝边上站了站。小店的宁静立刻被他们的来到打破了：“老板！二十串羊肉串。麻哥，你还要什么？”“哎哟！咋那么挤哟！”“让让让，没看到我是人嗦！喂喂喂……我还要两块巧克力……”

我和竺很厌恶地看了他们一眼，我赌气似的接了一杯苹果汁，便拉上竺走了。

我们端着水，回到学校，看到正在操场上练跑步的同学，心情又好了许多，那毕竟是我们可爱的同学真诚的朋友啊！我和竺开始为他们鼓劲，买水时的不愉快也就慢慢地淡忘了。

晚上回家睡觉的时候，我发现裤包里的3块钱竟如数未变，这才想起由于一时的疏忽我竟忘了付钱。

今天早晨，我把这件事告诉了竺，她回忆了好久，说：“好像是没有给，那么多人，又那么吵，头都吵昏了。”我问：“我们是不是该送回去2块钱？”竺笑着问我：“我想，我们……送回去，别人是不是会觉得有点‘假’？”她的声音越来越小，其实我心里也有这样一种担心才问她的。

“算了，会让人笑死的！”竺说。

“就是就是，挺傻的。”我赞成了她的想法。

事情好像这么定了。可是……可是，我今天整整一天心里都不踏实。不知是为什么。

现在，夜已很深了，我做完了作业，又想起了这件恼人的事。我想了好久，终于决定给竺打电话，告诉她明天我们一起把这2块钱送还给摊主。我想，竺一定很乐意跟我一起去的。

钱不算什么，可是，如果失去了童心，我们真的一无所有。

你怎么那么牛

李之毕业后，我也去苏州读博士，她和同学们还来看过我。再后来，我听说她随父母移民加拿大。我还在网上给她开玩笑：“呵呵，以后我就多了一位外国朋友了。”

中断了几年的联系，有一次突然收到了她问候的电子邮件。我很是激动，回复她：“李之，最近在外讲学，我总要讲那次我去西安学习三个月，离开你们时，你和同学们在火车站跟着开动的火车一边跑一边叫李老师再见的情景。”

她回信说，那也是她永远不会忘记的最温馨的一幕。

李之长大了

是的，我们都永远不会忘记。那次我把头探出车窗望着月台上奔跑的孩子们，挥手叫他们别跑了，可孩子们依然在奔跑。突然，我看到李之跑不动了，不得不蹲在月台上哭了起来……

无论是当时，还是现在，想起这些，我的眼眶总会湿润。

过了一段时间，我又收到她给我发的电子邮件，说告诉我好消息：“我收到华盛顿大学的录取通知书了！”

我赶紧祝贺她，她却说：“我想再等等，因为我同时申请了好几所大学，比如，耶鲁大学，万一我又被耶鲁大学录取了呢。”

没过多久，她又来信了：“李老师，我被耶鲁大学录取了！”

我再次祝贺，可她还不满足：“我再等等，说不定还有更多的大学等着我呢！”

果然，随后她先后等来了密歇根大学的通知书、埃默里大学的通知书、加利福尼亚大学洛杉矶分校的通知书和哈佛大学的通知书。

我的天！李之啊李之，你怎么那么牛！

最后，李之选择的是第一个给她寄通知书的华盛顿大学。

“静静聆听那花开的声音”

这又是好几年过去了，最近一次和李之联系，是请她写回忆我的文章。《语文世界》杂志约我写《我的中学时代》，还要配上我学生的读后感，我当然就想到李之了。结果她很快发来一篇短文——

记忆中的浪花朵朵

李老师的《我的中学时代》，不少地方看得我乐坏了。

“于是我不再迟疑，也跟着跳进了大渡河”让我忍俊不禁，不禁想象起当时的场面来，因为李老师的描述太有画面感了。我脑海中出现一群几十年前的少年，他们的中学时代无疑有那个年代的时代感，他们捣乱，上课对老师不敬，甚至摘掉老师的帽子扔了，但他们善良、热情、充满着朝气和对未来的希望。而这些，和年代无关，是我们每个人青春的印记。

让我感动的是李老师文中的各位老师，他们中的绝大数已经作古，但他们对李老师的影响无疑是深远的。李老师也何其幸运，能遇到这么多好老师，我想他在写这篇文章的时候，一定会无数次地感慨时光飞逝，感叹命运无常。我为李老师把几十年前的事情记得如此清晰而感动惊讶，也突然意识到，我的中学生涯离我也已有十年之久了。有过许许多多的老师，温和的、严厉的、幽默的、刻板的、喜欢的和不那么喜欢的，十年过去，那些快乐或尴尬的陈年逸事，就像浪花朵朵，在记忆的长河里跳动着，时不时地，仍能带给我温暖和微笑。

李老师是我初中的班主任，也是我刚踏进中学大门认识的第一位老师。他的特点很多，上课有趣轻松，当班主任更是很有自己的一套，现在回想起来，能让刚步入青春期的一帮小孩如此服他，真是一件不容易的事！不过要说他最大的特点，在我看来，则是他非常地爱我们，这种爱是与生俱来毫无遮掩的。他真诚地为我们每一方面的进步感到高兴，更是真心地为我们的退步着急。

上中学之前，我的语文是非常差的，我也不喜欢语文。上李老师的课之前，我觉得这不过又是一位让我们不停地读课文和概括文章中心思想的老师。可是我大错特错了，他真正让我爱上了语文，喜欢上了读书。我还记得全年级的四个班里，我们班是唯一一个语文课经常用来读世界名著的班，让别的班的同学羡慕不已。我们班的同学按学号会每天由一名同学出一份名为《石室晨报》的小报，有趣的是我正是负责提醒各位同学，并每天在教室后面的黑板报上张贴报纸的人。小小年纪的我为此感到无比骄傲！只是这份报纸只从初一办到初二的暑假结束，因为初三我们不得不面对中考的压力。为了写一篇作文，李老师带我们出门到大自然踏青，让我们有更好的感受和更开阔的思维，为此他跟学校领导申请，甚至争执，当时我从来没意识到过，现在才知道这多么需要勇气、责任感，和他对语文、对生活的热爱。每篇作文完成之后，我们都有两节连在一起的作文课，分为八个环节，其中“佳作亮相”“片段欣赏”“老师随笔”都是同学们呼声很高的亮点。很多当时我的朋友们写的作文，曾经给过我深深的感动，比如黄璐莎的《记府南河边踏青》和周晓竺的《礼物》，十多年过去，还能够被我记起。在我们初三毕业之后，李老师为我们编辑了一本班级史册《花开的声音》并且出版了。每一次翻起这本书，就像看到了很多当年的日子，当年的小伙伴，当年那些为我们付出太多的老师。

岁月匆匆，时光荏苒，生活在前进，一站又一站。脚印代替历程，灰尘又淹埋足迹。只有记忆中的小浪花，还在那里，晶莹剔透，随手采撷，都还有当年的芬芳。我想李老师的中学时代，我的中学时代，每个人的中学时代，无疑会在我们脑海中伴我们一生，因为那是我们每个人的无价青春。

我至今保存着一张照片，那是2000年春天，我和即将毕业的孩子们在学校外锦江边的一棵大树下拍的。当时李之为这张照片配了几句诗——

叶底将吹起岁月的风，
树梢会掠过记忆的云。
大树下，
五十八张灿烂的笑脸；
心湖里，

荡漾起温柔的涟漪。

我们在同一片蓝天下，

静静聆听那花开的声音。

原诗没有题目，我帮李之这首小诗配了个题目：青春。

李之的本科学业是在加拿大完成的，后来又在华盛顿大学获得硕士学位。毕业以后在福瑞德·哈金森研究中心工作，为攻克癌症和艾滋病做贡献。

不久前，李之在微信上和我调侃道："我现在也算是一名科学家了，哈哈！"

2013 年 3 月 14 日写成

2020 年 4 月 5 日补充

李之（前排左一）在课堂上

李俊：战胜自己，超越错误

把失窃事件当作一次教育契机

2008 年 12 月 10 日下午五点多，我还在医院输液——因为身体有些不适，下午去了医院——接到副班主任刘朝升老师的电话：“李老师，林虹同学刚刚收的 1600 元生活费被偷了！”

我非常生气。林虹同学是我班的生活委员，这是她收的班上部分同学本月中午在学校吃饭的午餐费。我看时间，学生已经放学回家了，便在电话里建议刘老师给家长们发一条短信，请他们看看孩子回家后有没有什么异常。

我对能够“破案”并不抱希望。当然，能够查出来最好，但班主任毕竟不是专业侦查人员，要准确地查出行窃者，难度相当大；何况，还存在不少法律规定（比如不能随意搜查等）。因此，“破案”不是一件容易的事，往往花费大量精力，却毫无收获。我那样给刘朝升老师建议，也不过是说说而已，连侥幸都谈不上。

我知道，对许多班主任来说，班级发生失窃事件，首先想到的是清查。但实际上，这样做“破案”率是很低的，很多时候是徒劳。而比抓住小偷更重要的，是教育。因此，我当时头脑里开始构思如何把这件事当作教育契机，巧妙地对学生进行引导。

然而似有天助，我还没回学校，在德育处主任和刘朝升老师的帮助下——当然，还有家长的配合，经过比较曲折但其实终究还算顺利的“侦查”，案子算是“告破”了——李俊同学不但承认了是自己干的，而且交出了那 1600 元钱。这是我当班主任 20 多年遇到的各种失窃事件中一次罕见的惊喜。

李俊同学在班上也不算特别调皮。他最大的优点是热心助人，班上有什么事，他总是积极参与。虽然成绩不太好，但在行为习惯方面不是让我很操心。所以，他这次居然干这种事，多少让我有些意外。

案子虽然破了，我却不认为这件事已经结束。我继续顺着我的思路，设想着如何对全班同学进行一次教育。

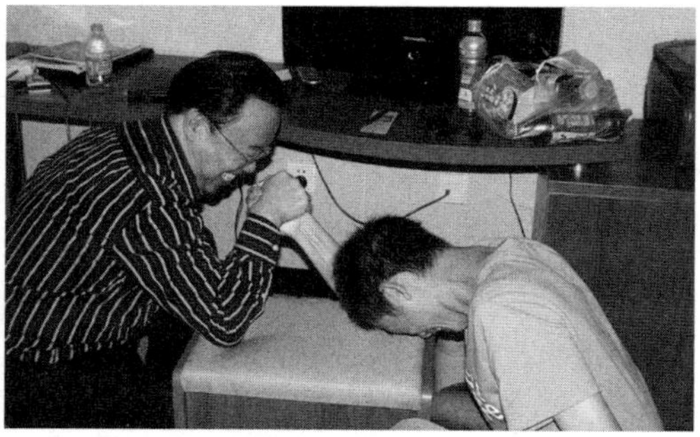
我和李俊扳手劲

这是我一贯的思路。我每次遇到这种情况，从来没有把清查放在首位，当然，我也会力所能及地进行一些调查，但我的主要精力会放在对整个集体的教育上。案件能够“侦破”，多少有些偶然因素。比如这次我班的失窃事件，其成功“侦破”，就带有相当的偶然性。但是，巧妙自然地抓住突然发生的失窃事件，对学生进行必然的教育，也就是说，把它当作一次教育契机，这最能体现出班主任的教育敏锐和教育智慧。

换句话说，发生了失窃事件，不能仅仅是教师与个别学生的较量和对他进行转化，也不仅仅是经济损失的挽回，而更应该利用这一不期而遇的教育情境，对全班进行自然而然、入耳入脑、震撼人心的教育。

第二天早晨，我照例带着学生跑操。我们沿着学校操场一圈一圈地跑着。我跑队伍前面，刘老师在队伍后面压阵。跑了两圈，我停下来，把刘老师叫到了操场边，说：“我打算开一堂班会课，就昨天的事对同学们进行一次教育。”

刘老师有些惊讶，说：“来得及准备吗？”

我一看时间，还有十来分钟便上第一节课了，说：“没问题。第一节课改成班会课。”

的确没问题，虽然这是一次非常重要的班会，但我不用刻意准备。20多年班主任工作经验、教训与智慧的积累，就是准备。

我又对刘老师说："你现在马上代我通知年级组长，让全校没有课的班主任老师和年轻老师第一节课到教室听我的课。"我试图让年轻老师看看，我是如何利用偶然事件进行必然教育的。作为校长，我想给老师们做一个教育示范，这是一个校长的职责。

一决定开班会，我便让李俊回家去。不然，就算我开班会时不点他的名，他也会很难堪的，而他的难堪会使他暴露，同学们可能会猜出是他干的。正好那天李俊又迟到了，还没有来学校。于是我给他家长打电话，说："李俊今天别上课了！停课一天，叫他好好反思一下他的错误。"

李俊的家长当然很配合，表示理解。李俊却不知道，我这样做其实是对他的保护。为了能更好地掩护李俊，我课前还给刘老师交代了几句，让他在课堂中配合我表演。

"人们从同一源泉里却攫取了不同的东西"

第一节并不是我的语文课，而是数学课。我临时和数学陶老师换了课。我朝教室走去，提醒自己这堂课一定要自然，让学生们不知不觉地进入角色。

刚进教室，学生们看到我便知道上语文课，欢呼起来——他们总是这样喜欢我的课，我很得意。

我看了看教室，前面中间黑板下方的槽里挂着一块抹布，很不雅观。吴仁杰说："李老师，那抹布应该放到讲桌里面去。"我笑笑，没说什么。我想，一会儿当着全班说这事。

老师们陆陆续续地进来，我请值日生叫起立，雷雨同学大声喊道："起立！敬礼！"

"老师好！"同学们说。

我说："同学们好！"同时开了一句玩笑："雷雨的声音，真如雷雨一般响亮！”

然后我指着那块抹布说：“刚才静息（注：指预备铃响后，到正式上课铃响之前学生安静地等待老师的一段时间）的时候吴仁杰就着急地说，李老师，抹布挂在黑板槽上很不好看，把它收起来。第一，其实这个我刚才就看到了的，那我就看有没有同学把它收起来。第二，为什么上这样的课的时候才注意观察教室的前后呢？如果没有老师听课呢？我们的卫生是给谁做的？我们搞卫生不是为了别人，而是为了我们自己。”

我把那抹布取下来，放在一边。然后说：“上节课给大家读一篇小说，没读完就下课了。同学们还记不记得我上次给你们读的是什么小说？”

同学们说：“《谁生活得更美好》。”

“对，是《谁生活得更美好》。我今天接着读。”同学们一说出“谁生活得更美好”，我就忍不住窃喜：真是太巧了，这句话不正可以成为今天班会课的主题吗？只是此刻学生们完全想不到我一会儿将上班会课。

我一边板书“谁生活得更美好”，一边继续问：“上次读到哪儿了？”同学们七嘴八舌地回忆，郑长鑫说：“吴欢侮辱了售票员姑娘，施亚男准备去安慰她。”

我说：“嗯，是的。售票员姑娘非常和善、友好、有教养，吴欢呢，老要挑衅她，想激怒她。好，我接着读。”

我开始朗读——

施亚男猛然站住，他再也不羞于自己的“嫩”了。他把想要用在拳头上的力量全都压进了这最简单的几个字：“太可耻了！”然后立即返回停车场去。他想对售票员姑娘说——说什么呢？

吴欢说过，女性是一种脆弱的生物，而漂亮的女性尤其如此。

施亚男看见，她还坐在那辆空荡的、等着再次发车的车厢里，在暮色里低垂着她的头。他想她一定在哭泣，他甚至听见了她轻轻的抽泣声。要不是怕她误会他是一个趁火打劫、想要得到她的垂青的无赖，他准会替她擦干眼泪，对她说：

“还有很多人尊重售票员那平凡而高尚的劳动……”

一辆汽车悄然驶过，车灯照亮了她的脸。施亚男这才看清，她不但没有哭，而且正沉湎在什么想象之中。从她的脸上的神情可以看出来，她的思绪正在遥远而又美丽的地方漫游着……施亚男明白了，人的意志和坚强在于自身内心的平衡。脆弱的生物不是她，而是吴欢，也许还有他自己！他悄悄地离开了。

读到这里，我评论道："我那天给你们介绍过张洁这个作家，非常了不起，现在已经60多岁了。她的作品不像有的小说那样，有很曲折的故事，但张洁的作品很细腻，很富有哲理。她在80年代就写了很多优秀的作品，比如长篇小说《沉重的翅膀》。前不久写的是《世界上最疼我的那个人去了》。建议同学们找来读读。"

我继续读——

他在淅沥的雨声里信步走着。一面听着雨滴扑扑簌簌地敲打着阔大的白杨树叶，一面想着人们从生活这同一源泉里却攫取了怎样不同的东西。他的心里忽然生起了一种热切的愿望，想要把这迟迟才意识到的东西说给那位可尊敬的写诗的朋友。

读到这里，我停了停，说："拿出笔记本写下这句话，'人们从生活这同一源泉里却攫取了怎样不同的东西'！"我把这句话写在了黑板上，同时再次对同学们说："请大家把这句话抄下来。"

在板书这句话的时候，我心里暗暗高兴：这句话不正可以成为我把这堂语文课引向班会课的自然过渡吗？

我说："售票员姑娘从中攫取了善良，施亚男从中攫取了纯真，而吴欢从中攫取了虚荣。同学们，每个人都问问自己，我攫取了什么？"

同学们都静静地听我说着，听我继续朗读这篇小说。

读到施亚男去找他所仰慕的诗人的时候，我提醒道："奇迹出现了！同学们反应过来了没有？"

同学们七嘴八舌地回答，有同学意识到了，售票员就是那位诗人。我说："对！对！这篇小说是明暗两条线，明线是施亚男和吴欢他们乘坐公共汽车、和售票员交往；暗线是施亚男追随、仰慕这位没有见过面的诗人。到最后这两条线合二为一，售票员和诗人就是一个人。”

小说读完了，我简单地评论了一下这篇小说的艺术特色：小说有明暗两条线，明暗交替，最后结尾的时候合二为一。

“对售票员就是诗人这一点，前面有没有铺垫呢？”我问。

同学们思考了一会儿，纷纷说：“亲切地讲话，显出她的教养。”

“还有写她的眼神，写了好几次，和一般的售票员不一样，这是有教养的，有文化的，而且是境界好高的人才有这种眼神。”

“还有，那天下午去看画。”

…………

“但是，”我说，“今天我们读的这篇小说更多的是对心灵的感染，让读者感慨万千。”我开始不动声色地把这堂语文课向班会课过渡，“比如我会叹息，这样的纯真今天看来已经比较遥远了，因为现在很少有这样的售票员姑娘了。小说中说‘人们从生活这同一源泉里却攫取了怎样不同的东西’，我刚才也说了，售票员攫取了美好，吴欢攫取了虚荣，施亚男攫取了纯真。那么，我要问我们的同学，我们从生活中攫取了什么？其实，答案很明确，因为我们的班集体告诉我，同学们攫取的是美好。”

我像突然发现了什么，问：“怎么最后一组空着个位置呢？谁没来呀？”

张涛说：“是李俊。”

我问刘老师：“李俊怎么没来？请假了吗？”

刘老师按我课前给他交代的台词开始“演戏”：“李俊昨天晚上生病了，他爸把他接回家了。”

我又问：“病很重吗？”

他答：“很严重。”

我叹息了一声，对同学们说：“我们班的同学生病了，大家都要关心呀！”

每一个同学都举起了手

这么短短的几句台词，就自然巧妙地排除了所有同学对李俊可能的怀疑。

于是我话题略微一转："前几天大家刚刚对干部投了信任票，结果已经统计出来，获得信任票最多的前五名是黎娜、刘丽、王露霖、张珂傈、沈小雨。我特别要表扬张珂傈。上次投信任票，几乎没有什么人支持张珂傈。我对张珂傈说，一定要用行动挽回自己的威望。一个月过去了，张珂傈重新赢得了同学们的拥护。我们给张珂傈鼓掌！"

同学们热烈鼓掌。

"刘丽同学担任体育委员时间不长，但也赢得了同学们的信任。另外，我们还选举了三好生，获得前几名的是张奇、张涛、高微、林虹、郭锦秀、王刚、张珂傈、黎娜、邓婷、丁妙，让我们用掌声，向他们表示敬意！"

同学们热烈鼓掌。

等掌声平息下来，我缓缓说道："这么多优秀的同学！我们是个美好的集体，咱们攫取的东西是真善美。刚刚开学的时候，报名那天，我在教室后面黑板上写了一行字，同学们还记不记得我当时写的是什么字呢？"

吴仁杰回答："相亲相爱一家人。"

同学们也一起回答："相亲相爱一家人！"

"是呀，'相亲相爱一家人'！"我拍着吴仁杰的肩膀说，"同学们还记得吗？吴仁杰是第一个为我们班做贡献的人，你们还记不记得？他为我们做了什么呢？"

"他把教室地板拖干净了！"同学们大声说。

"对，拖地板。那天来得比较早的郑长鑫、廖凯都给我们班做了些事情。虽然吴仁杰脾气不好，有些暴躁，但他还是有一颗温柔、善良的心。他给我们提供的温暖，我们一直记着。何况吴仁杰最近进步不小呢！"我说。

我再次提到李俊："还有今天生病没来的李俊同学，也曾经为我们班做出过贡献呢！一说到李俊，大家会想到什么呢？”

同学们说：“第一个争取当劳动委员。”

“他平时积极打扫卫生。”

我说：“对，他主动要求当劳动委员，给大家服务。”

还有同学说：“运动会他为班上争光。”

“是的，同学们会想到上次运动会上，他顽强拼搏而后又悲壮倒下的身影。”我说，“今天下课后，每个同学都给李俊写几句话，安慰他，祝福他早日康复。好不好啊？”

同学们都说：“好！”

我又说：“我们班还有些默默无闻的同学，比如张奇，是一个体弱温柔的小不点，可是他为咱们班赢得了荣誉。”

我由衷地说：“大家看，我们班多么温暖！”

我不断地引导孩子们回顾诉说同学间的温暖，是暗中在做某种铺垫。

然后我停顿了好几秒钟，教室里一片肃静，孩子们的眼睛都静静地注视着我。

我叹了一口气，似乎很吃力地说道：“唉！接下来说的事情就让我很难受了，我不知道该怎么说。我们个别同学，从生活这一源泉里，汲取了和别人不一样的东西。”我犹豫了一下：“我还是说了吧，昨天，林虹收的1600元生活费不翼而飞了！”

“啊？”同学们都非常吃惊。

我说：“我们经过初步的分析，这事不可能是其他班的人干的。我昨晚上没睡好，老在想这件事。我就在想，为什么，我们班个别的同学会有这种想法这种做法？为什么？谁忍心做这事儿呢？”

我说：“为什么林虹会遇到这样的事儿？大家想想，林虹有什么优点？平时林虹为我们做了些什么？”

孩子们一听说林虹收的生活费被盗，自然开始猜测是谁干的，但我以“林虹有什么优点？平时林虹为我们做了些什么？”这两个问题，自然地分散了孩子们的兴奋点，而且也为后面引导他们帮助林虹做了铺垫。

同学们说：“勤劳。”

江志强说：“她是班上的会计，很负责。”

他把“会（kuài）计”说成“会（huì）计”，大家都笑了。我纠正了他的读音。

郑长鑫说：“她很开朗，很大度，有时跟她开个玩笑，也许开得有些重，她笑一笑就过去了。”

“嗯，林虹的确大度，很善良。我还想到联欢会的时候，林虹他们那个组节目好多，给我们带来了欢乐。可是现在在她身上发生了不幸，发生了不愉快。”我提高了声音，“我要问同学们，这个不愉快，或者灾难，是她一个人的吗？”

我说了一句很关键的话。

同学们都说：“不是，是我们大家的。”

“为什么是我们大家的？”

姚顺举手：“因为林虹是我们班的同学。”

“嗯，这是个理由。还有没有其他的理由呢？”

张浩回答：“因为我们是相亲相爱的一家人！”

“是的！我们是相亲相爱的一家人。所以，这绝不只是林虹一个人的灾难！当然，林虹应该小心些。但这事既然发生了，就不是林虹一个人的事儿了。在我们班上，有了什么光荣，我们共同享受；有了什么耻辱，我们一同洗刷！”

教室里一片安静，孩子们的神情都很严肃。

“既然是一家人，那林虹丢失了这笔钱怎么办呢？”我问。

我认为我的铺垫和引导已经水到渠成，我期待的回答俨然呼之欲出。

谁知吴仁杰说：“查出来，看是谁干的！”

我说：“查不出来了。”

吴仁杰毫不犹豫地说：“那就重交！林虹是为大家办事，不能让她一个人承受损失。”

我心里说：这就对了。

吕游说："对，大家重交生活费。"

我说："我不赞成重交，因为有些同学家里经济条件很不好的，我建议捐助，自愿捐助好一些，让林虹感到班集体的温暖。当然，这钱不是捐助林虹的，是捐助咱们班的。"

同学们都纷纷点头，嘴里不停地"嗯"着，表示赞成。

但我还是问："愿意捐助的同学请举手！"

很快有许多同学举起了手，渐渐地，每一个同学都举起了手。

这一只只举起的手臂，是我给林虹导演的令她感动的场面。我就是要让她不要因为一个同学对不起她，就对整个集体失望；要让她发自内心地感受到，咱们班的同学，是多么值得她服务！

我说："这么多善良的同学！我真高兴！如果林虹还为昨天的事儿难过的话，今天看到一只只高举的手，应该感到咱们班，有阴影，但更有光明，有令人寒心的地方，但更多的是温馨。是不是？对于李老师来说，同学们举起的这一只只手臂，让我想到了 1984 年秋天，我班彭艳阳丢菜票的事。"

我给大家讲了这个故事："1984 年秋天，也就是 24 年前，李老师教第二届学生的时候，我们那个班的班长，叫彭艳阳，有一次她来给我说，她的菜票丢了，是课间十分钟丢的。那个时候的伙食费很低的，10 多块钱就是一个月的伙食费。而她丢了 5 块钱，这 5 块钱就相当多了。怎么办？我准备找她的好朋友邱梅影和陈晓蕾发动全班同学捐助她，我把她俩找来问：'你们是彭艳阳的好朋友，她的菜票丢了，你们打算怎样安慰一下她呢？'这两位同学说：'李老师，我们正在发动全班同学捐助彭艳阳菜票。'原来她们和我想到一块了。丢失菜票，给彭艳阳带去了不愉快，或者说是一种伤害吧。说不愉快稍微轻了一些。但更多的同学给了她温暖。晚上的时候，彭艳阳拿着一沓菜票来找我，流着泪说：'李老师，我不能收这菜票！'我说：'同学们的心意，你怎么好拒绝呢？再说，你退给我，我又退给谁呢？'她说：'可我只丢了 5 元菜票，而这里有 9 元，多出了 4 元呀！'我说：'这 4 元很好办的，你把这 4 元放在你这儿，以后谁有困难就给他，让他不要还你。谁有困难就到你那儿去拿。爱的循环就这样开始了。'后来彭艳阳加倍地关心集体，她总觉得同学对她太好了。她没有因为一次菜票的丢失就不好好对这个班，相反，她对更多的同学好。”

同学们都静静地听着。

坚守做人的良知，坚决不要不属于自己的东西

我说：“今年是 2008 年，24 年过去了，现在彭艳阳已经 35 岁了，论年龄都可以做你们的妈妈了。我的学生已经是两代人了，可是两代学生，却纯真依旧，善良依旧。你们的童心，一样透亮！我很欣慰，我很自豪！”

我又停了一下，说：“现在，我明确地告诉大家，同学们不用捐款了。李老师刚才提出这个问题，就是想检验一下你们的童心是否晶莹如初。这个事情已经水落石出了，已经查出来是谁干的了，钱也全部追回了。”

一波三折，跌宕起伏。班会课也应该有悬念，有包袱。这是我主动追求的一种班会艺术。

同学们再次吃惊，脸上却露出了欣慰的笑容。

我说：“我不打算讲细节。我只想说，经济损失是一点儿都没有了。如果说精神损失，林虹还有一点儿心有余悸。但是我想现在已经没有了。做这件事情的同学，要用一生的时间来洗刷自己的耻辱。”

同学们开始东张西望，互相打量。

我说：“不要东张西望。李老师永远不会说这个秘密。我想这个同学此刻心里很惭愧。同学们，钱虽然找到了，但李老师的心并不平静，我也希望同学们的心也不要就此平静。我还要给你们讲个故事。10 多年前，我在玉林中学教书，经常给同学们读小说，我给他们读过一部中篇小说，叫《在困难的日子里》。”

我提到了中篇小说《在困难的日子里》：“小说的副标题是‘一九六一年记事’。作者路遥，已经去世了。小说写的是大饥荒年代，在没有战争的情况下，活活饿死千万人。路遥就写他的经历，以自己的亲身经历为题材写成了这篇小说。其中有这么一个情节，主人公马建强很饿，课间休息，

走路都是摇摇晃晃的。干脆就趴在桌子上，趴在桌子上都眼花缭乱的。老师的讲解也听不进去，如果是语文课，他就会想到许多关于美食佳肴的诗文句子；如果是上化学课，他就会想到这些化学元素如何组成各种食物；如果是数学课，他就会想如何用最精确的方法，分配每一天极其有限的食物，以维持生命。”

我继续讲道：“有一天傍晚，他摇摇晃晃地朝河边走去，然后躺在河边的草地上，突然他发现了一个铁盒子，打开一看，里面装着许多钱和粮票。他本能地想到用这些钱和粮票去买吃的。但他突然理智地问自己，这是你的吗？不是的！不是你的为什么要用呢？他立刻感到一种赤身裸体般的羞愧。这是书中的原句。他终于控制住了自己。同学们，你们看，马建强在那么困难的时候，在生命都受到威胁的情况下，都坚守着做人的良知，坚决不要不属于自己的东西。”

我又说：“这篇小说，我给我历届学生都读过。10 多年前，我在玉林中学的时候，也给我的学生朗读。记得那一年，我读完这篇小说后，又给同学们读《悲惨世界》，我估计这本书有同学也读过。主人公冉·阿让。我不知道同学们读过没有？他姐姐的孩子快饿死了，他便偷了一块面包——也不叫偷吧，就被抓进监狱，被判刑。他身强力壮，数次越狱，又被抓回来，再加刑，结果累计坐了 19 年牢。走出监狱的第一个晚上，他住在米里哀主教的家里。他当初走进监狱的时候还是一个纯朴善良的人，现在出来却染上一身恶习。第一天晚上住在米里哀主教的家里面，第二天走的时候却把人家的银器偷走了。别人对他那么好，他却做那样的事情。但一走出去就被警察抓住了，押回米里哀主教家。警察说，他偷了你的银器，我们给你送来了。米里哀主教平淡地说，哦，那银器是我送他的。就这么淡淡的一句，在冉·阿让的心中掀起了滔天巨浪。他完全没有想到主教会这么对他。米里哀主教盯着他，意味深长地说了一句话：冉·阿让啊，我希望你永远做一个善良的人啊！”

说到这里，我停了一下，说：“昨天晚上，想到林虹的钱不见了，我很难受，就把米里哀主教送给冉·阿让的这句话记起来了。一定要做一个善良的人。其实做人哪有那么多的道理可讲，不就是坚守良知吗？深山老林里没有文化的老太太、老爷爷啊，培养出来的子女个个有出息，最根本的就是教他们要善良。我的《爱心与教育》里面写了一个学生叫宁玮，很善良的。她给我讲，爸爸妈妈都是农民，他们经常告诉她，伤天害理的事情千万别做。她说，就这么一句话管我一辈子。"

"好，接着讲冉·阿让的故事。"我继续说，"后来冉·阿让果真洗心革面，战胜自己。他出狱后，因为没有按照规定拿着假释黄条签到，所以沙威警官一直在追踪他。这个沙威警官忠于职守，发誓一定要把冉·阿让缉拿归案。冉·阿让就假装跳海死了。他本来也很聪明，所以后来他化名为马德兰，通过艰苦努力的奋斗，成了一个市的市长。他用他的智慧，对这个市——用现在的话说，叫经济发展——做出了巨大贡献。他深受当地市民的爱戴，可以说是德高望重。可是有一天，他在办公室突然听到一个消息，在远方，一个长相像他的老人，被沙威警官误以为是他而抓进监狱。你们说，这个事儿对冉·阿让是好事还是坏事？"

同学们都说："是坏事！"

"为什么是坏事呢？"我问。

高微回答："因为这件事会让冉·阿让的良心受到谴责。"

"对，你们说是坏事，这是站在冉·阿让的角度说的，或者说，你们和冉·阿让一样，有一颗善良的心。"我说，"那么，如果换一个人，他也许认为是好事，是不是啊？如果冉·阿让一直邪恶，他就会想，好啊，从此不是安全了吗？有人替我去坐牢，我不是安全了吗？永远摆脱了被人追踪，永远不会再做噩梦。但这时他的心里又掀起了波澜，他也在犹豫。他想，那个老人多不幸啊，怎么仅仅因为长得像我就要入狱呢？他想到法庭去自首，这样才能解救那老人。但又一想，不行，那样的话我一辈子都不能出来。如果真的去解救，现在所拥有的一切就没有了，迎接我的很可能是终身监禁，失去自由。可见冉·阿让也有犹豫、软弱的时候，这是人之常情。他又想，如果我不去自首，我可以在这儿继续做我的市长，继续造福我的市民，我一走，那损失不是更大吗？但他马上又推翻了自己这个想法：冉·阿让啊冉·阿让，你连一个无辜的人都不能解救，还谈得上为更多的人造福吗？这儿离开了我，还有人可以当市长嘛！他反复地犹豫。突然，他就想到米里哀主教说的一句话：‘我希望你永远做一个善良的人啊！’所以他毅然决然走向法庭自首。”

冉·阿让的故事打动了大家。

任何一个人都有两个自我在不停地打架

我继续说：“当时，我给学生读到这里，忍不住评论说，任何一个人都有两个自我，这两个自我在不停地打架，在搏斗。比如冉·阿让在那一刻，心里也有两个冉·阿让在较量，最后高尚的冉·阿让战胜了卑下的冉·阿让。那么对于同学们来说，也一样，高尚的你和卑下的你，坚强的你和懦弱的你，勤奋的你和懒惰的你，诚实的你和撒谎的你，等等，随时都在打架。关键是哪个你获得了胜利！我们每一个同学都要有勇气战胜自己！当时，我不过是有感而发，但没有想到，我的这一番话却触动了班上一个同学的心。”

我自然过渡到又一个真实的故事：“第二天，我来到办公室，看见我的办公桌上有一个纸包。比较大的纸包。什么东西？我打开一看，10 元的纸币，总共 22 张。纸包里还有一封信……”

“那封信我至今还保存着，但今天没带来。不过我还记得大致的内容，是这样的……”我给孩子们复述道——

李老师：

您好！

看到这封信您一定很奇怪，那么就请您慢慢往下看吧。

过去，我是一个非常卑鄙的人，但是我在老师和同学的眼里却是一个品德高尚的人。是的，同学们都认为我是好同学，老师也认为我是好学生，可是，他们哪里知道我这个公认的“可爱的人”，竟是一个小偷！

那是初一的时候，有一次班里收费，我观察了三小组的组长把本小组的钱放在了文具盒里，我心里十分高兴，认为一块肥肉就要到手了。第三节课下课了，同学们都要去操场做广播操，我等同学们走得差不多了，就开始了自己的罪恶。我走到小组长的座位前，拿出文具盒，打开一看：里面有一沓10元的人民币！在那一瞬间，心灵中卑鄙的“我”战胜了高尚的“我”，便赶紧偷了那一沓人民币，匆匆下了楼。还好，没人发现！而且后来老师和同学们没有一个人怀疑我，因为我在老师同学心目中的印象一直很好。

那件事以后，我感到自己的童心在很快地堕落。又接着偷了好几次钱。尽管每次都没人发现，但事后我总是心虚，很不好受。

李老师，您是一位好老师。每次听您在班上苦口婆心地对我们进行正面教育，经常对我们讲做人要诚实，要正直，我的心情总是难过到了极点。记得您给我们读了路遥的小说《在困难的日子里》，并对我们说：“马建强在那么艰难的情况下，都决不要不属于自己的财物，这是多么可贵！”

当时，我真想向您坦白我的罪恶，但实在是没有勇气啊！昨天，您在给我们念《悲惨世界》时，教育我们要向冉·阿让学习，向过去的罪恶告别，做一个人格高尚的人。您在说这些的时候，并没有具体地批评谁，但我听了却总觉得是在敲打我可耻的心灵！

如果我不承认，别人也许不知道，但我就彻底堕落了。终于我决定鼓起勇气，承认我过去的偷盗行为；并且开了一张清单，写明我曾偷过的同学和所偷的金额，连同偷来的220元钱，悄悄地放在了您的办公桌上。请您代我退给这些同学。

本来我应该彻底勇敢地找您当面谈，但请原谅我还缺乏冉·阿让那样的勇气。我非常感谢李老师在我危急的关头，把我从罪恶的深渊拯救了出来，为我以后的人生点燃了一盏明亮的灯！

我给同学们讲完这封信的内容后说：“信的结尾署名是‘一颗曾经失落的童心’，但我一看笔迹就知道是谁，我当时很感谢这个同学主动承认错误的勇气。”

教师要善于把偶然的事件变成必然的教育

我感慨道：“我有时候想，人为什么要长大呢？一长大，各种各样的问题就出来了。昨天我到初三（10）班去上课，我给他们讲，一定要保持一颗童心。不要随着年龄的长大，而丢失童心。再说那封信。我一看信上的字就知道是谁写的。我把那个同学叫到办公室，对他说，李老师已经看了你的信，首先我要表扬你战胜了自己，并用行动改正错误。同时，我想征求你的意见，我打算匿名在班上宣读一下。他一开始有些犹豫。我说，这和具体的人没有多大的关系，我要表扬这种勇气。他终于点头同意了。后来我就在班上读这封信，同学们都很感动，并鼓掌向这位同学表示敬意。”

教室里依然是静静的，同学们依然在凝神听着我的话，后面坐着或站着的老师也依然在聚精会神地听着……

我转身再次指着黑板上的那一行字：“你们看，人们从生活这同一源泉里却攫取了怎样不同的东西。”

我说：“现在同学们对这句话的理解一定会更加深刻了吧？从生活中攫取的不同东西，将决定谁生活得更美好！”我又指了指黑板上方写的小说题目。

我说：“今天下午，李老师要去支教，去崇州灾区，给孩子上一堂课，给老师做一个讲座。我想，同样是学习，同样是生活，灾区的孩子们和我们有什么不一样？当然，环境不一样，老师不一样，条件不一样，但不同的条件下，只要我们都善良，我们就会有共同的欢乐。因为善良，所以美好！”

我说：“今天，2008 年 12 月 11 日，是一个普通的日子，我给同学们上了这堂班会课，请同学们记住我今天说的话。我们还要一起走过 2 年多的时光，我们还会遇到困难和风浪。说实话，我把所有将在班上出现的一些不好的现象，都看作是意料之中的。这样我会更从容一些。当然，我们的目光不要只盯着这 3 年。我希望我今天所说的一番话，对所有的同学的心灵都有所震动。要站在人生的高度，看待我们今天这堂课。再过十年二十年，如果我们有机会聚在一起的话，回想起这个班，回想起我们犯的错误，包括我们以后犯的错误，同学们会说，那不过是我们人生长河中的一个个小小的漩涡而已。‘不尽长江滚滚来’，人生的河流会继续往前奔流，任何困难和错误都不能阻挡我们的成长和我们的进步！到了在座的各位同学七老八十的时候，回顾自己的一生，想到我们曾经所遭遇的困难、挫折，我们会想，那不过是人生旅途中的一段不太高、但比较陡的坡！包括这位同学，我相信这堂课他不会无动于衷。李老师永远不可能说他是谁。因为他发自内心地认错了。谁不会犯错呢？你们看，李老师的手臂上有一块伤疤，这是我小时候打架留下的。可见李老师小时候也不是个乖孩子，也犯过错误。人要善于宽容、谅解。同学们更不许去瞎想瞎猜，是谁是谁，决不允许！谁敢说自己没有犯过错误啊，都犯过的。最后这位同学还是承认了错误，不然怎么能找回这笔钱呢？从这个意义上说，他找回了自己失落的童心。我提议用掌声祝贺他！”

掌声响了起来。

我一看，快下课了，便对同学们说：“下面，同学们拿出两张纸，分别写几句话。第一张纸上写：这节课让你有什么感悟或收获？第二张纸写给李俊，给他安慰，让他好好养病。以后我们要记住，我们班每一个人的痛苦都是大家的痛苦，每一个人的欢乐都是大家的欢乐！”

他的心灵受到了强烈的鞭挞

下课了，我把后面听课的老师召集在一起简单地说了说：“班里出现失窃，属于突发事件，这种突发事件的出现是偶然的，但老师要善于把这偶然的事件变成必然的教育。其实，一开始我就没有把精力用在清查上，虽然后来还是查出来了，但那实在是太偶然——对于这种事，查不出来是正常的，查出来倒是一种意外，是偶然的。但还是那句话，教育则是必然的。做一个教师，一定要非常敏锐，要善于抓住一切机会对学生进行自然而然的教育。”

老师们都说我这堂课上得非常精彩，但有老师表示担心：“你这样公开说失窃的事，那个犯错误的学生不会难堪吗？”

我笑了：“他不在班上。刚才刘老师说他请病假了，就是我和刘老师串通好了给全班同学撒的一个善意的谎。”

老师们说：“你太有才了！可是，既然那孩子没生病，你让学生给他写慰问信干什么？”

我说："明天他来了之后，我要把同学们写的慰问信都给他看。我要让他的心受一受'折磨'！"

应该说，我还是比较满意我对这件事的处理的，但现在我写这篇追记的时候，心里对这堂课还是有不少遗憾：第一，学生讨论太少，主要是因为我这堂班会内容好多都是即兴的，我怕时间不够，所以很少组织学生讨论。其实，如果多让学生讨论，这本来也是很好的自我教育的机会。第二，在请学生就是否捐款举手的时候，我应该让学生们都趴在桌上，把头低着，不许看别人，只许举手，这样可以避免学生举手是出于从众心理，保证他们真实地表达意愿。第三，我应该就"宽容"多说几句，当时虽然也说了，但显得轻描淡写。我本来应该就此下重锤的，让同学们不要老是猜测怀疑究竟是谁悄悄拿了林虹的钱。

如果重新开这样的班会，我会做得更好。哦，不不，我实在不愿意再开这样的班会了。

只是，我再一次感到，教育的确也是一门遗憾的艺术。

开完班会的第二天早晨，我在学校大门口截住来学校上课的李俊——我怕他直接去了教室，同学们会问他"身体好些没有"，他自然会莫名其妙，那就穿帮了。我直接把他带到办公室，对他说："昨天我叫你在家反思，其实是照顾你的面子，因为我昨天在班上开了一节班会课。"

我把我昨天写的工作日记打印出来给他看，上面有整个班会课的实录。

我说："我为了更好地保护你的面子，跟同学们说你生病了。同学们都给你写了慰问信，你看看吧！"

我拿出厚厚一沓信，给了李俊。他一封封地看着，看得很认真。

这些信我都已经看过，孩子们给"病中"的李俊写的热乎乎的话，连我看了都很感动——

李俊，今天李老师给我们讲了许多有哲理的事，大家的感触很深……你生病了，希望你快点好，回到初一（1）班这个大家庭。（王露霖）

李俊，你好！听说你生病了，你可要好好养病哦！等病好了，我们一小组还要麻烦你给我们检查卫生呢！祝你早日康复！初一（1）班这个大家庭

都等你回来！（郭锦秀）

李俊，你好！病好些了吗？希望你病快好。我们是初一（1）班，都是相亲相爱一家人，想起你，就会想起你在我们班的优点，如为班级荣誉着想，你的朴素、善良，让我们班同学因你感到幸福，你积极为班级服务，还有你在运动会上坚持跑下 1500 米，你那英俊的身影奔跑在跑道上。祝你的病早点好起来！李老师今天上班会课说：一定要做一个善良、正直、心灵美的人。（付颖洁）

纯真的林虹，是这样写的——

李俊，听到你生病了，我十分惊讶！我刚掉了钱时，甚至怀疑是你偷了的，在这里我向你道歉，对不起！祝身体快快好起来，身体健康，开开心心每一天！（林虹）

天真可爱的林虹啊，她居然不知道正是李俊偷了她收的生活费，还因自己曾经的怀疑而道歉。

李俊看着看着，脸色越来越惭愧，到最后，他泪流满面。他的心灵受到了强烈的鞭挞。

这正是我要的效果。

我对李俊说："这一页已经翻过去了。只要你不说，没人知道是你干的，我会继续为你保密的。我不要你在这里给我做任何承诺，因为我相信你以后知道会怎么做的。"

从那以后，我们班从未发生过一起失窃事件。虽然李俊学习成绩一直不算太好，但善良上进，和同学们相处和谐，特别乐于帮助同学，喜欢为集体做事。直到初三毕业。

毕业前夕，中央电视台《小崔说事》节目组编导林卉来采访我。当我讲如何引导孩子们进步时说了李俊这个事，虽然我当时是匿名讲这个案例的，但林卉产生了兴趣。她提出，可否让这个孩子走进央视演播室自己讲述这个故事？

我犹豫了，因为这涉及孩子的隐私。但我又想，几年过去了，如果李俊愿意那也没什么。

结果，当我有些迟疑地征求李俊的意见时，他一点儿都没犹豫，非常爽快地说："可以啊，没问题！"

我说："你不怕……"

他说："嗨，都已经是以前的事了，有什么关系呢！我能够坦然面对。"

于是中考结束后的七月初，李俊和我，还有王露霖同学以及另外三位老师一起走进了中央电视台演播室。

面对崔永元机智有趣的访谈，李俊大方、真诚而从容地讲述了他曾经犯的错误。在这个节目播出之前，我班没有一个同学知道三年前那件事是他所为。这是李俊第一次向全班同学承认自己的错误，而且是以这种面向全国的方式认错。现场观众给他以热烈的掌声，令主持人王雪纯和崔永元也很感动。

王雪纯说："李俊这不仅是改正了错误，而是超越了错误。"

崔永元问李俊："当时你看到同学们给你写的慰问信后，是什么感受？"

李俊说："当我看到这些信的时候，非常伤心，我哭了。我对同学们这么不好，他们却对我这么关心，所以当时我流下了眼泪。"

崔永元说："李俊，我觉得这样特别好，也许今天不说一下这个事，这事到现在都还没画句号呢！现在就算画上句号了，彻底结束了。"

"你勤劳善良，自食其力，就是最大的出息"

2012年4月28日上午，我在办公室备课，突然发现一个脑袋在门口一伸一缩，我一看："李俊！"

他走进来，很兴奋地叫："李老师！"

李俊好像长高了。他是我班年龄最大的学生，今年满18岁了。我问他："你不是去内蒙古打工了吗？"

他说："是呀！但那边没什么事了，我便回来了。"

我说："我上周六都还在呼和浩特讲学，还讲你的故事呢！"

李俊说："哎呀，我就在呼和浩特。那天我没上班，如果我知道你来了，我肯定去听你的报告。"他表现出极惋惜的样子。

我问他打工累不累，他说还行。他主要是在建筑工地上做木工。下一步可能还要和爸爸一起去深圳，或者去南昌打工。

我想到当初他的成绩的确不算好，但他很爱劳动，当时在班上就热心劳动，每次做教室清洁都很积极。虽然初一进校犯过错误，但他不但改正了错误，而且后来还争取当班干部，工作非常认真负责。这样的孩子，能够在社会上凭自己的劳动立足，也不错。我们的教育既应该培养出高层次的杰出人才，也应该培养出千千万万善良勤奋的劳动者。

毕业后的李俊返校看我

后来，他果真去南昌打工，全国各地四处奔走。但一直和我有联系，我们经常在微信上聊。

他依然在工地上做木工。我问他这么辛苦，收入如何。

他说："还行，每个月有一万来块钱吧！"

"嚯，行啊你，比李老师每个月的工资收入还高许多呢！"

"但很辛苦。"

"是的，但凭自己的汗水和技术挣钱，很光荣的。工资拖欠吗？"

"还好，不拖欠，干完活就给。"

"太好了！"我真的放心了。

又一次，我对他说："李俊，我经常在外面给老师们讲课，其实都是教育故事。我想到你了。我想给老师们讲讲你的成长故事，包括你当年犯的错误，后来改正，再后来接受央视崔永元的采访，直到现在你的打工生活，等等，可以吗？"

"可以，没问题的。"

"我还是用你的真名，行吗？"

"当然可以的。"

2018年7月27日，李俊赶回成都听我的"最后一课"。

他很谦虚地说"自己没什么出息"，我说："不对，你勤劳善良，自食其力，就是最大的出息！"

由李俊我想到我所有的学生。在我的学生中，有栋梁之材，也有精英大腕，但毕竟只是极少数，绝大多数都是和李俊一样的普通劳动者。当然，按世俗的眼光看，李俊更属于"下层"，但作为底层劳动者的李俊同样是我优秀的学生，因为他善良、勤劳，他用自己劳动所换取的每一分钱，比贪官污吏的非法所得干净一百倍，他常年为社会创造财富的手，比起道貌岸然的贪官污吏曾经掌握重权的手更是高贵一万倍！

所以，我同样为我历届学生中的李俊们自豪！

2008年12月13日写成

2020年4月9日补充

王露霖："我要把这份爱传递下去"

"奇迹女孩"

看美国电影《奇迹男孩》时，我特别感动。虽然这部电影无论题材还是表现手法都相当老套，但依然打动人心，因为该片表现了一种善良、坚强的人性美。

对我来说，看这部电影有着特殊的感受，因为看着电影中的男孩，我想到我教过的一个女孩王露霖——套用《奇迹男孩》这个片名，我把王露霖称作"奇迹女孩"。

王露霖在央视讲自己的故事

王露霖是我在武侯实验中学教过的一个特殊孩子。

2006 年 8 月，成都市武侯区教育局任命我为成都市武侯实验中学校长。两年后，为了引领全校老师特别是青年教师的专业成长，当然更重要的是为了满足我的个人爱好，我主动担任了一个班的班主任，同时要求学校中层以上的干部，均担任班主任。

于是，2008 年 8 月底，我担任了初 2011 届 1 班的班主任。

报名那天，我看到班上一个叫王露霖的女孩的脸上有伤疤，估计曾经被毁容。我很担心，她这三年怎么在班上过？我不知道同学们会怎么对待她。

但我想，班上有一个特殊的孩子，就是一笔特殊的教育资源，也会因此有许多特殊的教育故事。开学后，我给孩子们讲《爱的教育》，讲《一碗清汤荞麦面》，讲我们的校训“让人们因我的存在而感到幸福”……点点滴滴地引导孩子们保持一颗善良的童心，懂得爱和尊重身边的每一个人。

注意，我这样做，并不是想教育孩子善良，而是想让孩子们保持善良。我从来认为，孩子们的善良是不需要老师教的。“人之初，性本善”，童心本身就意味着善良。

因此，我在做这一切的时候，从不提王露霖——我不能用过度关怀让她难堪，但每当我说起关于善良和尊重的话题时，我想我的学生们都能够自然而然地联想到王露霖。

这一切都是自然而然、不动声色的。

不久，陈老师对我说：“今天班上搞分小组演讲，题目是‘这就是我’，就是向同学介绍自己。每个小组选一位讲得好的代表明天上台面对全班演讲。四小组推出的是王露霖。我担心同学们会笑她。是不是先对同学们进行一下教育？”

我猜想王露霖过去遇到过什么不幸，一直想问问她，但一直都不好问，怕伤她的自尊心。现在听了陈老师的话，我决定找王露霖谈谈。

我把王露霖请到我办公室聊天。我先问她读了哪所小学，她说读晋阳小学。然后她给我说了晋阳小学的许多事，特别谈到了小学老师对她的关心。我听了心里有些宽慰。我一直想正面告诉她正确对待自己的生理缺陷，却总是说不出口。便在心里琢磨，怎么把话题自然而然引向她的受伤。

聊着聊着，聊到了“优点”这个话题。我问她：“你觉得你有什么优点？”

她说：“我觉得我很开朗乐观。”

我问：“表现在哪些地方？”

她说：“以前有同学嘲笑我的脸，我都不生气。”

真没想到她这么自然地便提到了自己的脸，我顺势问她的脸是怎么回事。她很坦然地告诉我，在她5岁的时候，因为一次偶然的事件，她的脸被烧伤了。我听着她讲被烧的经过，讲治疗的经过，听得很难受。心里对她充满敬佩：小小年纪，却能忍受常人难以想象的痛苦。

我感到她特别信任我，什么话都愿意对我说。正是那次和她的谈心，我了解到她所遭遇的不幸，还不仅仅是面部曾经被烧伤，还有她的家庭……涉及隐私，这里不便公开说。总之，她特别令我同情，我觉得我更应该帮她。当然，从后来的发展看，她特别让我敬佩。

"我只看我所有的，不看我所没有的"

当时，我和她继续聊天。我问她读过《简·爱》没有，她说没有；我便给她讲了《简·爱》，讲到了人的尊严，讲到了人的精神世界，讲到一个人气质的美……我特别给她讲了台湾女孩黄美廉的故事——

黄美廉出生时，由于医生的疏失，她脑部神经受到严重的伤害，以致颜面四肢肌肉都失去正常功能。当时她的爸爸和妈妈抱着身体软软的她，四处寻访名医，结果得到的都是无情的答案。她不能说话，嘴还向一边扭曲，口水也止不住地往下流。14 岁时，她全家移民到美国，她进入洛杉矶市立大学就读，之后转至洛杉矶加州州立大学艺术学院，如今已取得博士学位，成为一名画家。她也成了台湾许多人心中的英雄，她的故事激励了很多人。

在一次演讲中，有人问她："黄女士，您从小就长成这个样子，您会认为老天不公吗？在人生的旅途上，您有没有怨恨？"黄美廉笑了笑，说我不怨恨，然后用笔写了几十条理由回答这个问题："1. 我很可爱！ 2. 我的腿很美！ 3. 我的爸爸妈妈很爱我！ 4. 上帝会公平地对待每一个人！ 5. 我会画画，我会写稿子！ 6. 还有很多的生活方式让我热爱……"最后，她用一句话掷地有声地结束了回答："我只看我所有的，不看我所没有的！"

我对王露霖说："你比黄美廉强多了。人的美丽在心灵，人的高贵在精神。我相信，你一定能够和她一样自信乐观！"然后我祝她明天演讲成功。

"我们再次为王露霖同学喝彩"

第二天，王露霖一走上讲台，格外热烈的掌声便响起了。这让我特别欣慰。我觉得我的学生们太可爱了！王露霖自信地看了看同学们，然后大方地开始了演讲：“同学们，大家好！”她刚说完第一句，同学们又鼓起了掌。我也和大家一起鼓掌，给王露霖加油。

王露霖继续她的演讲，她介绍了自己幽默的特点，还说自己很乐观，同时喜欢跳舞。她特别提到小时候被烧伤毁容的不幸，但她表示自己很坚强，有几句话打动了大家：“我常常告诉自己：外表并不重要，重要的是你有没有一颗美丽、健康、开放的心，更在于你是否自信！”她还说她喜欢唱歌跳舞，希望下周选班干部的时候，同学们能够投她的票选她当文艺委员，让她能够为同学们服务。

当她说到这里的时候，我情不自禁紧张起来，我怕有同学会笑话她——你这么个模样，还当文艺委员？那一刻，全班同学没一个人嘲笑她，相反，每一双眼睛都饱含崇敬地专注地看着台上的王露霖，我从孩子们的目光中感到了大家对王露霖的敬佩。

王露霖的演讲刚一完，雷鸣般的掌声再次响起，而且持续了很久。那一刻我非常感动。为王露霖，也为孩子们。

所有小组的代表都讲完了。我对同学们说：“刚才听了九位同学的演讲，我觉得讲得都很好。但是，如果要我说讲得最好的同学……”我正想说“那应该是王露霖同学”——我想如果我这样说，没有一个同学会反对，因为王露霖的确讲得最好，但我突然意识到，“我认为王露霖讲得最好”这样的句式，并不能达到最完美的效果。于是，这句话到我嘴边拐了个弯，变成了：“那么，你们说，应该是谁呀？”

全班同学一起大声呼出一个名字：“王——露——霖！”

五十多个孩子没有变声的童音，清脆悦耳，如春雷般回荡在教室，撞击着王露霖的耳膜，撞击着她的心灵。仅仅是一个句式的变换，就把我一个人的表扬，变成了全班同学的鼓励。

“说得太好了！的确是王露霖。”我说，“我要把第一个喝彩献给王露霖，因为第一，她落落大方，声音洪亮，充满自信；第二，她讲的内容很具体，感情真诚，而且条理清晰；第三，最关键的是，她不因自己容颜被毁而自卑，而是勇敢地面对一切，勇敢地走上讲台。我们再次为王露霖同学喝彩！”

掌声再次响了起来。

我继续说："说实话，报名那天，我就发现了王露霖脸上的伤痕，当时我既担心她自卑，更担心同学们看不起她。但是，从今天王露霖的演讲看，我的担心完全是多余的！刚才我说我的第一个喝彩献给王露霖，那么，现在我要说，我的第二个喝彩，要献给我们的同学！昨天王露霖对我说，同学们对她很好，她在我们班很快乐。我真是感动！今天王露霖在演讲的时候，同学们给她以掌声，这让我感到以前的担心真的是多余的！我们的同学太好了！我相信，未来三年，我们班上的每一个同学，都会是王露霖最真诚的朋友，大家说是不是呀？"

同学们一起大声回答："是！"

那一刻，我的大脑中萦绕着一些凝聚着美好人性的词语：自强、尊重、平等、人道、善良……我真是非常感动。孩子们不知不觉地和我一起在营造一种非常美好的氛围，不但温暖着王露霖，也温暖着教室里的每一个人！在这里，王露霖成了一个不自觉的教育者，以她的行动告诉其他同学什么叫作自尊自强自信！其他同学也成了不自觉的教育者，鼓励着鼓舞着王露霖继续她虽然曾经不幸但现在和未来依然美好的人生！只有我是一个自觉的教育者，默默地欣赏着眼前的一幕。不，我也是受教育者，被我的学生教育着，感染着。

走进了中央电视台演播室

后来，她在我们班度过了阳光自信快乐的三年。初三毕业时，中央电视台《小崔说事》节目组请我去做节目，编导林卉老师来成都和我聊，知道了王露霖的故事，很感动，希望王露霖能够一起到央视做节目。

但我有些担心：如何保护王露霖的尊严与隐私？她受过伤的容貌能够上电视吗？我当时想，宁肯牺牲节目的所谓"精彩"，也不能伤害孩子。

可是没有想到王露霖知道后，她不假思索地说："没事儿，我愿意去！"其实，她的态度我并不意外，因为三年来，她从不在乎别人怎么看她的面容。她曾经在班上演讲时说："人的美丽在心灵，人的高贵在精神！"所以她赢得了全班同学的尊敬，还曾被评为"阳光之星"。

于是，王露霖走进了中央电视台演播室，大大方方地讲她的故事。她打动了主持人崔永元，崔永元说："听说你喜欢唱歌，你给我们唱一首吧！"毫无思想准备的王露霖当即便说："好，我唱班歌。"就这样，谷建芬谱曲的班歌《唱着歌儿向未来》，通过王露霖的歌喉，感动了全国许多电视机前的观众。

"感谢支持我、鼓励我的老师们"

王露霖初中毕业后读的是中专。开学不久她给我来电话："李老师，我被选为副班长了。您说，我该怎么当这个副班长啊？"我很高兴，这说明她到了新的集体不但没有受歧视，反而被同学们拥戴。我说："没什么，你就用你的善良为同学们服务就行了。"

再后来，我们的联系渐渐不那么频繁了，但她时不时还是会给我打电话，诉说她的快乐和烦恼。有了微信后，常常会给我一些问候或提醒，比如注意身体啊，注意添衣服啊，等等。前几天她说"想李老师了"，打算来看我。我说好呀，就这个周末吧！

前年快放寒假时，我应邀去晋阳小学为老师们做培训。其实就是讲故事，讲我的故事，讲在新教育影响下成长起来的老师的故事。老师们听得非常专注，不少老师都流泪了。其中我讲到了王露霖的故事，而她所读的小学正是晋阳小学。我还说，前几天，我在网上和王露霖聊天，她还说起小学的班主任王老师和语文大王老师，说很感谢晋阳小学的老师对她好。

说到这里，前排的一位年轻女教师举起了手，说当年王露霖就在她班上。我笑了，问她："您是小王老师吧？"她激动地点头。我说："感谢你们给了王露霖温暖的小学生活！"

我的报告结束后，我和王露霖小学的班主任王老师合影，和其他科任老师合影。晚上我在微信上把照片发给了王露霖。她听说我见到了她的小学老师，非常激动，说希望聚一次，她想念老师们。

于是春节前夕，我和王露霖以及她的两位小学老师相聚于一个火锅店。几年不见，王露霖长大了，留着披肩发。我说："呀，王露霖，你现在是长头发了！"她说："我以前就是长头发。"我说："但你以前是把长头发扎成马尾巴的。"她笑了，说："见到李老师好亲切啊，李老师一点儿都没变！"两个王老师也很亲热地和王露霖拥抱。

我们一边吃着热气腾腾的火锅，一边聊天。她回忆起小学两位王老师对她的关心，还有在武侯实验中学时老师同学对她的爱。她还记得我当年给她讲过的黄美廉的故事。我们问她现在的情况，得知她现在在中信集团下面的一家公司从事金融工作，很忙。她给我说着我完全不懂的业务，因为不懂，所以对她甚至有些崇拜。我们几个老师都说："你很能干啊！"我们都为她的今天而由衷地欣慰，并向她送上了真诚的祝福。

当天晚上，王露霖在她的微信上写道——

今天晚上跟初中带我的班主任以及小学教过我语文、数学的老师一起聚会。那久违的温情就在那一刻出现了，看着熟悉的面孔，满满的都是爱的回忆。我常常在想，到底是什么能够让我如此自信、坚强、勇敢和美丽，如今我才明白，是一直在我身边支持我、鼓励我的他们。

刚到成都的那一年，内心是多么煎熬，但有了两个王老师的鼓励和帮助，我才那样快乐地毕业了。初中时遇到了李镇西李老师，教会了我太多太多我现在都没办法言表的东西，一直被爱包裹着的我，才会变得越来越自信，越来越坚强。的确，人的美丽在心灵，很多东西都无须在乎。

想到和李老师一起度过的日子，满满的感动。初三毕业的那次节目录制，让我对自己的人生更加肯定了。所以，谢谢，谢谢一直喜欢我支持我的李老师，谢谢陪伴我鼓励我的大王小王老师，我要把这份爱传递下去，用自己的善良和坚强感染身边的每一个人！

那年 11 月，中国苏霍姆林斯基教育思想专业委员会在成都召开年会，我做了一个报告。

在前一天晚上，我给王露霖打电话："王露霖，明天我将在一个大型报告会上讲你的故事，你愿意来听听吗？”她很高兴地说：“当然愿意了！我和我妈妈、妹妹一起来！”

报告过程中，我讲了王露霖的故事，讲她的善良和坚强。许多老师都流下了眼泪。当时王露霖和她妈妈就在台下坐着听我的讲述。报告结束时，我对老师们说：“今天，王露霖和她的妈妈也来到了现场！”全场用掌声欢迎王露霖和她妈妈上台说几句。

已经长大的王露霖大大方方地说：“大家好！我是王露霖，是李老师2008年到2011年的学生，我很高兴我能在李老师的班上成长。因为他的关心和鼓励，我一直都生活学习得非常好，而且也非常快乐。希望现在的每一个学生、每一个孩子都能像我一样，健康地成长！也希望老师们能开心地跟孩子们一起成长！谢谢！”

王露霖的妈妈说：“说句实话，李老师不仅仅是我女儿的老师，也是我的老师，我跟大家分享一句话，就是李老师经常对学生说的那句——让人们因我的存在而感到幸福！我现在践行这句话，我会把我的爱传递给我身边的每一个人。”

掌声再次响起。

“我也用自己的爱去温暖那些受过伤的人”

看了美国电影《奇迹男孩》，我给王露霖发微信，推荐她看这部电影。我说：“你会看到你自己。”

不久，王露霖给我发微信：“李老师，我看了《奇迹男孩》，哭得稀里哗啦。我很感动，从小男孩的身上看到了我之前的影子，我也会胆小，也会自卑，会发脾气，会流泪，会无助，会孤单，可以说经历了一模一样的过程，但同时，当自己的心打开后也收获了无限多的友谊。我有一个爱我、保护我、包容我的家庭，我有一个爱我的班集体，老师和同学们都是有爱的，我很幸福！小男孩乐观向上的精神很棒，我从他身上感受到自己唯独遗憾的是，我没有在学业上有所成就或者说是成果，但我会继续努力！像小男孩一样，这样才会收获更多。一个人的外表真的不重要，从内而外散发出来的东西，是能够感染和影响身边的人的，做自己就好！"

几天前，王露霖的爸爸妈妈专门到我办公室来看我，感谢我多年前对王露霖的关心。我说："主要还是家庭教育好！王露霖的心态这么阳光，性格这么坚强，和你们的教育分不开。"她妈妈说："王露霖一点儿都不为自己的相貌自卑，在单位上遇到初次见面的同事，别人会忍不住多看她几眼，她就笑着调侃说，多看一会儿吧，我这张脸会让你记忆深刻。大家都笑了。她现在和同事们相处都很好。"

我们都为现在的王露霖感到欣慰。

我说过，每一个特殊孩子都是教育资源，每一次突发情况都是教育契机，每一道教育难题都是科研课题。真心感谢王露霖，她为我提供了教育资源、教育契机和科研课题。

王露霖时不时给我一个惊讶——她自学心理学，现在在西南最大的一家情感公司做情感分析师。她说："李老师，我做了我一直以来都喜欢和想要的工作——情感分析师，在公司也是管理层的位置了。心里有梦想，总有一天会实现。"

我的确很惊讶。情感公司？情感分析师？这些门类的工作我听都没有听说过。

她给我解释说："因为自己一直以来喜欢心理学，也很喜欢去分析人性，家人朋友的感情问题我都帮了很多忙，让很多家庭幸福了起来。这让我感到自己有价值。现在的人感情出现问题、婚姻有危机就想着换人，其实都是自身存在的一些问题导致的，所以我就帮客户发现自己，并且改变提升自己，这样能让他们的家庭更幸福。"

我还是有点不太明白。

她便给我讲了她工作中的一个案例："一段感情的破裂不是一天两天造成的，所以修复也需要一个过程。有一个男子和他女友吵架分手了，由于他情绪化，在感情中太害怕失去，就变成了对另一半的控制，最后他说了许多伤害人的话，导致结果他无法掌控了。在找到我之前，他以为只是性格不合，以为只是单纯地闹矛盾，所以对方不喜欢自己了。但在我的分析下，他渐渐打开自己的心，向我倾诉从童年到现在他的经历和心路历程。了解以后我发现，他在原生家庭里承受着很大的压力，受排挤，所以他一直想证明自己，一直伪装得很强大。他在他们公司很有能力，他是研究生毕业，赚的钱很多，可是他缺乏爱人的能力……因为他的内心住着一个小孩子，他不断地保护着自己，也渴望着被保护，他的情绪化都来源于怕被否定……在我的分析、开导和帮助下，半个月过去了，他的心态好了起来，内心也没有那么敏感了，他也渐渐地发现了自身大大小小的缺点，也开始认可自己的优点。”

我说：“哦，原来你的工作是这样的。”

她说：“很多很多的来访者，都有很多自己的故事，每个人都是不容易的。但离开我的时候，他们都很开心，很信任我。我就觉得自己的工作挺有意义的。李老师用自己的爱去温暖老师和小朋友，用自己的力量去引导生命，我也用自己的爱去温暖那些受过伤的人。我希望我可以做一些与人联结的事，也希望以后的日子都去做自己喜欢做的事。这样我就很快乐很幸福。”

王露霖来听我的“最后一课”

十年前，王露霖偶然走进我的教室，不期而遇地走进了我的教育。因为有了她，班上便有了许多关于爱、关于善良、关于自信、关于坚强……的故事。或者说，在班上，我和王露霖，还有同学们一起编织了一个美丽的教育童话。

而现在，她又与更多人一起编织幸福的故事，践行着她当年的诺言：“把这份爱传递下去。”

2018 年 8 月 28 日，我在成都为历届学生上了退休前的“最后一课”，讲苏霍姆林斯基的《致女儿的信》。王露霖专程赶来听课。她那么专注地听着，目不转睛地凝视着我。那一刻，我想，假如当初没有遇到王露霖，我那一段教育生涯，将少了多少温馨的记忆啊！

课后，她跟我说："李老师，我谈恋爱了。"

我的心一下子感觉特别温暖而柔软，说："祝你一生幸福！"

2018 年 6 月 1 日写成

2020 年 4 月 23 日补充

王露霖和崔永元

代跋：并不是每一个学生都喜欢我

一

至少20多年来，特别自从《爱心与教育》出版后，我渐渐在一些读者的眼中成了一个“神”。在许多人看来，我非常爱学生，学生也非常爱我，这种师生关系简直像童话一样美好温馨，又像神话一样难以置信。我要说，读者这种感觉真实但不全面。

说“真实”，是因为我和学生关系总体上说的确很纯真，不含一点儿杂质，许多故事确如童话般美好，我自己想起来都那么温馨。这样的故事在我的书中，已经写了很多，但写不完，更多的是存留于我和历届学生的记忆中。

说“不全面”，是因为我不敢说教书近40年来，每一个学生都那么喜欢我——不，可能也有学生恨我，这是并没打引号的恨。当然，我说的是可能也有学生恨我，也可能没有。但不喜欢我的学生肯定有。

也许有读者不知道，与《爱心与教育》同时写作并几乎同步出版的还有《走进心灵》。在这本获得了“中国图书奖”的书里，我专门写了一章《我的教育失误》。里面写了我犯的许多教育错误。我当时的用意在于，既告诫自己尽量避免犯已经犯过的错误，也提醒年轻的同行以我的教训为戒。但遗憾的是，20多年来，人们读我的书，只记住了我爱学生和学生对我的爱，却没注意到我伤害学生和也有学生不喜欢我。

二

那天翻开旧版本的《现代汉语词典》，看到里面夹着一张纸，打开一看，是 1982 年 4 月，我班学生李松写的检讨。我一下乐了：这个李松，居然还有“把柄”在我这里！

李松当年是我大学毕业后带的第一个班里最让我头痛，不，最让我恨的学生，顽劣到了极点。班上让我头痛的学生当然不止他，但毫无疑问他名列第一。他当年对我也“恨之入骨”，但几十年后我们成了称兄道弟的朋友。

我把他这份已成“文物”的检讨在这个班的微信群里晒，一下给大家带来了乐趣，大家调侃着。聊着聊着，李松突然来了一句：“这么多年过去了，我没成为西哥的骄傲，西哥却成了我的骄傲！”

也许李松是不经意说的，而且这话不止一个学生对我说过，但这话从李松口里说出来，我却格外感动。我相信他说我是他的“骄傲”是很真诚的，但他现在也是我的“骄傲”啊！当初那么顽皮的男孩，现在在一家医院工作，善良正直，尽心尽责，虽然不是什么名人，但难道不是我的骄傲吗？

我和李松当年彼此都不喜欢甚至恨对方，现在却互为“骄傲”，教育就是这样有意思，这样耐人寻味。

想想，在我从教 30 多年中，尤其是在年轻的时候，不喜欢的学生有多少？因为不喜欢，情不自禁冷眼相对，不由自主地挖苦讽刺，或不公正地批评、惩罚……（不要以为李镇西老师就没有这样做过，不是的！）有多少？那有学生不喜欢我甚至恨我，也很自然。

当然，像李松一样，许多恨过我的孩子也许随着年龄的增长，理解了老师的批评，也宽容了老师的刻薄，重新尊敬老师。但并不是每一个这样的孩子都像李松。

我不愿意用“没有经验”“急躁”等理由来原谅自己那时的种种错误。对李松这样的学生，我当时确实是很恨的，巴不得他转走。这种心理就是一种自私。我想，后来又教了许多届学生，同样也遇到过一个又一个、一批又一批“李松”，我的教育当然更加成熟了，犯的错误越来越少了，但也不能保证再也没有伤害过李松那样的学生，只是也许我不知道，永远不知道，可在学生心里留下的阴影却完全可能是永远的！在此，我向这些学生表示真诚的歉意！

三

其实，教师对学生还有一类伤害不容易意识到，就是对中等学生的冷落。这里说的“中等生”，不只是指成绩中等，主要是指那些“不起眼”的孩子，容易被教师忽略的孩子。我说的伤害，不是说我们冤枉批评了这样的孩子，而是说当我们过多地关注“后进生”时，对这类学生的漠视，就是一种伤害。

比如李燕琼同学，30多年前在我班上，论成绩是不错的，尤其是数学突出，但表现似乎不那么“优秀”。我这里将“优秀”二字打了引号，就说明她并非不优秀，其实她善良、刻苦、乐于助人，有集体荣誉感，只是因为性格的原因，她不是那么活泼，再加上也没有什么文体特长，出头露面的机会较少，因此在我眼中就“平平”了。我记得我去她家家访过，那是因为每个学生我都要家访的，但平时却很少和她单独谈心。她现在在北师大研究脑科学，有一次我去北师大讲学，她特意来听我讲未来班的故事。说起未来班她眉飞色舞，很是自豪，对我的尊敬丝毫未减，后来还陪我去东北传播新教育理念。我感到她现在对我的好，远远超过了当初我给她的。想起来就觉得当初对不住她。

和李燕琼相似的，还有她的同班同学毛加庆。当初他在班上除了成绩不错，其他我感觉一般。所以直到初中毕业，他都没有当过三好生，也没当过班干部。我觉得他的不调皮不热心让我省心，也让我冷落了他。几十年后，他现在是四川省武胜县县委书记，对我依然尊敬有加。他曾特意请我去武胜县给全县教师做报告。说实话，在现在的背景下，我对我从政的学生总有一些担心，但我通过我在四川省委组织部的朋友侧面了解了一下，得到的答复是：“李老师，您放心吧，您的学生毛加庆干得很棒！”我的确放心了，同时自责，当年我没看出他出色的组织能力，他连小组长都没当过，我真是“瞎了眼”了！

还有张红霞。当年在班上是个非常可爱的小姑娘，圆圆的脸蛋，常常笑眯眯的。但成绩中等，表现中等，自然就很少被我特别关心。几十年后见面，我觉得对不住她。可几十年后，她还记得我对她的关心。昨天在微信聊天，她还说，她当时初中毕业没考上重点高中，离开了我去了一所普通中学，我还给她写信鼓励她。她说："因为没考上乐山一中，你从北京回来还去过我家，后来我高一收到过你的信。当时我到一所普通中学读高中，落差比较大，你的信真的对我有很大作用。所以你才算得上我们毕生的老师！"我回忆了一下，1984 年暑假，我是去过北京，那是我第一次去北京，还去了谷建芬老师家感谢她为我谱班歌。回到乐山，还去已经毕业的张红霞家里安慰她，哎呀，这事我一点儿印象都没有了，可红霞还记得。我这里并非借她的回忆来表扬自己甚至炫耀自己多么"爱学生"，不是的！我是想说，我们给学生的伤害，他们往往忘记，而我们给他们一丁点儿好，他们一辈子都记着。

我这里随便举了三个中等生的例子，其实严格地说，他们并没有"不喜欢"我，相反现在对我很好。但这样被我冷落的中等生绝对不少，更多被我冷落的学生呢？他们可不一定如这三个学生一样。如果我给他们的心灵投下了阴影，我真诚道歉。如果他们到现在还在心里不喜欢我，我完全理解，不怪他们。

四

还有历届学生中，被我粗暴批评或伤害过自尊心的。我的书中曾写过一个叫耿梅的女生，曾经因为犯了一个小错误，被我骂"脸皮厚"；还有一个叫付饶的女生，也是因为一个小小的错误，被我责令把写的检讨贴在学校大门上……这都是我刚当教师那几年发生的事，毫无疑问对孩子造成了严重的伤害。但同样的，她俩也不能算"不喜欢"我的学生，因为多年后，她们都原谅了我，至今对我非常尊敬——我再次感到，学生对老师的宽容远远超过我们对他们的宽容，孩子的胸襟其实比大人更宽广。

但我不能要求每一个孩子都是耿梅和付饶。也是在 80 年代，有一次校长告诉我，某家长找到校长要求将其女儿转出我班，后来这位母亲也来给我解释，说孩子要求转班，原因是某次迟到我没让她进教室，这让她很没面子。我很惊讶，也感到很委屈：我觉得我对这孩子是很关心的，比如我曾单独辅导她的作文，还帮她修改，最后这篇文章还在全国有影响的一家报纸发表了。但是，我后来意识到，无论你为别人付出了多少“好”，只要有一次“不好”，那以前的所有的“好”都等于零。后来我反思，这女孩肯定不是或不只是如她母亲所说是因为迟到罚站，而是还有平时我也许不知不觉的严厉，让她怕我，感觉在我班上很不快乐。后来她当然转班了——这事本来也由不得我同意与否，再后来她一直不理我，直到几十年后的现在。但我一点儿都不怨她，只怪我当初没善待她。其实，同样的严厉，我对其他孩子也有过，甚至更甚，比如我刚才提到的耿梅和付饶，但还是那句话：“我不能要求每一个孩子都是耿梅和付饶。”教育的个性，就包括对不同的孩子得用不同的方法。30 多年来，我已经多次在心里感觉对不住那个转班的女孩，今天，我愿意在此公开向她表达歉意！

五

比呵斥、体罚更伤学生心灵的，是教师的不公。我曾在高一新生中做过调查：“你最不能忍受的老师的缺点是什么？”统计结果让我意外，排在第一的是“老师偏心”，其他诸如“辱骂”“体罚”“工作不负责”“上课不吸引人”等都排在“老师偏心”的后面。

有一个学生，本来我觉得我对他挺好的，可因为有一次几个学生犯了同样的错误，他认为我对他处理特别重，从此耿耿于怀，到现在都不怎么理我，虽然每次聚会也和我打招呼，还敬酒，但我感觉他心里有疙瘩，和我始终不能像哥们一样随便亲热。

昨天，一位当年我很欣赏同时对她也很严苛的女生跟我聊天，说：“李老师当年对我的影响很大，正面负面都有，有段时间我是有些怨气的。但现在人到中年，回头望去，有句话不知适不适合：雷霆雨露皆是君恩。”我向她表示，对她有些内疚，她说：“老师当然也有个人喜好，不可能对所有学生一视同仁，而且当年您也才 20 多岁，越有热情可能反而越爱憎分明。”

我理解，她说的“爱憎分明”，其实就是有时候对学生没有一视同仁。需要说明的是，所谓“一视同仁”并非是否定教育的“因材施教”，不是的，这是两回事儿！学生希望我们也应该做到的“一视同仁”，指的是感情和尊严的平等。当然，如果往深处思考就会觉得，感情是不能伪装的，老师也有喜怒哀乐，凭什么要对所有学生都平等地充满感情呢？我的观点是，是的，如果说一开始就要甚至必须爱每一个学生，那是矫情，但可以暂时做不到从感情上爱每一个学生，却必须在行动上尊重每一个学生，这是能够做到的。可惜，当时我连这个有时候（的确也只是“有时候”）都没做到。

我上面列举的学生，都是我 80 年代教的。但这并不说明我后来就没犯过类似的错误，只能说后来被我伤害的学生越来越少了，但也不是没有——我记得后来我还在课堂上撕过学生的书。我们意识到了问题的严重性，并不等于我们马上就能改正。相同的错误，有时候还会重犯。当初反思教训是真诚的，后来旧病复发也是真实的。不能因为旧病复发就说当初的反思是“虚伪的”是“说假话”。人性就是如此复杂。可我们对学生却很苛求，只要他们犯了之前才犯过的错误，就会骂他们：“上次你怎么说的？检讨还在我这里呢！你就会欺骗老师，说话比放屁还不如！”——我就曾经这样骂过学生。

六

最不喜欢我的学生，也许是成都市玉林中学初 98 届 6 班的孩子们。当然，说这个班所有孩子都不喜欢我，绝对夸张了，事实上直到现在这个班还有学生和我保持着真诚的交往，但这个班不喜欢我的孩子最多，这是事实。算起来，他们现在已经 30 多岁了，可在我心中，他们的确是“孩子”，因为一想起他们，我就想到一群天真烂漫的孩子。当初，我带他们这个班的时候多投入啊！还没进校，我就拿着花名册挨家挨户地家访了，那可是 8 月中下旬酷热难耐的时候啊！进校第一周，我给他们举行“露一手”主题活动，让每个孩子都上来展示一下自己的特长甚至绝招；在世界乐园，我们留下了开心的笑脸；在濛濛春雨中，我们徒步去郊外踏青，穿过油菜花，走过原野，走着走着天晴了，我们放飞的风筝在蓝天写诗……教他们的时候，是我的教育相对比较成熟的时候，所以自我感觉我带他们这个班得心应手，浪漫而富有情趣。但是，两年后因为我和学校发生了当时看来“不可调和”的矛盾冲突，我离开了他们，关键是离开的原因我又无法给他们和他们的家长解释。于是我在他们及其爸爸妈妈眼中成了“无情抛弃”他们的人。近 20 年里，想起他们我就心痛。

让我惊讶而感动的是，2015 年 8 月，这个班的孩子举行进校 20 周年聚会，那天上午聚会活动即将开始前的半个小时，他们突然给我打电话，请我参加聚会！当我赶到现场，孩子们给我热烈的掌声。虽然我很清醒地知道，这掌声更多的是出于礼貌，但我已经知足。何况，他们对我带他们时候的许多往事记忆犹新，欧阳懿哲同学居然还带来了他保存的当年我指导他们办的手抄报《玉林日报》，而且一份不少！太让我感动了。在饭桌上，有学生对我说：“当初，您突然离开我们，我们真像失去了父母的孤儿……”我理解了他们 20 年来对我的“恨”。但我依然没有（因为不能）给他们解释当初突然离开他们的原因。经过这次聚会，这个班的大多数孩子重新和我建立了信任，但依然有少数学生没有“原谅”我。我发自内心地不怪他们。

前两天收拾书房，我发现了 1997 年暑假，我给学校的一封信，信上我明确表示，因为我所带的班马上进入初三，我不能走。我给学校提出：“第一，我暂不调走，待我教的两个班初中毕业后我再走；第二,一年后我调走，但我依然愿意以借调或兼课的形式留在这个班，把他们教到高中毕业；第三，如果学校觉得不好管理我，我愿意与学校签订有关的‘责任协定’；第四，以上设想我已经向我拟调往的有关单位谈妥，并得到理解与允诺。”但很遗憾，学校没有同意我的这些请求。于是，我只好不辞而别，“抛弃”了孩子们。

“不辞而别”，是因为我给学校做出过承诺：为了维护学校管理，我绝不给学生做任何解释，一切以学校给这个班的学生及其家长的说明为准。20 年过去了，现在写出这些，我的心已经平静，我也不怪学校，更不怪学生。因为每一方站在自己的角度，都有道理，都值得理解。几年前，曾经有恩于我的老校长还专门请我吃饭，谈到当年的“冲突”，彼此都表示理解，大有“相逢一笑泯恩仇”的味道。只是那一班十四五岁的孩子所受到的伤害，已经无法抹去。那年聚会，我没向孩子们表达歉意，因为我觉得离开他们非我所愿，但今天想来，不管怎样，客观上他们是因为我的离去受到伤害了。所以，我在这里不求原谅地向成都市玉林中学初 98 届 6 班全体同学表示真诚的深深的歉意!

七

我高中的班主任张新仪老师，是一个特别优秀的老师，深受她历届学生的爱戴。去年教师节前，《中国教育报》向我约稿，希望我写一位我的老师，他们教师节弄个专版。我一下就想到敬爱的张老师。后来我写张老师的文章以“长大后我就成了你”为题在《中国教育报》发表后，赢得张老师历届学生的点赞。我问过张老师：“您教了一辈子书，有没有学生恨过您呢？”她想了想，说：“嗯，有的。一个学生比较贪玩，我就去家访过他的家长，这个学生对我就不高兴。后来参加工作了，在医院工作，见到我都不理我。”张老师接着说：“其实，教书是我们的职业，教好书是我们的本分，学生记不记得我，喜不喜欢我，我不在意。”

张老师说的那个学生至今对她耿耿于怀，并不是因为张老师做错了什么，但她也这么坦然；而 30 多年来，一些学生之所以“不喜欢”或者说“恨”我，主要是因为我的教育失误，那就更不应该去计较学生“不理解”甚至“不感恩”了。

说到“感恩”，我一直有个不同于绝大多数同行的看法。教师教书领了工资，要说“回报”，每个学生的家长已经以纳税的方式，通过我们每月领到的工资给我们“表示”了，你还希望得到什么格外“感恩”？至于有老师希望学生多年后记得自己，甚至经常回来看自己，这可以理解，但不可强求。如果学生不喜欢你，他不来看你，是很正常的。并不是我教过的所有学生都来看过我的，其中原因很复杂，不看我们不等于学生就不喜欢我们，也许是因为工作忙，也许是因为失去联系，甚至也许就是因为性格内向。当然，也可能是因为不喜欢甚至恨老师，那也不要紧。我们完全不必伤感，因为我们的付出都是我们应该完成的本职工作，没有什么“寒心”不“寒心”。

与其计较学生不喜欢自己，不如反思学生为什么不喜欢自己。这样，我们会不断改进自己的工作，会更理解孩子，自然便会赢得更多孩子的心。在我看来，不喜欢自己的学生，也是一笔教育财富。

2017 年 6 月 10 日

后记：你和我一起创作

这本书是2020年1月26日开始写的。那天是我因疫情而宅家的第一天。到今天，刚好三个月，我的书稿完成了。其实，真正写作的时间最多一个月，而大量的时间是在查阅我保存了几十年的我和学生的各种“文物”和实地考察采访。

不管怎么说，这套《教育的100种可能》是我抗疫期间最大的收获。

其实从某种意义上说，这书也不是我独自写成的，而是我和本书中每一位主人公共同创作的。因为我们都有着共同的成长经历，而且在那三年或六年共同的成长经历中，我们的精神相互照亮，共同编织着生命的故事。这次在这些故事的回忆和记录过程中，每一位主人公都帮我提供素材，帮我修改和校对。

本书的写作，我遵循三条原则：

第一，一定要征得写作对象的同意。因为种种原因，并不是每一个学生都愿意将自己的人生呈现在读者面前的。这里面有性格的原因，有工作性质的原因，也有谦虚的原因。所以，虽然我觉得有的学生“非常值得一写”，但因为他不愿意，我只好尊重。所以凡是进入本书的学生，都是自愿实名“曝光”的。

第二，一定要绝对真实。我不是在写小说或编剧本，而是在忠实记录学生的一段真实的学习生活和人生历程，所以不能有一丝一毫的虚构。好在我一直有写日记和教育故事的习惯，再加上保存着历届学生的作文、书信等资料，这为我写这些故事提供了原始素材，而且让我的写作尽可能还原历史。我文中所引用的每一封书信，都直接来自我珍藏的原件。对于现在学生的工作和生活，如果条件允许，我都要实地考察，去学生的单位实地体验和采访。包括一些细节，我甚至做了烦琐的考证。比如一些没有日期的信是哪年哪月写的，我都要反复研究。

第三，一定要绝对尊重学生的隐私。写什么？不写什么？该写到什么程度？我都和当事学生商量，绝对听学生的。比如，我曾经翻出张劲松 1987 年给我写的一篇自述和一封信，呈现了当时 17 岁的他真实的精神世界，但我担心，公开发表会不会涉及他的隐私或有损他的形象？已经是大学教授的张劲松说："没问题，可以全文呈现。"又比如，我曾希望写出赵刚现在的工作情况，但由于种种原因，他不愿意多说，望我理解。我当然理解，并绝对尊重。本书每一篇文章的"终审权"都是该篇的主人公。只有每一位主人公认可，文章才算完稿。

我还要感谢华东师大出版社的李永梅副社长和漓江出版社的文龙玉老师。本书最早是华东师大出版社打算出版的，但因为某种非利益的特殊原因，我给了漓江出版社。李永梅副社长表现出的大度和理解，让我感动而又歉疚。文龙玉老师为本书所付出的艰辛努力，同样让我肃然起敬！

对了，我还要感谢微信公众号镇西茶馆的关注者（俗称"粉丝"）。本书的一篇篇样章，最早是在我的镇西茶馆推出的。一个个"过去的故事"赢得无数点赞，让我有了写下去的信心。还有许多朋友（包括我的校对志愿者团队），很细心地指出文中的一些错误。正是在大家的鼓励和帮助下我这本书才得以完成。

当然，我还得感谢我这本书的每一位读者，虽然我们不曾谋面，但你们的理解，你们的共鸣，你们的微笑，你们的泪水……也是我前行的动力。从这个意义上说，每一位读者都参与了我的创作。

支持我、帮助我的人太多，唯有继续不懈努力，或可报答师长、感恩朋友于万一。

2020 年 4 月 26 日